S. マディガン 著
児島達美・国重浩一・バーナード 紫・坂本真佐哉 監訳

ナラティヴ・セラピストになる

人生の物語を語る権利をもつのは誰か？

北大路書房

NARRATIVE THERAPY by Stephen Madigan

This Work was originally published in English under the title of: NARRATIVE THERAPY, as a publication of the American Psychological Association in the United States of America
Copyright © 2001 by America Psychological Association (APA)
The Work has been translated and republished in Japanese language by permission of the APA through The English Agency (Japan) Ltd.

This translation cannot be republished or reproduced by any third party in any form without express written permission of the APA. No part of this publication may be reproduced or distributed in any form or by any means, or stored in any database or retrieval system without prior permission of the APA.

デイヴィッド・エプストンへ
兄のような気遣い，闊達な想像力，20年もの間，
私がぶつける質問すべてに真摯に答えてくれたことに対して

マイケル・ホワイトへ
華麗なアイデア，私の能力への信頼，
そしてナラティヴ・コミュニティの重責を担ってくれたことに対して

これらのことすべてに，心より感謝します。

もくじ

シリーズ序文　　5
著者序文　　9
本書と APA 心理臨床ビデオの使い方　　19
謝　辞　　21

第1章　はじめに……………………………………1

第2章　歴　史……………………………………9
問題の神秘性を取り除く　　16
トムとの旅　　21

第3章　理　論……………………………………27
多様に語られうる人生　　27
再著述する会話　　30
描写の2つの様式　　34
テクストとしての人々のアイデンティティ　　36
ミシェル・フーコー　　38
分割の実践　　39
科学に基づく分類法　　40
主体化　　41
権力と知の不可分性　　43
ディスコース・コミュニティ　　48

テクストとしてのディスコース　　*52*
　　なぜ言語ではなく，ディスコースなのか　　*53*
　　認識論ではなくイデオロギー　　*57*
　　ナラティヴにおける「私」の位置づけ　　*58*
　　虹のようなディスコース　　*61*
　　「現実」を構成すること　　*63*
　　ディスコースによるアイデンティティ　　*65*

第4章　セラピーの経過……………………………………………*71*

　　ジェシーの物語　　*72*
　　再著述する会話　　*80*
　　影響相対化質問法　　*85*
　　ユニークな結果の質問　　*87*
　　ユニークな説明の質問　　*88*
　　ユニークな再描写の質問　　*89*
　　ユニークな可能性の質問　　*89*
　　ユニークな流布の質問　　*90*
　　好みの質問　　*91*
　　「自分」という相談相手に相談する質問　　*91*
　　対抗的視点　　*92*
　　対抗的視点とナラティヴ・セラピー：敬意という課題　　*94*
　　対抗的視点とナラティヴ・セラピー：批判という課題　　*95*
　　内在化された会話の問題がもつ習性　　*96*
　　命名する実践と，記述する実践　　*116*
　　記述や命名への新しい形態：心理療法的な手紙を書くキャンペーン　　*118*
　　オスカーとの旅　　*119*

手紙を書くキャンペーンの構造　*123*
　　手紙を書くキャンペーンの貢献者　*125*
　　ピーターとの旅　*127*
　　当事者リーグと共同研究　*130*
　　アンチ拒食症／過食症リーグ　*132*
　　アンチ拒食症の共同研究　*135*

第5章　評　価 …………………………………………………… *141*

第6章　将来の展望 ……………………………………………… *149*

　　将来の考慮点　*149*
　　ナラティヴ・セラピーのアイデアを発展させる　*155*

第7章　まとめ …………………………………………………… *161*

　　用語解説　*165*
　　推薦書　*175*
　　文　献　*177*
　　人名索引　*191*
　　事項索引　*194*
　　監訳者あとがき　*197*

シリーズ序文

　現代の心理臨床において，科学的根拠に基づいた介入や結果が理論の重要性に影を落としている，と主張する人がいるかもしれません。そうなのかもしれません。しかし，本シリーズの編集者としては，ここでその議論を取り上げるつもりはありません。みずからの経験と長年にわたる良好な結果から，理にかなった心理療法の理論がより多くの成功へと導いてくれることを十分に理解しているために，心理療法家らが実際になんらかの理論を採用し実践していることを，私たちは知っています。それでも，支援過程における理論の役割について説明するのは容易ではありません。以下の物語は，問題解決にかかわる理論の重要性を伝えているでしょう。

　　イソップ寓話の中に，北風と太陽のどちらが強いかを決めるために勝負をする話があります。北風と太陽は，道を歩いている男を見つけました。そこで北風は，その男のコートを脱がすことができると言い張りました。太陽はこの勝負を受けて立つことにしました。北風が強風でコートを吹きとばそうとすると，男は脱がされまいと必死でコートを押さえました。北風が勢いよく吹けば吹くほど，男はますますしっかりとコートを押さえました。次は太陽の番です。太陽が暖かな陽ざしをいっぱいに注ぎ始めると，男はみずからコートを脱いだのでした。

　北風と太陽のコートを脱がす勝負が，心理療法の理論に何の関係があるのでしょうか。この一見やさしそうな物語は，効果的な介入，つまりは望ましい治療結果に対する先駆的な存在として，理論の重要性を浮き彫りにしていると，私たちは考えます。指針となる理論がないと，個人の役割を理解することなしに，症状だけを治療しようとしてしまうかもしれません。もしくは，クライエントとの間に力関係を生み出してしまったり，また時に，間接的な支援方法（太陽）が，しばしば直接的な方法（北風）と同じくらい，あるいはそれ以上に効果的であることを理解できないかもしれません。理論がないと，治療の理論的根拠を見失い，代わりに，たとえば，社会的正当性にとらわれたり，シンプルなことはしないようになってしまうでしょう。

理論とはいったい何でしょうか。APAの心理学辞典によれば，理論とは「多数の相互関係をもつ現象を説明，あるいは予測するための原則，または相互関係にある原則の集まり」と定義されています。心理療法において理論とは，どのような要因が人を変えるかということを含め，人間の思考や行動を説明するうえで用いられる一連の原則です。実践場面では，理論は治療の目標を定め，その目標を達成するための手段を明確にします。ヘイリーは，心理療法の理論とは，平均的なセラピストが理解できるぐらいシンプルであると同時に，あらゆる事態を説明できるぐらい包括的なものでなければならない，と指摘しました（Haley, 1997）。さらに，理論というものは，セラピストとクライエントの双方に，回復は可能であるという期待を抱かせ，よい結果に向かうための行動へと導いてくれるものです。

　理論は，心理療法家が実践の大海に乗り出す際に舵取りをする羅針盤となるものです。航行装置が，考え方の進歩や拡大し続ける探索領域に適応するべく随時修正されてきたのと同様に，心理療法の理論も時間とともに変化してきました。理論の異なる流派は，一般的に，それぞれを波としてみなします。最初の波が精神力動論（たとえば，アドラー心理学や精神分析），第二の波が学習理論（たとえば，行動療法や認知行動療法），第三の波がヒューマニスティック理論（来談者中心療法，ゲシュタルト療法，そして実存的療法），第四の波がフェミニストおよび多文化理論，そして第五の波がポストモダンや社会構築主義の理論となります。いろいろな意味で，こうした波は，心理療法そのものの性質の変化のみならず，心理学，社会，そして認識論における変化に対して，心理療法が適応し，反応してきたかを示しています。心理療法，そして心理療法を導く理論は，動的で，共鳴するものです。また理論の多様性は，ひとつの行動を異なった方法で概念化できることの証ともなっています（Frew & Spiegler, 2008）。

　私たちは，理論の重要性と理論的思考の自然な進化という，2つの概念を念頭に置きながら，この心理療法理論シリーズを企画しました。私たちは2人とも，理論と，それぞれのモデルを後押しする複雑な概念に完全に魅了されています。心理療法の理論を担当する大学教員として，私たちは，専門家や訓練中の学生に対して，理論の要点を示すだけではなく，各モデルの現状について最新情報を伝える学習教材をつくりたかったのです。理論に関する書物を見ると，そのモデルの進化よりも，理論を確立した人物の経歴のほうにしばしば重点が置かれています。しかし，私たちの意図は，理論の歴史や背景と同様に，理論の今日的な用法を紹介することにあるのです。

このプロジェクトを開始するやいなや，私たちは早急に2つの判断を迫られました。それは，どの理論を扱うのかということ，そしてそれぞれの理論を紹介するにあたってだれが適任かということでした。どの理論が教えられているかを調べるために，大学院レベルの心理療法のコースにおける理論を調べました。そして，どの理論が高い関心を集めているかを判断するために，人気の高い学者の著作，論文，そして学会発表を調査していきました。そして，現代の理論実践において最も優秀な人材の中から著者を選び抜き，ドリームチームを編成しました。これらの著者は，それぞれのアプローチを代表する提唱者であると同時に，それに精通した実践家でもあります。理論の主要な構成概念を概説すること，エビデンスに基づいた実践という文脈から考察することにより，その理論を現代の臨床実践の領域に持ち込むこと，そしてその理論がどのように実践されるのかを明確に解説することを，私たちはそれぞれの著者に依頼しました。

　本シリーズには，24タイトルが予定されています。心理療法理論コースの教材として，それぞれを単独で利用することもできますし，いくつかを組み合わせて利用することもできます。選択の組み合わせによって，講師が最も重要視するアプローチを取り上げ，教材をつくり上げていくことができます。さらにAPA Booksは，実際のクライエントと実践して，理論を実演してみせるためのDVDも，それぞれのアプローチごとに作成しました。ほとんどのDVDでは，6回以上のセッションを収録しています。入手できるDVDの一覧については，APA Booksに連絡してください（http://www.apa.org/pubs/videos）。

　ナラティヴ・セラピーは，セラピストとクライエントが，クライエントの問題のストーリーを書き換えることに取り組むという，実に共同作業的なアプローチです。フェミニズム論，人類学，多文化理論に基づくナラティヴ・アプローチは，クライエントの体験を説明するために利用されるメンタルヘルスの主要な概念であり，歴史的にトップダウンのアプローチをとってきた心理学に異を唱えることに，理論の紙面を割いています。社会正義や社会変革が心理臨床の主流の一部になりつつある中で，ナラティヴ・セラピーは，クライエントの実体験に敬意を払い，刷新的で包括的なモデルを提供しています。スティーヴン・マディガン博士は，印象に残るように人間らしい，ナラティヴのスタイルで，このポストモダンアプローチを明瞭に紹介しています。マディガン博士は，当初この本に「語られるストーリーを語る権利はだれのものか？」というタイトルをつけていました。このタイトルこそ，このアプローチにおけるセラピストの重要な姿勢を的確に表現しています。ナラティ

ヴ・セラピストは，唯一の客観的な真実は存在せず，むしろクライエントの問題（そして解決）に対して，他の解釈も提供する複数の「真実」が存在すると信じています。また，治療しなければならないとみなされている人々の人生を，しばしば妨害し，過小評価している社会的，文化的，政治的文脈（これには実際の心理臨床も含まれるのですが）の中で，問題はつくられてしまうのだ，ということをナラティヴ・セラピストは強く認識しているのです。ナラティヴ・セラピーに関するこの著書は，当シリーズにとって重要な一冊となりました。

——Jon Carlson and Matt Englar-Carlson

【参考文献】

Frew, J., & Spiegler, M. (2008). *Contemporary psychotherapies for a diverse world*. Boston, MA: Lahaska Press.

Haley, J. (1997). *Leaving home: The therapy of disturbed young people*. New York, NY: Routledge.

著者序文

　1980年代初頭，20代になってすぐの頃，私は心理療法の知識，とりわけ当時の家族療法の概念に対して，なぜかとても貪欲な渇望を抱いていました★1。どれだけ学んでも不十分であると感じていたのです。心理療法に関する計り知れない関心は，傷の縫合や骨折をくり返し，有望視されていた，男らしいカナダ人オールスターホッケー選手としての生活とはまったく相反するものでした。同時に，心理療法における山場や人間関係についての心をひきつける物語は，私を魅了し離しませんでした★2。幸いにも，私はこの2つの世界の間でうまくやっていく方法を見つけることができました。

　1984年頃，私は幸運にも，カール・トムに会うことができました。彼は，大きな刺激を与えてくれたカナダの精神科医であり，世界的にも有名なアルバータ州カルガリー大学家族療法プログラムを運営しています（Tomm, 1984a, 1984b, 1986, 1987a, 1987b, 1988）。そのときから，そしてその後何年にもわたって，カールは，

★1　私は，メンタル・リサーチ・インスティチュート（ジェイ・ヘイリー，ポール・ワツラウィック，ジョン・ウィークランドたち），ミルトン・エリクソン，R. D. レイン，アーヴィング・ゴッフマン，そしてミラノ派のボスコロ，チキン，パラツォーリ，プラタらの著書を読みあさりました。その他にも，ニューヨーク市のアッカーマン家族療法研究所の女性たち，バージニア・ゴールドナー，オルガ・シルバースタイン，ペギー・パップ，ペギー・ペンらの著書は私の「お気に入り」でした。そして，サルバドール・ミニューチン，リン・ホフマン，モニカ・マクゴールドリック，マレー・ボーエン，ハリー・グーリシャン，カール・ウィテカー，ヴァージニア・サティアもいました。そして私は，セカンドオーダー・サイバネティックに関するポール・デル，ハインツ・フォン・フォレスター，そしてブラッドフォード・キーニーの著書にも手を伸ばしていきました。キーニーの著書である『変化の美学（The Aesthetics of Change）』を通じて，グレゴリー・ベイトソンの相対性的思考が私の心を奪いました（Keeney, 1983）。『五番目のプロビンス（Fifth Province）』というアイルランドのグループである，イメイダ・マッカーシーとノレイグ・バーン，そしてフェミニストの英雄であるレイチェル・ヘアマスティンによる，治療的視点からのフェミニズムや社会正義に関する著書に，私は当惑しました。後に，ヘアマスティンは，家族療法の領域の中で初めてフェミニストの視点で論文を発表し，私の相談相手となりました。また，ケネス・ガーゲンとメアリー・ガーゲン，ロム・ヘア，マイケル・ビリッグ，ジョン・ショッター，エリカ・バーマン，イアン・パーカーが指揮をとる社会構成主義のグループと一緒に，フランス／アルジェリアの精神科医であるフランツ・ファノンの著書に完全に没頭しました。

★2　ふり返ってみれば，アイルランドからの移民である私の両親（フランク・マディガンとテレサ・マディガン）が，カナダのトロントでの人生を通して，貧しい人々や財産を失った人々を相手に，ボランティアをすることで手本を示してくれていたことに気づきます。35年間もの間，同じ老人ホームを毎週月曜日に訪問し，恵まれない少年たちのためにサマーキャンプを企画し，スープキッチンとよばれるところで休むことなく働き，貧困に苦しむ人々を定期的に訪問し，そのほか多くの親切な行為をしている姿を見ながら私は育ちました。

心理療法分野において，治療的にもそして政治的にもむずかしい立場におかれたときに，セラピスト自身がどのように自分の姿勢を維持できるかを示してくれました。介入的面接技法に関する彼の3つの論文が，治療的質問への探索と愛情に弾みをつけたのです★3★4。

　セラピストとしての旅を歩み始めたとき，私は手に入れることのできるものはすべて読みました。これらの新しい心理療法家が語っているすべてを理解したわけではありませんが，それがすばらしいものであることと，そしてもっと重要なことは，その内容が大学時代に心理学やソーシャルワークのコースで学んだものよりはるか先を行っていることが直感でわかりました。読書と知識の獲得に明け暮れた古き良き日々に思いを馳せると，1980年代半ばから1990年代初めのほとんどを驚くほどの混乱と興奮状態の中で過ごしてきたことがわかります。ところが，どれほど事前の準備をしていたとしても，ナラティヴ・セラピーの先駆者であり，伝説的セラピストであるデイヴィッド・エプストンとマイケル・ホワイトに初めて出会ったときに生じた困惑に対しては，何の役にも立ちませんでした。

　1986年の秋，北アメリカ最初となる，カルガリーにおけるマイケル・ホワイトの公式ワークショップで，マイケルの家族療法についての発表を聞いたときから，ナラティヴ・セラピーへの個人的な探求が始まりました★5。彼が，文化人類学者グレゴリー・ベイトソンの概念を通して，自身の治療的アプローチを紹介し，その横でカール・トムが，チリの生物学者ウンベルト・マトゥラーナを通して，マイケルの治療概念を説明しました。

　ワークショップ終了後，マイケル・ホワイトは混雑した部屋を横切って，私に自己紹介しに来てくれたのです。私たちは，バンクーバーからこのワークショップま

★3　カール・トムの介入的面接は，以下の3つの異なる論文で発表されています。「第1部　セラピストに向けての第4番目の方策（Strategizing as a Fourth Guideline for the Therapist）」「第2部　自己回復を可能にする内省的質問（Reflexive Questioning as a Means to Enable Self Healing）」「第3部　線状的，循環的，内省的，そして戦略的質問を意図する（Intending to Ask Lineal, Circular, Reflexive or Strategic Questions）」。

★4　カール・トムはまた，チリの生物学者であるウンベルト・マトゥラーナとフランシスコ・バレラの複雑な関係性の概念を北アメリカに紹介しました。彼らの論文のすべてを理解するためには，丹念に詳しいメモを取りながら，8回，10回，12回とくり返し読まなければなりませんでした。その後，新しく芽ばえてきたセラピーの理論や実践を理解するために，私は読書会を始めました。私が心理療法に夢中になれたのも，カール・トムのおかげです。

★5　1986年のワークショップでは，ナラティヴ・アプローチの創始者であるマイケル・ホワイトとデイヴィッド・エプストンは，まだみずからのセラピーの手法を「ナラティヴ」と名づけてはいませんでした。ナラティヴという名称は，1990年に出版された画期的な著書に『*Narrative Means to Therapeutic Ends*（物語としての家族）』というタイトルをつけたときから使われ始めたのです。

での旅費をいかに工面したかについて語った後，このお金をもっと有効に使えたかもしれない用途について一緒に考え，大いに笑いました。

そのときマイケルは，上階にあるクリニックで遺糞症に悩む10歳の少年と面談をするので観察しないかと誘ってくれました★6。私はワークショップの参加者の中ではいちばん年も若く，ただ1人破れたジーンズとニール・ヤングのTシャツを着ていたので，マイケルの誘いにやや驚きはしましたが，その誘いにただちに飛びつきました。

その夜，私はワンウェイミラーのうしろに座り，マイケル・ホワイトの治療のようすを初めて見学しました。私は，ワークショップ主催者であるカール・トムとその他4人のセラピストの横に座りました。マイケルの実践は私を圧倒し，そこにいただれもが，目の前で繰り広げられた，見たことのない治療的会話に静かに魅了されていたようでした。

多くの読書と早くからの実践経験にもかかわらず，私はマイケルの実践と比較するものを何ももち合わせていませんでした。たとえば，面接開始わずか数分の間に，マイケルとその少年は遺糞症の問題を「スニーキー・プー（ずる賢いウンチ）」と名づけ，外在化しました★7。ホワイトと彼の同僚であるデイヴィッド・エプストンは，セラピストとクライエントが，問題を関係性と文脈の中において話すことができるときに，治療的な進展がより促進されるのを体験してきました。遺糞症の問題を少年の身体の内側にあるものとしてみなさず，問題を少年とは距離があり，分離されたものとして扱うような「言葉遣い」をすることによって，ホワイトが治療的にかかわれる「間」が生じたのです。つまり，少年のアイデンティティそのものが，

★6　治療的な概念として対極にあるDSM-IVでは，遺糞症を，便秘と溢流性失禁をともなうものと，便秘と溢流性失禁をともなわないものの2つの亜型に分類しています。便秘をともなう場合，便は通常軟便であり，睡眠中も持続的に漏れ出て，覚醒時も睡眠中にも起こります。便秘をともなわない場合，便は通常硬便であり，遺糞は間欠的であり，目立つ場所に排泄されていることがあります。この型は，反抗挑戦性障害や行為障害と関連している可能性もありますし，また肛門裂によることも考えられます。

★7　外在化とは，1980年代初頭に，デイヴィッド・エプストンとマイケル・ホワイトによって，家族療法の領域で初めて紹介された概念です。児童とのかかわりの中で最初に発展した関係性の外在化は，良質なユーモアと遊び心，そして同時に，思慮深く，注意深い実践力と常に結びついているといえます。外在化を理解する方法は数多くありますが，おそらく「人が問題なのではなく，問題が問題である」という表現に，そのすべてが集約されているといえるでしょう。問題を関係的に外在化するとは，問題に対する既成の描写を再構築していくことを提案しているのではありません。問題の外在化は，再描写の可能性を生み出し，クライエントが問題と自分自身の関係を再配置する機会を提供するのです。外在化は，ナラティヴ・セラピーを実践するうえでの「必要条件」ではなく，さまざまなナラティヴ実践におけるひとつの選択肢を表しているとみなすべきでしょう。

問題であるとしてひとくくりにされなかったのです。エプストンとホワイトは，こうした問題の関係性の再配置のことを「問題の外在化」とよびました。

　問題を外在化するうえで，セラピストは，自己を構成する形式に関して，ポスト構造主義の説明を利用します。それは，内在化された問題のディスコースを治療的に外在化するための手段として，相互関係のあるディスコースの文脈に問題と人を相対的に位置づけるのです（Madigan, 1996）★8。たとえば，外在化する言語を使うことによって，ホワイトは子どもと一緒に，遺糞症に対して「ずる賢いウンチ」という呼び名を共同でつくり上げ，その子どもの外側に位置する関係的な主体として擬人化しました。

　ホワイトはその後，外在化するためのさまざまな質問を提示しました（Epston, 1988; Tomm, 1989; White, 1986）。「あなたをトラブルに巻き込む，そのやっかいなものをなんとよびますか？　ウンチかな？」「ウンチがずる賢く忍び寄って，不意打ちを食わせたことがありますか？　たとえば，遊んでいて忙しいときに，急にパンツの中に現れたりしなかった？」　このように探り当てるような質問に子どもが「はい」と答えると，マイケルは，不快感，みじめさ，失望感，家族問題といった，「ずる賢いウンチ」がもたらすやっかいな影響について引き続き尋ねていきました（White, 1986）。

　また，ホワイトは同席している家族にも，「ずる賢いウンチ」の問題が家族の生活にもたらしている関係的な影響について尋ねました。こうした影響相対化質問は，以下のようなものでした。「息子さんが『ずる賢いウンチ』にだまされて，汚してしまったとき，あなたの身には何が起こったのですか？」「ウンチが嫌悪感や失望感を引き起こすとき，それはあなたに何をさせていくのですか？」　ユーモアやへりくだった表現を使って，しだいに，家族全体にもたらす問題の影響が部分的に明らかになっていき，結束して対応すべき問題としてみなせるようになったのです。ナラティヴ・セラピーの相対化質問によって，家族の希望と能力を回復させる道が見いだされたのです。

　この面談の時点で，関係性を意識した方法で問題を外在化するときの，理論的な複雑さや治療的なむずかしさについて，私は完全には理解していませんでした。

★8　構成された自己，基準，興味に関する理論，そして性アイデンティティの理論でさえ，限りないほどの操作や急速な変化に影響を受けやすい，脆弱な概念なのです。構成された自己というものは，完全に決定づけられると同時に，脱中心化されたものである，とフーコーは論じています（Foucault, 1980）。

もっとも1986年当時に，ワンウェイミラーのうしろにいた人の中に理解できていた人がいたかどうかは定かではありません。ただ，自分が目にしたものを完全には理解できませんでしたが，インタビューし，問題を外在化するマイケルの治療スタイルに，私は大いに興味をもったのです。もっと学びたいと思いました。

ナラティヴ・セラピーの言葉遣いを支える構造と理論は，心理学や社会福祉学，そして精神医学の領域で通常教えられることには基づいていないため，ナラティヴ・セラピーのインタビュー技術を学ぶことは，時にいら立たしく感じられます。ナラティヴ・セラピーは，本質主義的でもなく，構造主義や，精神力動論，システム論的でもない上，自己の自立理論に則っているわけでもないのです。ましてや，発達モデルを利用すること，自己の自立理論を採用すること，心理テストを使用すること，そして『精神障害の診断と統計の手引き（DSM）』のようなテキストを使うことを，推奨しているわけでもありません。ナラティヴ・セラピーでは，DSMを解釈や情報の根拠として用いられることもありません。そして，このような実践は投薬に頼るわけでもありません★9。

ナラティヴ・セラピーが基盤とするポスト構造主義的の基本的な考えや，その結果としてもたらされた，心理学や精神医学に対する批判を学ぶことは，当時若いセラピストであり学生であった自分に任されている状況でした。私は，ほとんど自分1人で学んでいきました。とは言うものの，デイヴィッドとマイケル，そしてポストモダニズムの著者たちからの教えと助けが大いにありました。

セラピー文化に対する考えを根本的に変え，反個人主義的セラピストとして生きる可能性を描き出すことによって，ナラティヴ・セラピーは，ついに私をとりこにしてしまいました。私がナラティヴ・セラピーの学習と実践に専念することをはっきりと決意したのは，フロリダで博士号取得のためにナラティヴ・セラピーとポスト構造主義に関する博士論文の仕上げにかかっていたときのことです。同時に，競技フリスビーのカナダ代表チームに入って，トレーニングやツアー，国際トーナメントに参加しているときでもありました。この決意は，論文の完成を急ピッチで進めることと，カナダ代表チームを辞めなければならないことを意味していました（米国選手権で右ひざ前十字靭帯を損傷したこともあり，ナラティヴやポスト構造主義にたいへん精通していた学部長のロン・シェネイル博士が私の決断を後押しし

★9　ナラティヴ・セラピーは，薬の使用をある時期において必要であるという立場をとりますが，治療のおもな形態として過剰に薬が使用されていくことを支持していません。

てくれたこともありました）。

　初めは，マイケル・ホワイトとデイヴィッド・エプストンが読んでいたものはすべて読もうとしましたが，2人はあらゆる社会科学の研究分野について勉強していましたし，2人とも信じられないほど熱心な読書家だったので，このやり方ではうまくいかないということがわかりました[★10]。そのため，私は新たに現れる刺激的な著書を読むことで学習曲線を維持しました。このような著者は，主流となっている精神医学や心理学や社会福祉の雑誌のページを飾るような人たちではありませんでした[★11]。

　私の学びのターニングポイントは，1991年の数か月間と1992年にもう一度，南オーストラリアのアデレードでマイケル・ホワイトとシェリル・ホワイトの元に暮らして一緒に働くように招かれたときに訪れました。これがセラピー修行の始まりでした。そして，マイケルのナラティヴ・セラピーの実践とシェリルのフェミニストのアイデアに完全に没頭する特権を得たのは，この「集中ホームステイ」研修期間です。この修行中に，アデレードに住むアラン・ジェンキンスとも知り合いになり，彼は暴力，虐待，トラウマに対するナラティヴ・セラピーを紹介してくれました（Jenkins, 1990, 2009）。また，マイケルの最初のナラティヴ・セラピーを教えるスタッフとなったヴァネッサ・スワンやイアン・ロウとも親交を深めました[★12]。

　同じような時期，ニュージーランドのウェリントンに住む，タイマリエ・キウィ・タマセセとチャールズ・ウォルダグレイブと一緒に，ジャスト・セラピーのチームで一緒に働かないかという誘いも受けました（Waldegrave, 1990）。そして，

[★10] ナラティヴ・セラピーの伝説によると，デイヴィッド・エプストンは千の論文を読み，マイケル・ホワイトはひとつの論文を千回読んだと伝えられています。このバランスのおかげで，彼らは一定の厳密さと創造性を保つことができたのです。

[★11] これらの著者の中には，文化人類学のバーバラ・マイヤーホフや，ヴィクター・ターナー，クリフォード・ギアーツがいました。また，ロラン・バルト，ピエール・ブルデュー，ジル・ドゥルーズ，ジャック・デリダ，ミシェル・フーコー，ジュリア・クリステヴァを通じてポスト構造主義を学びました。ガヤトリ・スピヴァクや，ベル・フックス，エドワード・サイードは，ポストコロニアルの初期の著者ですが，私はバフチンや，ブルーナー，ガーゲン，サンプソン，ショッターによる一連の書物を追い続けました。そこにクィア理論やアイデンティティ論などに関するジュディス・バトラーの著書が登場しました。このような学術的な著者たちや思想領域との交わりなくして，ナラティヴ・セラピーの実践には限界があると私は強く感じるのです。

[★12] 1996年にイアンとヴァネッサは，ナラティヴ・セラピー・バンクーバー・スクール（Vancouver School for Narrative Therapy）とイェールタウン・ファミリー・セラピー（Yaletown Family Therapy）で働き，指導をするためにバンクーバーに移ってきました。私たちの著書の『実践：ナラティヴ・セラピーにおけるディスコース，フェミニズム，ポリティクスを位置づける（PRAXIS: Situating Discourse and Feminism and Politics in Narrative Therapies）』は，この一緒に活動していたときに出版されたものです。

研修期間の最後を飾るかのように，1991年にニュージーランドのオークランドですばらしく創造的なデイヴィッド・エプストンの元に暮らして，一緒に働くというすばらしい幸運を得ました。夢のような時期でした★13。

　このナラティヴ・セラピーの修行を真剣に受けた，と私が言ったとしても，それはまだ控えめな表現でしかないでしょう。たとえば，マイケル・ホワイトとデイヴィッド・エプストンのカウンセリングを観察するときには，私はありとあらゆる治療的な質問をノートに書き留めました。あらゆる場所で，毎日6～7セッションに参加したのです。夕方になると，その日彼らが尋ねたすべてのナラティヴの質問について，それぞれの質問の系譜とよぶべきものを理解するために，マイケルとデイヴィッド，そして他の人にも尋ねてまわりました★14。その質問がどこから出てきたのか，一緒にまとめられたり，変更された時制（過去，現在，未来）の使い方に秘められた意図とは何なのか，その文法や表現がなぜ使われたのか，ある特定の質問がどの理論やどの著者が書いたものに属しているのか，実際に尋ねなかったが尋ねることもできた質問は何であったかなどについて尋ねていったのです。

　偉大な師匠たちがみなそうであるように，デイヴィッドとマイケルは私の絶え間ない質問と学習意欲にとても忍耐強く接してくれました。そのうちに，治療的インタビューの中にある特定の構造と，経験を時間軸の中に位置づける特定の方法と質問群などについて，容易に見分けられるようになりました★15。そして，理論的に理解できるようになり，特別な言い回しや考え方，質問を表現できるようになっていきました。

　毎日，私たちは摂食障害，夜驚症，暴力，トラウマ，盗癖，幻聴，夜尿症，依存症などのさまざまな問題に苦しむ人々に会いました。そして，それぞれの面談のあと，私が彼らの質問に質問していくことによって，新しい質問が生み出されていったのです。うやむやのまま取り残される質問はなく，すべての質問がくり返し検討され，それはさながらナラティヴ・セラピーの民族学的学習実験室のようでした。

★13　この時期から現在にいたるまでの長い期間，私はデイヴィッドと毎週メールで連絡を取り合い，新しいアイデアやナラティヴ・プラクティスについて論文を送り合ったり，チャットをしています。贅沢というほかありません。

★14　ミシェル・フーコーによる系譜学の概念は，歴史を通じて，人々や社会（そしてこの場合は，ナラティヴ・セラピーの質問）の発展をたどることができる，主題の位置づけの変遷のことなのです。

★15　ナラティヴ・セラピーの質問における，時間軸の使用に関する詳しい説明は，1995年のマイケル・ホワイトとデイヴィッド・エプストンに対するインタビューを参照してください（http://www.therapeuticconversations.com）。

心身ともに困憊する作業でしたが，私はゆっくりとコツをつかんでいきました。ところが，私がナラティヴ・セラピーで自分なりのインタビューのやり方を見つけたと思うと必ず，マイケルかデイヴィッドが，外に出かけて調査をしないといけないような新しいコンセプトや著者などを持ち込んでくるのです。そして今日にいたるまで，デイヴィッド・エプストンが持ち込んでくるものを追い続けているのです。

オーストラリアとニュージーランドにおけるナラティヴ・セラピーの修行期間で，毎晩，みんなが寝静まったあと，私はその日みんなで議論したナラティヴ・セラピーの質問をひとつずつ特定のグループに分類しました。それは，影響相対化の質問，将来への可能性の質問，経験を体験する質問などです。私はナラティヴ・セラピーのユニークな文法，脱中心化されたセラピストの位置づけ，社会正義に寄せるナラティヴ・セラピーの強い関心，ナラティヴ・セラピーが感謝，尊敬，そして驚きをどのように系統化したかなどに魅了されました。そしてテープレコーダーにそれぞれの質問と，その参考文献も録音したのです（いかにもオタクみたいですが）。

20年以上もの間，マイケルとデイヴィッドは濃厚な創造的姿勢を維持してきました★16。彼らは私に，いろいろな種類の面接の完全な逐語録（それも分析とメモを付け加えて）や，多くの読むべき新しい記事，彼らの最新の治療上の「発見」についてのメモや，興味深いケースの逸話や，治療的な質問を送ってきました。彼らはいつも私にこれでもかというほど，新しい治療的な質問を送ってきたのです。

（米国で博士課程を修了したあと）カナダのバンクーバーにもどったとき，私はデイヴィッド・エプストン，マイケル・ホワイト，シェリル・ホワイトたちが示してくれた自分の将来についてのアドバイスに従って，最低５年間はいろいろな機関や大学からの就職の話（その頃はたくさんありました）を全部断ろうとしました。私は，イェールタウン・ファミリー・セラピー・センターを基盤に，ナラティヴ・セラピー・バンクーバー・スクールを1992年３月に開校しました。ふり返ってみると，これはまったく見通しの立たないことでしたが，あきれるほど楽天的に決断したのです★17。

ナラティヴの治療的な歴史をふり返ると，私の個人的な感覚では，デイヴィッ

★16　2010年５月にシェリル・ホワイトが，私たちの「治療的会話カンファレンス９（Therapeutic Conversations 9 conference）」において発表するためにカナダのバンクーバーを訪れました。最終夜に彼女は，デイヴィッド・エプストンと私に，最近見つけたマイケル・ホワイトの500時間分のセラピーの録音テープ（1982～2008年）をオーストラリアのアデレードに１週間滞在して再吟味しないかと提案しました。マイケル自身とその業績をもう一度近くで学べるということで，私たちはその誘いに飛びつきました。

ド・エプストンはナラティヴ・セラピーの創造的な指導者で，マイケル・ホワイトは（マイケルが最もほしがらない呼び名ですが）ナラティヴ・セラピーの教祖だと見ています。ダリッチセンター出版を通じてナラティヴ・セラピーの出版分野の基礎を築いた，シェリル・ホワイトは，みんなの歩調を合わせるナラティヴ・セラピーの非公式なCEOです。ジャストセラピー・チームのワリヒ・キャンベル，タイマリエ・キウィ・タマセセ，フローラ・ツハカ，そしてチャールズ・ウォルダグレイブは，私たちに内在化されている人種差別，階級，性別，白人特権，その他もろもろの難題に取り組む重要性を絶えず思い出させてくれるナラティヴ・セラピーの倫理面のアドバイザーでしょう。

先に述べたように，非公式なナラティヴ・セラピーの創設メンバーたちが，世界的に広まったナラティヴ・セラピーの国際的な評価と発展を導きました。彼らは私の家族のような存在となったのです。

追　悼

私たちは，ジャストセラピー・チームのメンバーである「真実の母」フローラ・ツハカを2008年9月15日に失いました。フローラは，20年以上もの間ニュージーランド・ウェリントンにあるファミリー・センターの家族療法家であり，コミュニティ開発ワーカーでした。そのほとんどの期間，彼女はマオリ人の部署を指揮していました。フローラは，バンクーバーで私たちの「治療的会話カンファレンス」で心に残る数多くのワークショップを開催してくれました。彼女はすばらしい教師であり，歌手であり，芯の通った人でした。

本書は，私の良き友であり師であるマイケル・ホワイトが，心理療法とそのコ

★17　たとえば，私が文字通り空っぽのオフィスに移って10日後に，地元のハリウッド・ノース（Hollywood North）という映画会社から，セラピーの契約について商談するために，その新しいオフィスで，2日後に私に会いたいという1本の電話をもらいました。これはその会社の1,500人の労働組合のスタッフに対する「カウンセリング」の依頼につながるはずのものでした。その可能性を見ればたいへんワクワクするものでしたし，その上初めての契約でした。ところが，自分のオフィスを見渡したときに，いま自分がもっているものといえば，電話と自分が寝るための布団，そして取り立てほやほやの博士号だけであることに気がついたのです。しかも自分の銀行口座には，1,000ドルすら入っていませんでした。それで，私は何人かの友人に電話をして，トラックを借り，友人の机，部屋の装飾品，敷物，椅子，テーブルなど，とにかくイェールタウン・ファミリー・セラピーのオフィスが本物のセラピーのオフィスに見えるようなものはなんでも部屋に運びました。幸いにもその会議はうまくいきました。私は契約を取りつけると，1時間後にはトラックでその家具などを運び出し，しかるべき持ち主に返したのです。

ミュニティに持ち込んだ数多くの美しく，型にはまらない，創造的な考え方にふれています。悲しいことに，2008年4月4日，マイケルはカリフォルニアのサンディエゴでナラティヴ・セラピーのワークショップの最中に急性心不全のため，この世を去りました（Madigan, 2008参照）。59歳でした。マイケルの教えは，私の日々のセラピーの面談の中で大きな役割を果たしています。また，世界中にいる数多くのナラティヴ・セラピストたちも同じように伝えているのです。

　彼を失って本当に寂しく思います。

——Stephen Madigan

本書と APA 心理臨床ビデオの使い方

　心理療法理論シリーズ（Theories of Psychotherapy Series）の各本は，その理論を実在のクライエントに対して実施された治療を収録した DVD とペアになっています（訳注：本書では DVD は収載していません）。著名な学者や実践家が書いた理論を実践しているのを，学生たちが視聴できるように，多くの DVD ではゲスト・セラピストとして本の著者が登場します。

　理論的な概念について詳しく学ぶための優れた教材にするために，DVD にはいくつかの特徴があります。

■ クライエントが数回の面接を通じて，その理論様式にどのように応答しているかを視聴者が追うことができるように，多くの DVD には 6 回にわたる心理療法の完全な面談が収録されています。
■ 実演されているアプローチの背景にある理論の基本的な特徴をつかむために，各 DVD に簡潔な導入的議論が収められています。これによって，視聴者は本で読んだアプローチの重要な側面を復習することができます。
■ 心理療法場面において，編集されていない状態で実際のクライエントのようすを収録しています。これによって，記述された事例や会話の逐語録では，時に伝えきれないような，実際の心理療法のスタイルと雰囲気を感じ取ることのできる機会を提供しています。
■ 視聴者が心理療法の面談の途中でも再生できるように，セラピストのコメントのチャプターが収録されています。このチャプターは，面談の中でセラピストがなぜそうするのかということに関して，異なった洞察を提供してくれます。これは，セラピストがクライエントを概念化するために，そのモデルをどのように活用しているかを体感できるような機会となります。

　書籍と DVD の併用によって，理論的な原理がいかに実践に影響を与えるかを示すための強力な教育手段を提供できます。本書の場合は，ゲスト専門家として著者が登場する DVD「ナラティヴ・セラピーの経過（Narrative Therapy Over Time）」で，このアプローチが実践においてどのように見えるかを，生き生きとした実例で示してくれます。

謝　辞

　人々の人生のストーリーがこの本を形づくっています。それは，何千もの物語です。私はこれらのストーリーに敬意と感謝をもって奉じます。対話した仲間たちすべてに，あなた方の信頼，教え，そして透明性に感謝いたします。
　タイマリエ・キウィ・タマセセとチャールズ・ウォルダグレイブ，誠実な友情と厳しい教えに。
　シェリル・ホワイト，気づいている以上に私を形づくってくれたことに。
　カール・トム，私が大いに尊敬している誠実さと勇気に。
　ヘザー・エリオットとコリン・サンダーズ，徹底的な実践に対する情熱と「ナラティヴ・セラピー・バンクーバー・スクール」をまとめてくれたことに。
　ヴィッキー・ディッカーソン，ビル・ラックス，ジェフ・ジマーマン，初期のナラティヴの時期を盛り上げてくれたことに。
　イメルダ・マッカーシーとノレイグ・バーン，アイルランドの感性とすぐれた理論的道徳哲学に。
　世界中のナラティヴ・セラピーの仲間たち，絶え間ない笑い，新しいアイデア，そして希望に。
　ジョン・カールソン，禅の暮らしに，そしてさらにもうひとつ，自分のすばらしいプロジェクトに私を招き入れてくれたことに。
　ジェームズ・ジャスティス・パートロウ，いちばんたいへんなときに正義を貫くことに対して。
　デイヴィッド・デンボロウ，契約枚数を超えた後に，本書にきわめて冷静ですばやい編集をしてくれたことに。
　私の両親であるフランク・マディガンとテレサ・マディガン，貧しくよりどころのない人々に対してたゆまぬ努力を行い，私に社会的正義，階級分析，そして奉仕活動の裏にある特別な意味を教えてくれたことに。
　私の人生で出会った女性たち――アン，メアリー，ハンナ，テッサ，マーラ，マレーザ，ロビン，ヒルダ，エリザベス，ゲイル，ヴィッキー，ブレンダ，ダニエラ――の愛情のこもったケア，驚異の念，そしてフェミニスト女性集団の連携がいかにうまくいくかということを示してくれたことに。

きょうだいたち——ポール，アンドリュー，パトリック，エリオット，レス，マーティン，ヴィンセント，イアン，デイヴィッド，ダリル，コリン——つらい時期には愛を捧げてくれ，そして小さい時からずっと生意気な口を利く特権を与えてくれたことに。

第1章

はじめに

> 他者の内面における物事を理解しようとするとき，それがどのような理解であったとしても，私たちは，人々の意識の中に魔法のように侵入するわけではなく，人々が言葉で表現したものから理解しているにすぎない。ほんの少しだけ表面的に理解しているに過ぎないのだ。
>
> (Geertz, 1988, p.373)

　本書は，ナラティヴ・セラピーの個人的な歴史と，理論と実践の歴史の知的散策に読者を誘うことで，ナラティヴ・セラピーの理論と実践の謎を明らかにすることを目的としています。オーストラリア人セラピストのマイケル・ホワイトとカナダ出身でニュージーランドに移住したデイヴィッド・エプストンは，1980年代初頭に斬新な心理療法を始めましたが，ナラティヴ・セラピーという用語が考案されたのは1989年になってからのことでした。1990年代初頭，彼らの発想に対しては，北米やヨーロッパに比較的少数ながら熱烈な支持者がいる程度でした。2010〜2011年には，ナラティヴ・セラピーは世界中の多くのセラピストたちが実践する理論の中心に位置づけられるようになっています。
　著名なアメリカの文化人類学者クリフォード・ギアーツは以下のように述べています（Geertz, 1976）。

> 閉じていて，独特，おおよそ統合された動機と認知を有する存在であり，独自の統一体として社会や自然の背景と対立する，意識，感情，判断，行動の動的な中心とみなす，西洋における人の概念は，けっして変化するようには見えな

いが，世界の文化という文脈から見ると，たいへん奇妙なものである。(p.229)

　ギアーツは，人間のアイデンティティ観を，相対的，文脈依存，共有的，ディスコース的，そして反個人主義者的であると表現しています（Geertz, 1973, 1976, 1983）。ナラティヴ・セラピーもまた，同じ視点をもっています。人々やその関係に対する関係的・文脈的・反個人主義者的な★1心理療法観に寄せる強い信念こそが，デイヴィッド・エプストンとマイケル・ホワイトのナラティヴ・セラピー実践の真髄です。この関係的・文脈的・反個人主義者的実践は，表皮でしっかり被われた個人という心理学的概念に対抗するために考案された心理療法に基づくものなのです。
　エプストンとホワイトによるナラティヴ・セラピーでは，「自己」についてしっかりと学ぶためには，それが自分自身の自己概念にどのように関係するかについて理解しておく必要性が強調されています（Madigan, 2004, 2007）★2★3。ナラティヴ・セラピーの視点は，主体が多層化された立場，多重化された物語を有するのだという考えを提示しています★4。自己に対するナラティヴ・セラピーのアプローチは，人間とはどういうものなのか（たとえば，支配的で個人主義的な人間性の分

★1　2009年10月，カナダのバンクーバーで，デイヴィッド・エプストンは，マイケル・ホワイトと自分が，何よりも反個人主義的で，関係性を重視した理論と実践を通して，自分たちのセラピーを構築してきたと語っています。

★2　このディスコース的自己認知は，人が意味を解釈するときに重要な役割を果たします。ポスト構造主義の専門家らの自己に対する見解はさまざまであるものの，現在の研究では，自己はディスコースによって構成されるといわれています（Foucault, 1979）。

★3　たとえば，テキスト分析に対するポスト構造主義アプローチにおいて，探究のおもな対象となるのは著者ではなく文章の読み手です。文章そのものにも多大な影響を与えるこの置き換えは，しばしば著者（私たちの場合はセラピスト）の不安定化もしくは脱中心化といわれます（Derrida, 1991）。

★4　未発表のインタビューにおいて，マイケル・ホワイトはシステム論的考えの限界に関する質問に対して以下のような提案をしています。システム論的考えを検討するとき，近代における自己概念，構造主義，科学，個人に帰される問題，白人が信じる民族中心主義やヨーロッパ中心主義，人種・ジェンダー・性的指向に関する支配的な考え，家族観，パーソンズ派の考え方などの影響を詳細に見直す必要があります。以上のような思考形式における問題は，善意による多くの心理療法の実践が，大部分において疑問視されない考え（「常識となっている考え方」という人もいるでしょう），そして，その目的や実践において構造的である，ファーストオーダーおよびセカンドオーダーシステム思考からの動きを追っている考えの上に複製されているということです。ここで，ベイトソンの考えが多大なる刺激を生んだとしても，多くの心理療法の実践がファーストオーダーにとどまっているといえるかもしれません。ボーエンの原家族の考え方，ミニューチンの構造派療法，メンタル・リサーチ・インスティテュートの戦略的思考，そしてミラノ派の円環性と仮説づくりの中で，脚光を浴びたということを忘れないでいましょう（これらの心理療法はしばしば騒がしい混合物にまとめられ，人気のあるセラピー実践法のブランドとなっています。すでに，これらの伝統は多くの観点から脱構築されていますが，なおもその実践は継続しています。それはなぜなのでしょうか？）。セラピストたちは，もしシステム論的思考がそれほど時代遅れのものであるならば，どうしてこんなに多くのクライエントがその過程で救われてきたのかということについて何十年もの間議論してきました。もちろん，このことが論点ではないのです。

類），そして心理学の専門家によってその人はどういう人であるかについて述べられたり，名称を与えられたりする，より一般的で，普遍化された説明を越えていくものなのです（Madigan, 1997）。

　私は地域の精神科病棟のスタッフから電話をもらい，トムにカウンセリングを提供できないか尋ねられました。トムは「希死念慮のあるうつ状態」にあり，病院は彼に対して「できることはすべて行った」ということでした。病院が試みた「すべて」には，12か月にわたる40回の電気けいれん療法（ECT），6種類のSSRI（選択的セロトニン再取り込み阻害薬）と抗精神病薬の処方，そして1年間にわたる集団および個人認知行動療法が含まれていました。

　心理療法のチームは，66歳になる白人，中流階級出身，身体的には健康，既婚，異性愛者であるトムの治療を「ほぼあきらめている」のだと，病院のスタッフは説明してくれました。トムは，ここ1年以上の間，病院における「失敗事例」として「途切れ途切れに」生きているようなものだということでした。さらに，彼を正常に戻すためのさまざまな精神医学的技術を用いたけれども，「何ひとつとして成果はみられなかった」と付け加えました。

　12か月に及ぶ病院治療の間，トムは病院の継続的なシステムの生成，分類，彼の社会的身体における異常性の制御に参加してきたのです。1年間トムの治療に従事していた病院スタッフによると，トムの「慢性的な」状態は，ある一連の心理学的な意味づけ（すなわち，重度のうつ病患者という意味づけ）に起因し，そこから生じているとのことでした。この話から，トムの身体が心理学的病歴として記録できるものに分類的に適合していたため，専門家によって記録が読み取られ，それが実はトムがどのような人物なのかということに関する専門的な文章に変換されていったのであると，想像できました。

　私が初めてトムに初めて会ったとき，彼のカルテの重さはすでに約3kgに達していました。外部の私から見ると，トムは，疑いもなく，慢性大うつ病患者としてみなされているようでした。これは，記録のうえでのトム（もしくはファイルの中のトム）は，本質主義者的な内面の自己（現代的な自己）という境界によって，スタッフからみなされていることを意味していました。電話での会話や，カルテを通して通訳されるトムに対する病院の解釈は，トムに対する病院スタッフの専門的見立て★5の文脈を理解するのを助けてくれました。

病院とのかかわりで感じた明らかな矛盾は，病院がトムに慢性的にアイデンティティが失われている人生を運命づけている一方で，(慢性的ということは，彼はもはや救われないということを意味しているのですが；Madigan, 1999)，精神医学的治療によって，トムが「回復する」ことを強く望んでいることでした。残念なことに，トムが病院のスタッフを喜ばすことができなかったために（そもそも自分たちの心理的治療がうまくいかなかったためですが），彼は不適格であると判断されました。そして，病院スタッフによって制限された描写が示しているように，トムは文化的対象物および制度の知的産物となったのでした。
　科学的医学モデルと，精神科病棟がトムを位置づけていた理解の中では，主体の身体（このケースではトム）は，疾患名を刻み込まれるだけの石版としてみられていたのです。言い換えれば，病院スタッフの知識は，トムの体に，その病理を記すために用いられたのです。トムの状態に適した銘（めい）を解読していくことが，その疾患の原因を判断する際の問題となることであるし，一般的に広く採用されている診断テキストの中に適合する症状を解釈する際に要求されることでもあったのです★6。
　精神障害の診断と統計の手引き（DSM）に従ってトムに診断名を付けるためには，病をわずらうトムの身体の謎を解き明かす機会と権利を与えられる，訓練を受けた専門家（すなわち高い専門知識を有する者）が必要となります。特定の合意を得られている力関係や，それにともなって専門家に与えられる専門家としての地位を媒介した専門知識によって，病院の専門家がトムに関する重要な描写を提供することを可能にするのです。
　こうした能力やストーリーを名づける権利は，職能団体やその記録文書を通して取り決められ，分け与えられています（Foucault, 1972）。この名づけのプロセスが，

★5　マイケル・ホワイトは，「病理化するディスコースは，客観的現実が存在することの主張を証明する揺るぎない言語で覆われているため，これらのディスコースによって，メンタルヘルスに従事する専門家は，自分たちに援助を求めてくる人々について語る方法や，支援していく方法がもたらす実際の影響，もしくはその結果に直面するのを避けることができる。私たちの仕事が人々を『真実』に服従させるものであるならば，人々の人生について私たちがどのように語るか，また人々とのかかわりをどのように構築するかによって生じる結果が見えにくくなってしまうのである。この『真実』を覆うものによって，人々を形づくるものに関して，私たちの解釈や治療的相互作用が意味することについてじっくり考えるのを避けることができる」と述べています（White, 1995a, p.115）。

★6　400以上のもの方法で異常と判断するので（Breggin, 1994; Caplan, 1995），DSM の中にその人のすべての人生の物語を描写することは，そんなに珍しいことではないし，人によってはむずかしいことでもありません。

だれが正常でありだれがそうでないか，その結果として，だれの権限のもとで，何がなされるべきなのかについて，だれがそのようにいうことができるのかの制御となっているのです。DSMに対する批判★7も含め，現代の心理学的基盤に対するナラティヴ・セラピーからの批判の中心にあるものは，だれに正統に話す権利が与えられていないのかについての分析となります。なぜならば，そのような人々は，体系立てられた思考や秩序ある調査の結果としてもたらされる，適切かつ合理的な質問を習得しているわけではないからです（Madigan, 2008）。

知識のない人としてみなすことができるのは願ったりかなったりで（Madigan, 2003），トムは，文脈なしに行動していると（つまり，実体のない文脈で生きていると）みなされ，性別・人種・年齢・能力・性的指向，そして「機能不全」によって分類されていました。トムには，知識（ここでは心理学や精神医学の知識），権力や発言権を分け与えたり，取り決めている組織母体を通して，正統化された発言権のみ与えられていると，病院スタッフとの話から理解できました。

病院の専門職スタッフと話した後，私は3か月間かけて，トムとのセッションを8回行いました。第7週目に行った5回目の面談の後，トムは退院し，再びもどることはありませんでした。数え切れないほどのECT治療のために，トムの話し方はやや不明瞭でしたが，全体的に見れば，トムの回復は目覚ましいものだったと，トムもトムの家族も報告しています。心理療法における会話では，不当にトムに与えられた慢性大うつ病という，ひとくくりにするようなアイデンティティからトムを切り離し，さらにその問題のアイデンティティがもたらす結論のせいで，トムが忘れさせられてきた自分の人生の側面や能力を思い出すことができるように手助けすることに焦点があてられました。

8回にわたるナラティヴ・セラピーの面談において，トムがうつ病から自分の人生を取り戻すために，異世界からのおまじないや科学的医療が用いられたことはいっさいありませんでした。簡単に言えば，私が病院スタッフに報告したように，トムは私との会話や関心を分かち合うコミュニティから届く治療的手紙を通じて，認められることや思いやりを感じ，耳を傾けるということを体験したと語りました。さらに，その問題との関係性をより理解するうえで，既存の枠組みから一歩踏み出す方法や，問題や病院側の定義を通じてでは説明できない彼の人生の側面やストー

★7　ナラティヴ・セラピーとDSM-IVの違いにおいて，たくさんある中のひとつは，精神疾患の結果であり，人生の他の経験の結果ではないとみなされている，診断基準として用いられる日々の行動には一貫性のある要件がないと考える点にあります（Crowe, 2000）。

リーを見る方法が，彼の好みであると伝えてくれました。

　トムは，医師の指導の下で，セッションを始めて第12週目までに，処方されていたすべての精神科の投薬をやめました。また同時期に，トムはエイズホスピスでボランティアとして働き，家庭菜園をつくったり，孫たちと「たくさんの楽しいこと」をして過ごしていました。トムはさらに，ナラティヴ・セラピー・バンクーバースクールにおいて，1年間にわたって，ナラティヴ・セラピー・プログラムのアンチうつ病顧問になったのです。

　初めてナラティヴ・セラピーの本を手にする読者にとっては，本書で取り上げている理論的概念に足を踏み入れること，そしてそれらを心理療法に適用することは，簡単なことではないし，やや気後れがする作業であるかもしれません。しかし，本書では，理論を日常的なナラティヴ・セラピー実践例と一緒に紹介しながら，知的な厳しさやポスト構造主義理論とナラティヴ・セラピーの関係性の体系を読み解き，読者の戸惑いをできる限り取り除けるよう最大限の努力をしています。

　本書での理論に関する議論を通して，私は，心理学的分析の形式的な体系とは異なり，ナラティヴ・セラピーが，一般化され，本質主義的な自己概念を構築することにより，人生についての包括的な説明や人間性に関する普遍的な分類を確立しようとしているわけでないことを示しています（Madigan, 1992, 1996, 2008）。ナラティヴ・セラピーでは，人の生きた体験を診断したり，分類するための原因や理由を見つけようとはしないのです。

　デイヴィッド・エプストンとマイケル・ホワイトは，すべての型にはまった診断分析が，出来事を予想可能なものにしようとするため，生活の心理的な側面に対して均一で単一の理論的描写★8を生み出していると理解していました（J. Bruner, 1986; Parker, 2008; Sampson, 1993）。人間性をめぐるより形式化された心理学的描写が，人とはいったいどういう存在なのかについて一般化された基準を擁護しています。その一方で，ナラティヴの比喩は，会話的な出会いを基盤として，一般化された基準に引きずられることのないように，目に見えない，独自で予想外の描写を基盤としているのです（Whiteとの私信, 1992★9）。

　ナラティヴ・セラピーを説明する本書では，ナラティヴ・セラピー実践の基礎となるポスト構造主義の重要概念について検討していきます。これらの概念は，力と

★8　伝統的な心理学的な考えは，基本的に単一で自己完結的な個人，つまり「外部から影響されず，自己充足的な統一体，自身を越えるものは何も想定しない閉じたシステムで構成された要素をもつ個体，そして他の発語はないもの」を支持しています（Bakhtin, 1981, p.273）。

知識の関係，構造的不均衡，対話する人のテクスト上のアイデンティティ，多層化された立場を有する人の社会的位置づけ，広く行きわたっている文化的ディスコースが人や問題をめぐる私たちの見方に及ぼす影響，そして問題の発端や位置についての質問に関心を示しています。

ポスト構造理論がナラティヴ・セラピー実践の中でどのように適用されるかについて，多くの事例を通して示していきます。さらに，ナラティヴ・セラピーのインタビューにおけるおもな目的となる，語られている問題の物語に存在する偏りの神秘のベールをどのように取り除くかについて検討を加えます。

本書では，ナラティヴ・セラピー実践をつくり上げていく上で，核心にふれるいくつかの重要な質問を強調しています。それは，(a) 心理療法において何が語られるのか（たとえば，人や問題について，そして医療・司法・精神科病棟・学校システム・家族・メディアといった制度内において），(b) 心理療法において，人や問題についてだれが発言する権利をもっているのか，(c) どのような専門的な影響を受けて語っているのか，という問いかけです。質問の形成過程と，治療の質問そのものの検討が，ポスト構造理論によって終始形づくられているのです。

最後になりましたが，私が本書の中で提起しようと試みている主要な問いかけは，以下の非常に単純な問いに基づいています。「語られるストーリーを語る権利はだれにあるのでしょうか？」

★9　本書で，自分の仕事に影響を与えてくれた人々との特別な会話を提示します。これらの対話は，永久につむがれていく織物のように直接の会話で学び続けるものであり，書物や論文から学ぶことができません。幅の広い話題を扱っている対話のいくつかは，以下のサイトで見ることができます。The History of Change Interviews on narrativetherapy.tv（http://therapeuticconversations.com/?page_id=60）

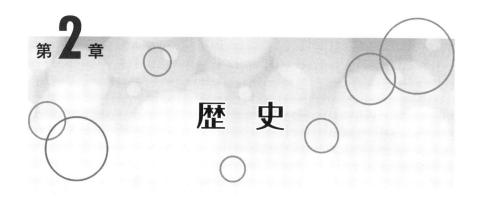

第2章

歴 史

批評とは，そのもののありようがよくない，ということを書き綴ったものではない。それは，広く受け入れられている実践というものが，いったいどのような仮説や，なじみ深い概念，確立した吟味されることのない考え方を基盤としているかを検証していくことである。批評とは，あまりにも安易に使われている行為を厳しく検証する，ということである。

——Michel Foucault

エプストンとホワイトのナラティヴ・セラピーの実践で扱われている「魔法」「差異」「神秘性」についてはすでに多くのことが書かれてきました★1。ナラティヴ・セラピーの実践がこれまでの心理療法と違う点は，心理学的知識の権威を支えているイデオロギー的，政治的，そして倫理的先入観を解明するための多数の研究を包括的にとらえようとしていることではないかと，私は推測しています。

ホワイトとエプストンは，理論的なインスピレーションを求めるに際して，広く普及していた心理学的，精神医学的，システム論的，その他すべての個人主義を基盤とする見解に背を向けました。代わりに，自分たちの心理療法の実践を，関係性によるアイデンティティという考えに基づいた，ポスト構造主義理論に向けていきました。彼らは，これらの考えが，文化人類学，フェミニズム，ポストコロニアル

★1 「ナラティヴ・セラピー」という言葉を特別な意味で用いており，ナラティヴ心理学あるいは他の物語を扱ったセラピーと同じではありません。ナラティヴ・セラピーとは，デイヴィッド・エプストンとマイケル・ホワイトの考えや実践，そして，世界中にいる多くの仲間たちによる貢献をさしています。

理論，反抑圧的実践，社会正義，文芸，そして同性愛研究といった学問の領域内に位置していることに気づきました。さらに，1965年から現在にいたるフランスのポスト構造主義的哲学の先導的な思想にも影響を受けています。

　高度なポスト構造主義理論を日常における有益な実践へと変化させるたくみな能力を用いることで，ホワイトとエプストンは心理学的理論や実践から哲学的な転向を示し，この奇抜な2人組は国際的に注目されるようになったのです★2。マクラウドは，ナラティヴ・セラピーをこの分野で最初の（そしておそらく唯一の）ポスト心理学的心理療法であるとさえ述べています（McLeod, 1997)★3。

　当初から，ナラティヴ・セラピーの中心となるポスト構造主義的★4信条は，私たちは人として「多重化された物語」から成り立っているという考えをもっていました（J. Bruner, 1990; Geertz, 1973, 1983）。簡単に述べると，ナラティヴ・セラピストは，心理療法の文脈において，人や問題についてさまざまな解釈が成り立つという立場をとったのです（Geertz, 1976; Myerhoff, 1982, 1986）。そして，セラピストがもち出す，人や問題についての解釈そのものが，その人はだれで，その問題は何か，そしてそれらは何を意味しているか（たとえば，正常／異常，善／悪，価値のある／価値のない）という詳細を提示し，そしてそれらが，私たちを取り巻く文

★2　学者やセラピストはいつも，エプストンの背景がソーシャルワークの「修士号だけ」であること，ホワイトにいたってはソーシャルワークの「学士号だけ」であることを知ると驚くのです。

★3　ポスト心理学とは，心理学的知識や実践を支えるものに対して疑問を投げかけ，心理学の根底にあるイデオロギーあるいは理論，そして実践の信条を越え，治療的アイデアを実践していくことを示しています。

★4　ポスト構造主義の定義は，http://www.philosopher.org.uk/poststr.htm に記載されています。「20世紀半ばまでに，人間存在に関する多くの構造理論があった。言語研究の領域では，フェルディナン・ド・ソシュール（1857-1913年）が構造的言語学で，意味は個々の単語を分析することによってではなく，言語全体の構造の中に見いだすべきであるとした。マルクス主義者たちは，人間存在の真実は，経済構造分析によって理解されることができると考えた。精神分析では，無意識の観点から精神構造を描くことを試みたのである。1960年代になると，フランスを拠点とした構造主義者による運動がなされ，マルクス，フロイト，そしてソシュールの考えを統合する試みがなされた。その運動の参加者は，人とはその人自身を解釈したものであるという，実存主義者の主張に賛同しなかった。構造主義者たちにとって，個人とは，社会的，心理学的，そして言語学的構造によって形づくられるものであって，個人はそれを制御することはできないが，自分たちはそれを探求して明らかにすることができると考えたのである。初めは構造主義者に分類されていたフランスの哲学者であり歴史学者であるミシェル・フーコーは，ポスト構造主義運動の最も重要な代表者としてみられている。フーコーは，言語と社会が，規則と管理されたシステムによって形成されていることには同意したが，構造主義に対して2つ異論をもっていた。第一は，人間の状況を説明することのできる，明確な基盤となる構造が存在するとは考えていなかったこと，そして第二は，ディスコースの外に踏み出し，状況を客観的に観察することは不可能であると考えていたことである。ジャック・デリダ（1930-2004年）は，テクストの多様な解釈を明らかにするための手段である脱構築を発展させた。ハイデガーやニーチェの影響を受け，デリダはすべてのテクストはあいまいで，このために，すべてにわたって完璧な解釈を行うことは不可能であるとした」。

によって支えられ，広く行きわたっている考えを反映しているものだ，ということなのです。

　マイケル・ホワイトの論文集（1978-1988年）とデイヴィッド・エプストンの論文集（1983-1988年）を見ると，彼らの実践における鋭い創意を容易に見てとることができます（White, 1989; Epston, 1988）★5。南オーストラリアのアデレードにあるダリッチセンターから出版された彼らの初期の著作では，次のような点についてたくさんの新鮮な考えを読者に提供しています。それは，長く続いている問題に対する新たなアプローチ，治療的手紙，通過儀礼，ユニークな結果，影響相対化質問，治療的文書，外在化する会話，オルタナティヴ・ストーリーと従属的ストーリー，さまざまな好奇心と探求などです。これらすべてが，新しい治療的な文法の形式で書かれたナラティヴの質問や手紙を介して，デザインされ，検討されていました（White & Epston, 1990）。

　エプストンは，1980年代に，文書で表現する問題も含め，定義的祝祭に関連したアイデアや文化人類学分野における活発な討論（Geertz, 1973; Myerhoff, 1992; Turner, 1986; Tyler, 1986）に最も影響を受けたと述べました（Epstonとの私信，1991）。デイヴィッドは，比喩や物語を使った輪郭のあいまいなジャンルや文学的プロセスの考えをどのように心理療法に利用できるか，ということに魅了されていました。比喩や物語は，現象というものが最初に観察され，本として完成し，それが総合的に読書という行為の中で意味をもつにいたるまでの，あらゆる過程に影響を与えているからです（Epston, 1988）。そして，科学的な「論文を書き上げる」ことに必須である「距離を置くような言葉遣い」を使うことは早い段階から控え，その代わりに彼自身やその人の民族誌的な声を使って，出来事のユニークな説明を書き留めていくことにしたのです。

　この時代におけるエプストンの優れた著作には『猫ドーリーの物語（*The Story of Dory the Cat*）』『登校拒否のショートストーリー（*Short Stories on School Refusing*）』『夢見ることに対抗する（*Counter-Dreaming*）』，そしてベンとの共著である『メンタル空手をしようか？（*Are You a Candidate for Mental Karate?*）』

★5　デイヴィッド・エプストンとマイケル・ホワイトは，ともに子どもたちを相手にした心理療法からこの仕事を始めました。そして，彼らの実践がナラティヴ・セラピーとよばれるようになるずっと以前から，治療に取り組んでいる子どもたちに対して，2人とも問題の外在化を行っていました。小児期のかなり困難な問題に取り組んでいるにもかかわらず，彼らの治療実践には常に遊び心があり，相手を引きつけ，時にはとても愉快で，いつもしっかりと相手に説明しながら進めていくものでした。

『トラを飼い慣らす（*Tiger Taming*）』といったものがあります（Epston, 1988）。初期に出版されたこれらの著作は，彼の治療実践が，特定の問題に対するまったく新たな取り組みを考案しただけではなく，この斬新な治療実践にともなう新しい台詞と思想を生み出していることを示しています。

　デイヴィッド・エプストンの心理療法を間近で見ると思わず息をのんでしまいます。1991年に，彼の心理療法を「ライブ」で初めて見たとき，私はジョン・コルトレーンやピカソの芸術にふれているような感覚をもちました。デイヴィッドの著作を読むと，彼が絶えず新たな治療的実践を考案し，生み出していることがわかります。彼の創造性は，子どもや大人が直面している問題に対して，現在行われている行動療法や構造論的アプローチにはほとんど効果がないという認識に端を発していたようです。このアプローチが有効ではないと不平を言うのではなく（言ってしまいがちですが），効果のない心理療法を，問題解決のために新しい方法に変えるという難題に，彼は立ち向かったのです★6。

　エプストンは問題自体へのサポートシステム（そしてそれは多くの場合，心理療法の実践そのもので支えられてもいるのですが）を見抜くことに長けていて，それを弱体化させるための新しい心理療法を考案しました★7。そして彼は，新たに問題に立ち向かうための新たな治療的実践を見いだしたのです。揺るぎない信念をもって，かかわった人々に向かって，民族誌的に詳細なインタビューをすることによって，これを成し遂げました。彼は，当事者自身がもっている問題に関する知識を，多くの解決困難な問題に対して異なったやり方で取り組む新たな方法へと転換していったのです。結果として，デイヴィッドは，ナラティヴ・セラピーの領域に，治療的手紙というまったく新しい実践や，その他の多くの記述的実践を導入する役割を担うようになりました★8。

　エプストンは，初期の臨床実践からすでに，一方（たとえば，専門的な支援者）

★6　たとえば，彼の非凡な心理療法をある視点で観察してみると，初めて『夜の見張り番のケース（*The Case of the Night Watchman*）』を書いたときにはすでに，エプストンは子どもたちとの治療的な取り組みにおいてまったく新しい領域を見いだしていたことに私は気づきました（Epston, 1988, 初出は1979年）。これは，摂食障害，不安，心配，喘息など，個人だけでなくカップルとの取り組みにもあてはまることです。
★7　善意の構造的システムが，いかに問題を拡大することに役立っているかについての優れた例としては，ヘレン・グレミリオンの著書である『拒食症に栄養を与える（*Feeding Anorexia*）』を参照してください。
★8　1991年の春，私が勉強するためにオークランドのデイヴィッドを訪れたとき，すべてのセッションの終わりに彼がクライエント宛てに書いた治療的手紙の数はすでに数千通に達していました。

第2章 歴史

が他方に「劣っている」と感じさせるようにふるまう「格下げする儀式」として機能するような心理療法については，そのすべてに異を唱えることを，自分の使命としているようでした。エプストンにとっては，日々の生活において当然のこととしてみなされているものすべてが，問いかけと賞賛の的（まと）となったのでした。

彼の著作を見ると，ふつうでは病理ととらえられていたものを大胆さ，陰謀，そして勇敢さといった描写に変えることに一心に取り組んできたようです（Epstonとの私信，1993）。儀式化や通過儀礼（Geertz, 1983; Myerhoff, 1982）といった文化人類学の重要な概念を取り入れ，心理療法に再び取り組む過程を浮き彫りにすることによって，このような考えを彼の仕事の中心に据えました。祝会，賞，賞状，そして長期にわたる未解決問題を弱体化させた成果を祝うパーティーなどを奨励することによって，彼はこの概念を推進させていったのです（Epston, 1988; White, 1988/1989）。

その間，マイケル・ホワイトは，アデレードの病院の地下にある換気扇のない心理療法室で，摂氏32.2度にものぼるオーストラリアの灼熱の中，遺糞症に悩まされている子どもに対する新しい実践をつくり上げていました。1984年に彼が書いた「偽りの遺糞症〜崩壊から勝利へ，悪循環から好循環へ（Pseudo-Encopresis: From Avalanche to Victory, From Vicious to Virtuous Cycles）」[★9]と題された論文を通して，彼の心理療法実践が初めて北アメリカとヨーロッパのセラピストたちによって「発見」されたのです。この仕事の時期に，彼はサイバネティック理論，より詳細に言えば，グレゴリー・ベイトソンの否定的説明，拘束，そして情報と差異のニュースという考えに最大の興味をもっていました（Bateson, 1972, 1979）。

ナラティヴ・セラピーの訓練期間を通じて，マイケル・ホワイトの心理療法の考えを完全に理解して前へ進むためには，まずはグレゴリー・ベイトソンと彼との関係を理解することが重要だということを発見しました（Bateson, 1972, 1979）。たとえば，拘束，差異，そして二重記述というベイトソンの考えを通じて，ホワイトは初期の外在化する会話の概念や実践を体系づけました[★10]（Whiteとの私信，1991）。

簡潔に述べると，拘束についてのベイトソンの考え方は次の通りです。出来事，

★9　ホワイトが最初の論文をファミリープロセス誌に発表したのは1979年のことでした。タイトルは，「精神力動的家族に対する構造的・戦略的アプローチ（Structural and Strategic Approaches to Psychodynamic Families）」です。
★10　モンローは，二重記述が拘束に挑戦し，よってこれが新たな解決の引き金となる，と述べました（Munro, 1987, p.185）。たとえば，第二の記述とその記述の新しい認識によって，クライエントは，最初の記述が作用しているときの拘束に縛られない，問題と自分自身の見方を経験することができるのです。

人々，考えなどは一連の行動を通して伝えられますが，それはそうしなければならないからでも，それがそのようなものだからでもなく，他の行動をとることが抑制されているからなのです（Bateson, 1979）。ホワイトはベイトソンの考えを以下のように解釈しました（White, 1988/1989）。

> 拘束はさまざまな形態をとり，家族メンバーの世界が描かれる地図をつくり上げている推定や前提，そして期待のネットワークを含みます。そして，物事や出来事を解釈するための情報を選択するうえでの規則をつくり上げ，よってそのことによって，感覚的な限界を生み出すのです。　　　　　　　　　　(p.85)

　ベイトソンによる拘束をめぐっての理論的立場を取ることにより，人についてのいかなる治療的ストーリーであっても，拘束の理論を含まないものは，常にその人・家族・カップル・集団を病理化する声明文でしかないのだと，ホワイトは述べることができたのです（Whiteとの私信, 1990）。
　ちなみに，より伝統的な精神内部への見方によると，たとえば児童の性的暴行について，病理学の専門家は「正しい診断」と「治療」で修正されるべき病理を，クライエントが有しているとみなします（Justice & Justice, 1979）。それゆえ，その人がどんな人であるのかのストーリーと，性的虐待経験に与えられた意味づけは，一般化された虐待経験についての専門家の意味づけや知識を通じて，所有され，操作され，語られるのです★11。「真実」と知識の上下関係がその結果であり，これによって，性的虐待の経験に耐えてきた人の話す権利が否定されてしまうのです。
　真実と知識の上下関係は，しばしば虐待する側によって否定され操作される，虐待を受けた側のストーリーを語る権利を保持するために堪え忍んできた経験と，しばしば同一構造をなしています。アマンダ・カムスラーは，最初からホワイトにナラティヴ・セラピーを学んだ１人ですが，特に性的虐待を受けた子どもたちが自身の物語を語る権利を否定するような物語を，記録する実践について数多く述べています（Kamsler, 1990; Kamslerとの私信, 1991, 1993）。それは次のようなものです。

　（１）虐待の加害者が被害者に対して，虐待を受けた責任は被害者にあるとい

★11　私たちの制度的な価値観のシステムは，虐待経験の意味づけとその虐待経験への個人的な反応に関する意味づけをめぐって，クライエントの知識よりも専門家の知識に特権を与えてしまうことがしばしばあります。

うメッセージをあからさまに，または密かに，伝えているケースがほとんどであるということ，（2）加害者は多くの場合，被害者である子どもや若い女性に秘密を強いることによって，他の家族メンバーから孤立させようとすること，（3）そして，加害者が子どもを支配するために用いるさまざま方法が，子どもが大人になったときに親密な関係の中で，恐怖やパニックという習慣的な反応を見せるのを助長する可能性があるということ。　　　　　　（pp.17-18）

　その人個人の物語，その物語を形づくっていく際に影響を及ぼすもの，そしてさまざまな視点からその物語を語る権利などが，ナラティヴ・セラピー実践の中心となるのです（Epston & White, 1992; White, 2004）。マイケル・ホワイトは，ベイトソンの拘束という概念と，権力／知という構造的な概念である，フーコーのポスト構造主義的考え方を継ぎ合わせ，私たちが語る生活や人間関係といった物語は，ある特定の支配的なイデオロギーの文脈（社会政治学的，文化的物語としてみなされるような）においてのみ発展するのだ，という考えにいたりました（Whiteとの私信, 1992, 2006）★12。理論的には，これが，内在化された問題の会話を外在化する治療技法を推し進める背景となったのです（Madigan, 1992, 1996）。
　問題の外在化という画期的な取り組みによって，ホワイトは，150年にも及ぶ心理学的理論と実践における脱構築に着手したのです。心理療法はクライエントの身体の中にあまねく問題を位置づけ，問題を個人的なものとしてきました。その結果，従順で，身体から分離され，力を奪われ，影響を受け付けない，関係的な主体を存在させる文化をつくり出しました。外在化する会話は，そのような文脈的，文化的，そして対話的な基盤に対して単純な疑問を投げかけたのです（Madigan, 1992）。外在化する会話を理解し，利用することによって，問題は文化とディスコースの関係的で相互作用的な文脈に位置づけられ，文脈から置き去りにされたクライエントの私的な領域から問題を切り離すことができるのです。
　カール・トムは，外在化する会話を「重要な功績」であり「偉業」であると述べました（White & Epston, 1990）。同時に，ホワイトの外在化する実践をただたん

★12　たとえば，近親相姦において，被害女性のアイデンティティをつくり上げるときに影響する支配的な知識は，家父長的イデオロギーに組み込まれており，精神医学が診断を下し分類をする際の一般的な形式によって支えられていると，ホワイトは私たちに気づかせてくれました。ホワイトは，これらのイデオロギーが，伝統的な言語や認識論の文脈の中で構築されたものであるとみなしました。そしてその文脈の中に近親相姦は位置づけられ，記述され，取り扱われてきたのです。

なる治療的操作や技法としてみなすことは，あまりにも認識が甘く，その可能性を制限することになるだろう，と警告を発しました（Tomm との私信, 1990）。

　内在化された問題のディスコースを外在化するマイケル・ホワイトの実践は，心理療法の歴史上初めて，ポスト構造主義的考えの政治思考を治療の中心に据えたものです（Madigan, 1991a）。ここで，ポスト構造主義的考えの政治思考とは，本書で後述する，主体の対象化の3つのモードと権力と知の不可分性について，特にミシェル・フーコーによって着想されたものです（Madigan, 1992）。この知識のない構造主義者／人間中心主義者の目には，ホワイトの治療行為はあまりにも単純で，策略的に見えるかもしれません。しかし，ポスト構造主義的考えを理解した上で，内在化された問題のディスコースを外在化するのを目のあたりにすれば，卓越した優雅な実践が身に迫ってくるでしょう。

　マイケル・ホワイトは，ミシェル・フーコーを精読することによって，治療的質問を理論的に探究することができるようになりました（White, 1988/1989）。つまり，問題について語ることが人に影響を与えるのか，それともその人について語ることが問題に影響を及ぼすことができるのか，ということです。

　この無邪気に見える疑問をめぐってのホワイトの考察によって，問題が論じられるときの一般的な方法から生じる抑圧的な影響を見いだせるようになっただけでなく，記述される知識や言語自体がつくり出す従属的な影響も認識できるようになりました（White との私信, 1990）。問題のディスコースを外在化するホワイトの治療実践では，人（クライエント）を問題や，問題をめぐる支配的なディスコース（問題のある物語）を支えている拘束から分離しようという試みがなされました。マイケル・ホワイトの治療観においては，問題が対象化され，識別され，問題を所有すると認識された人，またはその関係性の外側に問題が位置づけられます。そして，問題自体が対象化され，その関係にふさわしい名称が与えられるのです（White, 1989）。

  ## 問題の神秘性を取り除く

　エプストンとホワイトは，問題の描写をする際に，人をひとくくりにする体系的な誘導に抵抗することによって，問題の神秘性を取り除くことに取り組みました。ポスト構造主義的な姿勢を維持することによって，クライエントの物語をよどませている拘束から視線をそらすことができるようになりました。そしてそれに応じて，

第**2**章 歴史

ディスコース的な二重記述，ユニークな結果などを探求することによって，拘束を抜けるための会話方法を新たに見いだしたのです。フーコーの考えを確実に理解することで，ホワイトとエプストンはこのきわめて重要な治療的考えをさらに発展させました。ここで，フーコーの考えとは，（a）文化的，ディスコース的な拘束とは何か，（b）それらはどのように人々に作用し，人々はそれらにどのように反応しているのか，（c）それらは何を起源としているのか，そして（d）だれが，そして何がそれらを支持しているのか，ということです。

この新たに出現したナラティヴ・セラピーの視点によって，私たちがクライエントや問題について語る専門的な物語は，これまで信じられてきたような「事実」や「自然」な状態ではないということに，エプストンとホワイトは気づきました。2人は，広く行きわたっているクライエントの描写方法が，宗教，メディア，精神医学，教育，法律，科学，そして政治のような，大きな制度的知識によって形づくられ，文化に基づいて構成されているものだということを見いだしたのです。また，大部分の心理学的実践は，真実に基づいたものではなく，制度的な「知識と権力」の実践を通じて生産された当然とされる考えであり，結果として（たとえば，心理学に関係する）市民によって再生産されたものであることにも気づきました。

たとえば，エプストンとホワイトは，新たに注意欠如・多動性障害（ADHD）とよばれるようになったものを，多くのセラピストが若者の内部に直接位置づけ，そのために，診断や物語で語られる文脈的な要因を離れてしまうことに疑問をもち始めました。若者の内部，すなわちアイデンティティに刻み込まれる揺るぎない見解は歴史的なものであり，多くの異なる文化的領域において折り合いをつけられてきたものであることを，2人は理解したのです★13。

歴史的に，ナラティヴ・セラピーでは，その人がどのような人で，それがそのよ

★13　1996年12月10〜12日にサンアントニオで行われた「ADHDの治療における覚せい剤の使用」会議でだされた結論にまでさかのぼりますが，ADHDが突然多数発生したことについて疑問が上がりました。アメリカ麻薬取締局（DEA）の流用管理オフィス補佐官の声明によれば，「学童期の子どもの注意欠如・多動性障害の治療に覚せい剤を処方することに関する問題を検討するために，当局（DEA）が企画して集まってもらった研究，医療，公衆衛生，法の執行に関する専門家の会議を無事に終えることができた。この治療の目的のために利用される主要な治療薬は，『リタリン』として広く知られているメチルフェニデートである。DEAは，近年これらの薬剤の処方が急激に増えていることを警告してきた。1990年から，同じ使用目的でアンフェタミンの処方が400％増加し，メチルフェニデートの処方は500％増加したのである。そして，国内の7〜10％の男子がこれらの薬剤を使用し，女子の使用割合も上昇している。これほど多くの子どもたちがこのような強力な向精神薬を日々利用している状況では，今何が起こっているのか，それはなぜなのか，について理解することが重要課題なのである」と報告書は述べています。

17

うな問題であるかについて，常に多重の物語（多重の意味）が存在するのである，と論じてきました[★14]。そもそも初めから，ホワイトとエプストンは，自分たちが波の荒い，公認されていない治療的な領域にいることに気づいていました。むしろ疎遠にされていた２人の治療経験は，支配的な専門家の任務や心理学的対人援助の規律内でも支持されましたが，まだポスト構造主義的，多重的，対話的な自己に対する新たな考察を構成するための実践地図は存在していませんでした。

　ホワイトとエプストンは，自分たちが心理学，精神医学，そしてソーシャルワークにおける考え方（さらにこれらの領域を支えている制度）に対峙していることを知り，新たに出現したポストモダン時代と，自由主義的啓蒙運動の解釈に対して投げかけられた挑戦状との中に，共謀的な関係を見いだしたのです（Sampson, 1993）。同時に，これらポストモダンのイデオロギー的な課題は，文化人類学，社会学，心理学を含め，すでに確立されている哲学，文芸批評，そして人間科学の分野までも揺り動かしました。自己，アイデンティティ，主観性という形で一様に記述されているものをめぐって，その多くの仮説の理解は論争の的になったのです。

　また，女性運動[★15]も，女性とは何者で，いったいだれに，どのように定義されているかをめぐって（Speedy, 2004），自己についての支配的で，固定的な概念に対する挑戦の陰で結集していたのです。貧困撲滅運動や居住支援とともに，有色人種（公民権）や異なる性的指向（同性愛の権利）の人々を巻き込みながら，人間性についての，あたりまえとされているさまざまな考えに立ち向かうために，社会運動が起こりました。どの運動も特有の課題やゴールをもっていましたが，白人や特権階級の男性などの支配的な集団によって実行されている，自己称賛的な（Sampson, 1993）支配と独白的な[★16]論述に対して一様に疑問を投げかけました。この支配的な集団は，西欧の歴史におけるこの時点まで，だれが，または何が「正常」で，何が自己を構成しているのか，人や集団の好ましい役割とは何か，そして他者を真に定量化できるアイデンティティなどを，全面的に定義してきました。支配的な集団の構成員ではないということで明確に規定され，支配的な集団の定義によって「他」

[★14] このことを念頭に置くと，専門家が人のアイデンティティを単一化された定義（たとえば，精神障害の診断と統計マニュアル）にあてはめたり，専門家の意見が真実だと信じさせようとするさまざまな試みを続けることは困難になります。
[★15] ジャストセラピー・チームとシェリル・ホワイトは，エプストンとホワイトがフェミニストの考えや批評に接する際に影響を与えました。
[★16] 独白と対話間の違いについての興味深いレビューについては，マディガンとエプストンの「『スパイ・カイアトリック（訳注：スパイと精神科（サイキアトリック）を重ね合わせた造語）な視線』から関心を分かち合うコミュニティへ」を参照してください（Madigan & Epston, 1995）。

とみなされた集団が，代替の対話を通して，自分たち自身の「他者であること」を支持し始めたのです。

　ナラティヴ・セラピーは，挑戦に乗りだすことに大きな慰めを見いだしました。ホワイトとエプストンの治療実践は，時が経つにつれて，フェミニズム，同性愛者の権利や同性愛理論，そして人種，階層さらに権力と構造格差に関するポストコロニアム分析に大きな影響を受けていきました（Whiteとの私信, 2004）。心理療法の歴史においては，権力関係についての分析は明るみには出されていなかったのです（Whiteとの私信, 1990）。

　権力関係，構造格差，そして人間性について物語る権利の所有権にまつわる問題は，ナラティヴ・セラピーでは中心となる取り組みなのです[★17]。ニュージーランドのウェリントンにあるジャストセラピー・チーム[★18]の指導のもと，これらの社会正義を基にした立場や質問は，彼らのナラティヴ・セラピー実践についての理解に向けた初期の工夫を生み出しました（Tamasese & Waldegrave, 1990）。ジャストセラピー・チームは，これらの考え[★19]を広く語り，直接的に推進するだけでなく，論文として発行し，それらをふまえ「多文化的エイジェンシー（multicultural agency）」の実践を体系化したのです（Waldegrave, 1990）。

　ジャストセラピー・チームの考えは，「他」とみなされ，社会的に無視されたグループが，いかに真に異なる治療的な対話を求めているかについての概要を示していました。社会的に無視された人々（たとえば，女性，有色人種，貧困層の人々，精神障害に苦しむ人々，障害者）は，西欧心理学的思考における支配的な分類によって定義されるように，自分が人としてどのような存在であるかということを，他人に決められたり語られることをもはや望んでいないのです（TamaseseとWaldegraveとの私信, 1991, 1996, 2004, 2008）。ジャストセラピー・チームの対話は，心理学の独白的で，文脈に依存しない人間という存在に関する説明に大きな不満を

[★17] エプストンとホワイトの理論的，治療実践は，アメリカの人類学者であるクリフォード・ギアーツ，バーバラ・マイヤーホフ，ヴィクター・ターナー，心理学者であるジェローム・ブルーナー，ケネス・ガーゲン，そしてフランスの哲学者であるジャック・デリダやミシェル・フーコーに大きな影響を受けました。
[★18] ジャストセラピー・チームは，これらの治療的なアイデアについてワークショップで公の議論を交わした，ナラティヴ・セラピーの仲間の最初のセラピストたちでした。
[★19] バンクーバー・ナラティヴ・セラピー・スクールの主催による最初のナラティヴ・セラピーの国際会議が1993年にカナダのバンクーバーで行われたとき，ジャストセラピー・チームは，セラピーにおけるジェンダー，人種，権力構造について基調講演を行いました。このときに初めて，ジャスト・セラピーが北アメリカ大陸で紹介されました。次のサイトを参照してください。http://www.therapeuticconversations.com.

表明する,対話による挑戦なのです★20。これらの考えは,ホワイトとエプストンに,今日の心理療法実践に立ち向かい,抵抗することの価値をさらに理解させました。

数年の間(1982～1988年)にホワイトとエプストンは,このさまざまに「他者」として語られた自身という治療的な解釈を組み,ユニークで革新的な心理療法の実践地図をつくり上げました(White, 2002)。この過程には,人や問題のアイデンティティを構築するディスコースに手を貸すすべてのものが,文脈を通じて,どのように語り,どのように位置し,どのように問題の物語を上演するかについて問いかけることが含まれているのです。

たとえば,「語り直し」★21というナラティヴ・セラピーの概念は,トラウマや虐待を経験した人が以前はどのような人物であり,現在はどうで,将来はどうなるかについて,他の人が仕上げてしまった説明がもたらす縛りから逃れることを助けるのです(Denborough, 2008)。問題がしみ込んだ方法で語られる物語の筋書きは,力関係の分析や,虐待にさらされた人がその人の文脈の中でありたいと願う姿を削除してしまうかもしれないのです。トラウマや虐待にさらされた人についての,拘束的で,回帰的な物語の内容は,心理療法や医療,法的なテクストだけなく(Jenkins, 1990, 2009; Wade, 1996),加害者,メディアの説明や,司法の記述(Wade, 1996)によってもしばしば支えられているのです。

代わりに,ホワイトとエプストンのナラティヴ・セラピーでは,虐待という文脈の中で,人がどのように対応し,生きのびてきたかという点を認め,まだ語られていない物語を引き出すために,敬意のこもった対話の場を提供するのです(Bird, 2000; Jenkins, 1990; Wade, 1997; White, 2002)。ナラティヴ・セラピーの会話は,虐待という文脈で,人々が生きのびるために用いた特定の能力(たとえば,人に見られないようにしたり,怒りやドラッグと関係をもったり,黙り込んだり,逃げ出したり)を探索することや,自分より大きく,年上で,強い加害者による,他者を支配しようとする戦術を認めること(Jenkins, 2009),ジェンダーをめぐる不平等な文脈を見直すこと(Augusta-Scott, 2007),人生における苦悩にもかかわらず,人々が成し遂げたことを発見することなどによって,構成されます。これらの会話

★20 たとえば,ジャストセラピー・チームの研究は,ホームレスや暴力,貧困といった「現象」に関係的な影響を与える,多くの文化的要因に興味を示しています。
★21 「語り直し」という心理療法的な概念は,変化が常に可能であることを表します。ある人に対するひとくくりにされた描写(たとえば,慢性的)は,変化は不可能であると定義された専門的な描写として理解できます。人生における慢性的という描写は,ナラティヴ・セラピーの実践と,語り直しという概念にうまく適合することはないのです(Epston, 1986を参照のこと)。

はナラティヴ・セラピーでは再著述する会話として知られていますが，虐待という文脈の中で，問題や人の描写や解釈と，再構成された虐待の文脈との対話的なバランスを取ることができるのです。ここで，再構成される虐待の文脈とは，無抵抗，羞恥，他の人より価値がないというような，支配的な問題のしみ込んだストーリーの拘束から人々を救い出すものです（Bird, 2000; Epston, 1988; White 1991, 2002）。

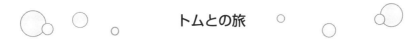

トムとの旅

　みなさんにトムを再び紹介しましょう。トムは精神科病棟から紹介されてきました。薬物治療でろれつの回らない話し方で次のように語ってくれました。定年より1年半早い65歳で退職して以来ずっと「抑うつ」状態にあると感じていたので，最終的には「きちがい病院」に行き着いてしまったのだ，と。トムはまた，二度（一度目は入院前に，二度目は入院中に）自分自身を「消そう」（自殺しよう）としましたが，「成功しなかった」とも話してくれました。

　初回面談の始めに，私はトムに「うつ」という言葉はトム自身の言葉なのか，それともだれか他の人の言葉なのかと尋ねました。彼は，それは「病院の言葉」で，自分が「本当に感じていた」のは，「退屈と無能」だったと答えました。初回面談の中で，次のような異なる見方を探る質問（counter-viewing questions）を提示することによって，トムにいくつかの疑問を投げかけました。以下，カギ括弧でトムの回答を示します。

マディガン：トム，自分の退屈と無能の感覚は，あなたに関する最終的な描写だと思いますか？
トム：たぶん，ちがいますね。
マディガン：トム，なぜこの退屈と無能の感覚が，あなたに関する最終的な描写ではないだろうと思うのですか？
トム：たぶん，ショック療法のせいでしょうね。そのせいで動作はのろくなったし，物覚えも悪くなりましたからね。退職したあと，何をしたらいいのかわからなくなって，まるでロープにぶら下がった石ころみたいに感じるんですよ。
マディガン：ロープにぶら下がった石ころみたいに感じるというのは，どういう気分ですか？

トム：ひどいね。まるでどこにも行けないで，ただぶら下がっているだけというような感じですよ。

マディガン：どこか他に居たい場所はありますか？

トム：私の車のバンパーステッカーに書いてあるみたいに（訳注：「車を運転しているよりむしろ○○していたい」と書いたバンパーステッカーがよく車に貼ってある），むしろガーデニングをしていたいですね。

マディガン：では何を育ててみたいですか？

トム：病院が私に何かを育てさせてくれるかどうかわからないね。

マディガン：トム，もしあなたの人生で何かを育てる生活にもどるとしたら，何を育ててみたいですか？

トム：エアルームトマト（訳注：先祖伝来のトマト）をもう一度育てて，そのへんてこな色や形をながめてみたいね。そして孫たちの成長も見たいよ。

マディガン：もしあなたがちょっとだけ自分自身を元の状態に戻すために，この一歩を踏み出すことができるとしたら，何に向かって一歩を踏み出すと思いますか？

トム：この精神病院から自分を連れ出すでしょうね。

マディガン：あなたを精神病院から連れ出すことを願い，支持しているような，特別な考えがあるのでしょうか？

トム：自由でいたいという面ですね。

マディガン：最近か，あるいはずっと昔のことで，自分が自由だと感じたときのことを思い出せますか？

トム：ええ，多くの場合は，ガーデニングをしていたときや，火曜の夜に古い仲間たちとホッケーをしていたときとか，道路の雪かきをしていたときだね。

面談は，引き続き次のように続いていきました。

マディガン：トム，病院ではあなたのことを慢性うつ病だと言っているけれど，それは的確でしょうか？

トム：いいや，彼らは私が悪くなるようにしている気がするよ。

マディガン：病院があなたを悪くしていると，どうして感じるのですか？

トム：そうだね，彼らと１年ぐらい一緒にいたけど，ちっともよくならなかったし，彼らはお手上げだと思っているだろうね。だから，あなたに私を紹介したんだから（笑）。あなたは最後の拠り所だし，いずれにしろ彼らは何の役にも立たな

かったんです。ほとんどはいい人ですよ，でもね…。

マディガン：トム，病院のスタッフは私のところに話に来ることで，あなたに対していくばくかの期待を抱いているなんて，ちょっとおかしいと思いませんか？

トム：そうですね，あの人たちはあなたが私みたいな人を助けたことがあるって言ってたよ。だから…。

マディガン：私があなたを助けることができるとあの人たちは思い，願ったりしているのに，自分ではできないと思うのは，どうしてだと思いますか？

トム：だって，あの人たちは自分たちが何をしているのかなんてわかっていないと思うよ。それに，私に電気ショックを何度もやったことに対して怒りを感じているんです。

マディガン：ジェーン（トムの40年来のパートナー），あなたもトムが電気ショックを受けたことに対して怒りを感じますか？

ジェーン：ええ，私も怒っています。そして，姉の姪が，あなたは違う感じがすると言っていたそうなので，ここにいるのをうれしく思っています。

マディガン：トム，ジェーンはこの無能な退屈をあなたが克服できるという希望があると考えている，と思いますか？

トム：はい。

マディガン：そう信じているのを感じさせてくれるようなことを，ジェーンが最近あなたに言ったり，したりしたことがあったのか，お聞きしてもいいでしょうか？

トム：ジェーンは，いつも必ずよくなるって言ってくれるし，それに他の人にもよくなるって言ってくれるんです。自分ではわからないけど。

マディガン：あなたの人生の中で，あなたがこの退屈を打ち負かすと期待を寄せている他の人とは，だれのことでしょうか？

トム：まあ，たくさんいると思うよ。

マディガン：期待を寄せている人たちの名前をあげてくれますか？

トム：そうだね，私の子どもたち，近所の人たち。うーん，あとはだれかな，ジェーン？ それに作業療法士かな。

マディガン：最近はどういうわけか忘れてしまっているけれど，その人たちみんながあなたについて目のあたりにし，覚えている何かがありますか？

トム：電気ショックで忘れっぽくなったけど，その人たちなら一つか二つは言えるだろうね。

マディガン:トム,あなたが,男として,夫として,父として,雇用主として,友人として,労働者として,そしてガーデナーとして,どういう人間であるかという側面について聞きますが,かつては楽しんだけれども,今はどういうわけか沈黙に包まれてしまっている側面というのがありそうだと感じますか。
トム:たぶん,そう,そういう側面があります。でも,まるで隠されてしまっている感じだね[★22]。

　物語として刻まれたトムの記述に他の可能性や不連続性を見いだす一連の質問を投げかけることによって,飽和状態にある問題や病院側の確信は弱体化することになりました。トムとジェーン,そして私は,治療的な再著述する会話を使って,病院側のディスコース実践の筋道を追いかけ,トムの身体に位置づけられた不動化された慢性を不安定なものとしたのです。病院施設における専門的知識から離れることによって,代わりとなる内部の知識(たとえば,トム,ジェーン,家族メンバーの知識)を取り上げ,特権を与え,語り直し,実行する度合いを広げていったのです。
　面談を通じて,トムとジェーンは,退職者をめぐる広大な文化的ディスコースによって失われてしまった,ローカルで,歴史的,文化的,社会的な知識に舞いもどり,自分自身を記述し始めたのです。たいへん厳しい抑圧された状況においてさえ,それを覆す行動をとることはできるのだということを,私は2人の導きを通して理解しました。私たちは会話を通して,歴史的なプロセスとして知っていた抵抗や変容を可能なものとしたのです。私たちは,さまざまなディスコースを分析し,再検討しました。そして,定年退職,ショック療法,男性のアイデンティティ,精神病院,父性,人間関係などに関するディスコースの筋道を位置づけ始めたのです。
　フーコーは,力関係にはけっして切れ目はないが,新たな文化や主観性の形式,変容のための機会は常に生まれているのだ,と強調しました。フーコーは,権力のあるところには,必ず抵抗も存在するのだ,と言います(Dreyfus & Rabinow, 1983)。知識や制度を支えている支配的な形式には,その片隅で,発展し勢いを増している価値観,スタイル,知識が,絶えずしみ込んでいき,再構成されているのです。

[★22] 異なる見方を探る質問(counter-viewing questions)では,何も外在化されないことを,読者は注目してください。実際に,心理療法セッションを通して,伝統的な関係性における外在化する会話を用いないこともあるのです。

第2章 歴史

　トムやジェーン，そして私や他の人たちが，支配的・規範的なテクストが語ることの記録を調査すればするほど，私たちは，一般的なもの，当然と思われているもの，そして慢性的なものに対抗する姿勢をとるようになりました。私たちが，定年退職し，うつで入院している人として生きるという懲罰的実践から距離をとるにつれて，退職のショック，（13歳から築いてきた職業アイデンティティの後の）退職にともなう退屈さ，そして何の役にも立っていない人生，そして記憶にある昔の自分をなくしてしまった，といったことから，自分自身の側面を取り戻し始めたのです。

　トムの再発見★23は，ひとつには，ナラティヴの異なる見方を探るインタビューと，30通にも及ぶ治療的手紙のキャンペーン（第4章を参照のこと）が役に立ちました。病院側がもつ一種の確信が弱体化したのは，物語として刻まれたトムの記述を再構成するため，他の可能性や不連続性に対する余地を生じさせる手段としての，ディスコース上の異なる見方を探る一連の質問でした。

　トム，ジェーン，私との間で交わされた治療的な会話は，制度的なディスコース実践の道筋を追いかけ，トムの身体に据えられた不動化された慢性であるという結論を不安定なものとしました。すでに述べたように，病院施設による専門的な知識から離れることによって，代わりとなる他の知識を取り上げ，それが実行される度合いを広げていったのです。

　彼が精神病院から退院しておよそ6か月後，トムは，ナラティヴ・セラピーのバンクーバー・スクールのために彼がデザインした贈り物をもってきてくれました。その木炭画には，「否定的な想像は，否定的な事柄だけを記憶にとどめる」と書かれてありました。トムは，エアルームトマトの栽培を続けていて，今では，スパイシーなサルサがレパートリーに加わりました。

　　本章では，筆者が治療的会話カンファレンス（Therapeutic Conversations Conferences）のワークショップで使用したハンドアウトを引用，あるいは改編したものを用いました。

　★23 「再発見」という言葉は，私がバンクーバー・アンチ拒食症／過食症リーグから学びました。そこでは，このような言葉を通じて，自分たちの言語を再創作する試みがなされていました。「回復（recovery）」という言葉を用いずに，重荷を負わせることや偏見を軽減する言葉に変えたかったのです。つまり，この場合においては，「再発見」（訳注：再発見（rediscovery）という言葉の中に，回復（recovery）も含まれているとみなすことができる）という言葉でした。

25

第3章 理　論

知の領域との相互的構成をもたない権力関係も，権力関係と同時に，前提をもたず構成されない知も存在しない。知の領域との相関的構造をもたない力関係も存在しないが，力関係を前提とし，また同時にそれを構成要素に含まない知も存在しない。

——Michel Foucault（*Discipline and Punishi: The Birth of the Prison*）

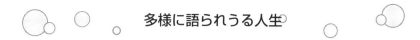

多様に語られうる人生

　ポスト構造主義の理論的な見方を採用すれば，人生の複雑さ，そして人生がどのように生きらるかは，私たちが語るストーリーの表現を仲介して折り合いをつけられる，とエプストンとホワイトは提唱しました。ストーリーは，私たちをとり巻く支配的な文化の文脈によって形づくられます。私たちの人生を通してずっと続く世評となるような物語もありますが，自分のあり方（またその可能性）の，多くの場合はもっと重要な物語が抑圧され，記憶の片隅に追いやられてしまうこともあるのです（Madigan, 1992, 2008）。しかし，私たちが語る（あるいは語らない）ストーリーがどのようなものであれ，そのストーリー自体は演じられ，私たちを通して生きながらえ，そして私たちの人生を制限すると同時に，解放するのです（Epston, 2009; Parker, 2008; Turner, 1986; White, 1995a, 2002）。

　ホワイトとエプストンは，（あるストーリー，またはある問題のストーリーが示す）多様に語られうるさまざまな人生があるのだ，という考え方を中心に心理療法

を実践しています。心理療法におけるこの概念によって，人や問題を，固定したものや，あるいは化石化されたものとして，または単一の描写，理論，名称で扱わないという，柔軟な見方が可能になったのです（White & Epston, 1990; White, 2002）。問題に関連してその人がどのような人物であるかということが，多様に語られうるという視点を組み入れることによって，その人が隔離されたり，分類されてしまうストーリーを再考し，阻止できるのです★1。

　エプストンとホワイトのナラティヴ・セラピーによって，個人や問題を定義する際に，クライエントとセラピストがともに，さまざまな，そしてお互いに矛盾する視点からのストーリーを再構成，再想起し，そしてリ・メンバリング（McCarthyとの私信, 1998; Myerhoff, 1986; White, 1979）することを可能にし，その人がどのような人であるかという多様な解釈を受け入れる柔軟性をもてるようになるのです（Madigan, 1996; Madigan & Epston, 1995; White, 2005）。ナラティヴ・セラピーがもたらす治療的変化は，これらの関係的な再著述する会話の中に生じるのです（Dickerson & Zimmerman, 1996）。

　さらにエプストンとホワイトは，多様に語られうる人生の見解に，個人や集団の過去，現在，未来が新たに改訂される語り直しが含まれていると，確信していました（Denborough, 2008）。たとえば，1974年，米国精神医学会（APA）の『精神障害の診断と統計の手引き（DSM）』から同性愛という診断分類が削除されたとき，文字通り一夜にして何百万人ものアメリカ人が健全だとみなされるようになったのです。このとき，米国精神医学会が，同性愛はもはや精神疾患ではないと決定したという声明を発表したことは大きなニュースになりました。この決定は，ゲイの活動家たちが米国精神医学会の大会の前でデモを行っているときに可決されました。1974年の投票では，5,854名の学会員が同性愛を DSM から削除することに賛成し，3,810名が反対しました。

　ナラティヴ・セラピーの視点からすると，同性愛が精神疾患に含まれるかどうかを投票で決めることは，治療的見地からも不合理であるだけではなく，言うまでもなく，まったく非科学的で，政治的な意図を示すものです（J. Tilsen との私信, 2006）。同性愛者のアイデンティティに関する投票は，権力を有する専門家に，他

★1　セラピーを求めてくる人々によくみられるストーリーの筋書きには，過保護な母親，無関心な男性，気力ない移民労働者，拒食症の少女，うつ状態のシングルペアレント，反抗的な若者など，それぞれありきたりの筋書きが生まれています。そして，何が語られるべきか，そして何が適切であるかという類型をより強固にするために使われるのです。

者の精神的健全性を恣意的に決めることが許されているということが，いかに不合理であるかを示す明確な実例であると，ナラティヴ・セラピストは考えるのです（Caplan, 1995; Nylund, Tilsen, & Grieves, 2007）。それにもかかわらず，米国精神医学会の定義の変更は，その強い政治的な影響力を用いて，かつては精神医学，宗教，司法やその他の専門家から，心が病んでおり，道徳的に堕落していると考えられていた同性愛者を，健常・非健常の二分法の中で，（少なくとも同学会によって）一方の端から他方へと動かしたのです。しかし，多くの宗教団体や司法関係者は，現在でも同性愛者を汚らわしいもの，または非合法であるととらえています。

　このような政治的動きは，メンタルヘルスの領域において，健常・非健常のアイデンティティに関する心理学的な判断が，いかに意図的につくり出されるものであるかということをよく物語っています。精神医学が他者を支配しようとする政治的意図は，心理学的な意志決定が気まぐれで，中途半端な知的背景があることをも表しています。

　心理学の歴史におけるこの明文化の過程を目のあたりした今，病理学の他の分類がどのように形づくられているのだろうか，ということにも目を転じなければならないでしょう。たとえば，いわゆる健常な人々が不健全だとみなされ，社会におけるふつうの一員ではなくなる過程には，どのような制度上の手続きがかかわっているのでしょうか（Nylund & Corsiglia, 1993, 1994, 1996）。個人のアイデンティティの正統性に関するこの疑問に対する答えは，このストーリーを語っているのはだれか，どんな倫理的な信念からストーリーが語られているか，そしてどの権威に基づいてストーリーを語っているかに求められるでしょう。結論として，語られたすべてのストーリーが平等ではないということをしばしば実感することになります。しかし，だれかにアドバイスしたり，あるいは名称を与える権力（そしてこの過程で，相手が正常か正常でないかを決定される）は，専門家や専門家に支援を求める人々の双方から，疑問の余地のない権威や特権の源とみなされています。

　当初からナラティヴ・セラピーは，人々のストーリーを語る権利に関する課題と，この課題が問題の支援体制を構築する際の影響力について探求し始めました（Whiteとの私信, 1990）。その一例として，ある移民のシングルマザーが最近，著者に語ったストーリーを取り上げてみます。新しく彼女を担当することになったホームドクターは，15分間ほどの身体症状を診たあとで，「うつ状態」にあると告知しました。その女性にとって，この医師による心理学的な診断は衝撃的な内容であったにもかかわらず，女性は処方されたセロトニン再取り込み阻害剤（訳注：抗

うつ剤の一種)を購入することによって，文化に公認された医学的・心理学的な専門知識にそのまま従いました。この権力と結びついた医学的なやりとり(ある種あたりまえともいえますが)に媒介された政治圧力を通して，彼女はみずからがもっていた自分自身についての見解(健康でよく働いているという見解)に疑いを抱くようになったのです。著者が彼女に，現在自分自身をどうみているかと尋ねたとき，彼女は，自分自身がうつ的な人物としてふるまい始めた，と答えてくれました。

自分自身をうつ的な人物だとする専門家の意見を(それが自分の人物像をめぐる適切で完璧なストーリーであるとして)再生産することによって，彼女は，周囲から受けている評価(彼女の文化集団における共同体のリーダー，家族の中の強靭なサバイバー，子どもにとって愛すべき保護者，そして雇用者にとっての有能な働き手)に疑問を抱くようになってしまいました。残念なことに，このような共同体によって支えられている彼女自身のストーリーは，問題を焦点化する15分間の面接では，考慮されなかったのです。

そうした女性としてのあり方のインターセクショナリティ★2を，彼女の家庭医が詳細に取り扱おうとしなかったために，うつ状態とこの女性との関係性ついて広範囲にわたる十分な検証がなされないままになってしまったのです。彼女の体験を抑うつ状態と名づけ，彼女の身体を専門家によるストーリーにあてはめることは，ジェンダー，人種，性別，階層など，他の関連する関係性や文脈的な探索には何の意味もなさないのです。ナラティヴ・セラピストにとって，このような文脈を考慮に入れない治療上の面接は，非倫理的なものとして映ります。

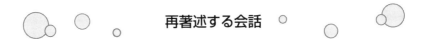

再著述する会話

心理学者ジェローム・ブルーナーは，表現された一連のストーリーの中には，語られた支配的なストーリーの外側に取り残されてしまう多くの感情や生きた経験が

★2 インターセクショナリティとは，社会学における理論のひとつで，システム的に社会の不平等に貢献している，さまざまな社会的そして文化的に構築された差別の分類が，どのように多層的に，そしてしばしば同時的に交差しているのかを分析するものです。インターセクショナリティによると，人種／民族，性，宗教，国籍，性的指向，階級，あるいは障害など，社会における抑圧に関する古典的なモデルは，それぞれが独立して機能しているのではなく，これらの抑圧の諸形態は関連しあっており，さらに，差別のさまざまな形態の「交差」を反映する抑圧のシステムをつくり出すとされています。

常にある,と述べています（Bruner, 1990）★3。ナラティヴ・セラピーは,テクスト・アナロジーを通して体系づけられるものです。その中心には,人々が自身の人生について語り,もち続けるストーリーがその人生に与える意味を決定づけるのである,という思想があります。したがって,私たちが語るストーリーから意味があるものとして選ばれたものが表現されるのです。たとえば,運転免許の試験で80点を取ったとしましょう。80点という合格点をとったのはいろいろ覚えたおかげだと評価する言い方もできるし,逆に,満点をとれなかったのはそれだけ忘れたからだ,という言い方もできます。これらの描写を語ることによって,2つのまったく異なる経験が生じるのです。

　エプストンとホワイトは,心理療法を求めてきた人々とともに,再著述する会話★4を探求する方法として,テクスト・アナロジー（Bruner, 1990）を大きな拠り所としました。再著述する会話は,ナラティヴ・セラピー理論の哲学的な基礎だけでなく,実践の営みそのものにとっても重要な位置を占めていました。ホワイトとエプストンは,人々が語る（あるいは,なんらかの形でかかわっている）物語が,人々の生きた経験をまったく表現していないときや,本人の経験の中で,自分についての支配的な物語と矛盾するような,重大な側面に気づいたとき,人々は心理療法を求める傾向があることを発見しました（Epstonとの私信, 1991）。人々は,問題を外在化する過程が,問題のストーリーが染みついた語りから離れるように,自分たちを励ましてくれることを見いだしたのです。人々は,（語られる支配的なストーリーに相反する）みずからの生きた経験の中で,以前は無視されていた側面を見いだすようになります。

　さらに,再著述する会話は,なんらかのテーマや特別な筋書きに沿って（Bruner, 1990）,人々がごく日常的に行っていること,すなわち時間の流れに沿って人生の中の出来事をつなぎ合わせていくことに向かわせるものであることに,エプストンとホワイトは気づいたのです。人々がナラティヴ・セラピーにおいて,ユニークな結果★5（Goffman, 1961）とよばれる,自分たちの人生において無視されていた出

★3　ブルーナーは,思考には2つの主要な様式,すなわち「物語モード」と「論理・科学的モード」があると主張しました。物語的思考における精神活動は,連続的で,行動志向的で,細部にわたる思考となります。論理・科学的モードにおける精神活動は,体系的で,分類的な認識を得るために,特殊性から脱却していくのです。前者の思考では,ストーリーや「手に汗握るドラマ」の形式をとります。

★4　テクスト・アナロジーによれば,意味は経験をストーリーとして語ることから産出されるものです。そして,人々が自分たちの人生の意味を決定づけるものこそが,人々の語るストーリーなのです。

来事を見いだすことができるようになるのは，セラピストの助けによって，自分たちのストーリーを語り，実演するという行為においてなのです。そして人々は，ユニークな説明とよばれる，オルタナティヴなストーリーラインの中に，ユニークな結果を取り込むよううながされます。たとえば，トム（第 2 章を参照）が著者とのセラピーに取り組み始めたとき，最初彼は，自分自身の人生に対する評価を「敗者」として話し始めました。ところが，ナラティヴの質問を受けた直後から，トムは，誇り高き父親，公正な雇用主，有能な庭師など，自分の生きてきた人生のストーリーを含めて，自身についての魅力的な語り直しを始めました。これらのストーリーは，彼自身を「慢性精神科疾患のため入院していた患者」という，ひとくくりにした語りを通して，いったんは制限されていたのです。

それまで語られてきた問題の染み込んだストーリーによって閉め出されてしまったユニークな結果が，再著述する会話への起点となることを，ホワイトとエプストンは感じていました（White & Epston, 1990）。治療的会話の初期において，ユニークな結果は，脈略もあいまいで，はっきりと名前もついていないかすかな痕跡としてしか見えないものですが，人々の人生に対するオルタナティヴなストーリーラインへの入り口として利用できるのです。このような会話を進めていきながら，セラピストは現れてくる従属的なストーリーのまわりに足場を築いていくのです（White との私信, 1991）。

ユニークな結果が見きわめられると，ナラティヴ・セラピーによる会話は，それを個人の生きた経験をめぐるオルタナティヴなストーリーラインの中に組み込んでいきます。ナラティヴ・セラピストが，クライエントのユニークな結果のストーリーを組み込み，より納得できるオルタナティヴ・ストーリー（より好ましい物語）を生成したり，探し出したり，蘇らせるための質問を投げかけることによって，ユニークな結果がユニークな説明として語られることになります（White, 1988/1989）。

これらの質問は，本人，家族，専門家によって語られる，支配的な問題のストーリーの外側で生きているストーリーが，その人とその人の人間関係において，どのような新しい発展を意味しているかについて調査するために，エプストンとホワイトの手によって導入されました。そしてこれは，従属的なストーリーにより厚みの

★5　ユニークな結果は例外とよばれることもあります。また，ユニークな結果に対するユニークな説明は，たとえば，オルタナティヴ・ストーリー，あるいは従属的ストーリーラインとよばれることもあります。

ある描写（Geertz, 1983）を提供し，その人の人生のオルタナティヴ・ストーリーに組み込んでいく治療的会話にとって重要なものとなるのです。

新しい発展がその人とその人の人間関係について何を映し出しているのかを調査するために考案された，ホワイトとエプストンが「ユニークな再描写の質問」[★6]とよぶものを充実させるために，多くの質問がつくり出されました（White & Epston, 1990）。これらの質問には，ストーリーのユニークな結果，ユニークな説明，ユニークな可能性，ユニークな流布を発見する筋書きを調査するためのものや，生まれつつあるストーリーを支持するような経験の再体験，好み，歴史的な位置づけを調査するためのものなどがあります（これらの質問については第4章で詳しく述べます）。

エプストンとホワイトによって考案されたナラティヴ・セラピーの再著述する会話は，さまざまな方法で，(a) 何が自分の人生に起こっているのか，(b) 何が起こったのか，(c) どのように起こったのか，そして (d) それは全体として，起こったことはどんな意味をもつ可能性があるのか，について人々の理解を活性化するように支援するのです。このようにして治療的会話は，その人の人生や歴史とのドラマチックな再会をうながし，その人の人生や人間関係に確実に沿って生きていくための選択肢を提示するのです。

エプストンとホワイトは，再著述する会話の技術と，文学的価値を利用したテクストを書く技術の間に相似点を見いだしています[★7]。とりわけ，文学的価値を利用したテクストは，読み手自身の人生の経験をめぐって，さまざまなものとドラマチックな再会をうながすのです。ストーリーラインの空白を埋め，ストーリーを自分自身のものとして引き受けることによって，人がそのストーリーを生きることになるのは，このドラマチックな再会の中でのことなのです。

文学的価値を利用したテクストを書く技術と並行して，エプストンとホワイトは，オルタナティヴな経験の風景にある空白に人々が注意を向け，そこを埋めていくことができるようにしました（Epston, 1998）。ナラティヴ・セラピーの質問は，倦怠感や慣れきっている状態から生まれる不注意の塊のような，既知の事柄に向けたものではありません[★8]。ましてや，疲労困憊の結果として生じる，未知の事柄を認識することができないような軽率さを促進するためのものでもないのです[★9]。

★6　第4章のユニークな再描写の質問を参照のこと。
★7　ホワイトとエプストンの『*Narrative Means to Therapeutic Ends*』（邦題「物語としての家族」）は，もともと1990年に『治療手段としての文章（*Literate Means to Therapeutic Ends*）』として出版されました。

再著述する会話が発展するにつれて、人々はみずからの人生をめぐって、近い将来の「行為の風景」に足を踏み入れることができるようになります（Epston & Roth, 1995）。質問は、人々が（a）行動に向けての新しい計画をつくり出し、（b）行動に向けての計画に有利となる環境を説明し、（c）この計画の結果を予想することをうながすために用いられます。

エプストンとホワイトは、質問に対する人々の答えが、欲求、動機、属性、性格傾向、強さ、欠点、資質、財産、特徴、衝動などの、よく知られている構造主義的なアイデンティティの分類で表現されるような言葉で終わってしまいがちであることに気がつきました。このような構造主義的なアイデンティティの結論が、人生をどう営んでいくかの知恵について提供できる基盤は、常にわずかしかありません。再著述する会話をさらに進展させていくと、意図と目的、価値観と信念、希望、夢と展望、どう生きていくかについての姿勢など、構造主義的なアイデンティティの分類とは異なる表現によるアイデンティティの結論をもつ機会が生まれてきます（アデレードにおいて White との私信, 2009）。

人々が問題のある人生からしだいに距離をとる機会を見いだせるのは、非構造主義的なアイデンティティの結論を発展させていく文脈の中であり、人々がどのように物事を進めていくかについて豊富な知識をもつ存在であるという立場から可能となるのです（Epston との私信, 2009）。そして、自分の人生との意義深いドラマチックな再会とともに、自分の人生の居住権利を獲得するために、さらなる一歩を踏み出す機会を見つけるのは、ここからなのです[★10]。

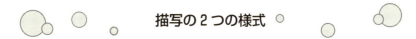

描写の2つの様式

アメリカの心理学者、ジェローム・ブルーナーは、社会科学の領域には2つの対

★8　ナラティヴ・セラピストは、心理療法において、まったく新しく、聞き慣れない会話を提供することに興味があるのです。このことは、その人と問題の関係について、人や専門家によっていく度となく語られたことを模倣するのではなく、人と問題の関係についてのストーリーを新たに語り直すことなのです。

★9　技術的な成長をなし遂げるために、これらの足場づくりの質問を表現する能力は、練習に練習を重ね、さらなる練習を通して習得できるものです。

★10　この節には、マイケル・ホワイトのワークショップノート（2005年9月21日）を、ダリッチセンターから許可を得て引用しました（http://www.dulwichcentre.com.au/michael-white-workshop-notes.pdf）。

照的な思考様式があると述べています（Bruner, 1986, 1990)★11。ひとつは実証主義的な科学に基づく思考であり，もうひとつはナラティヴ様式の考え方に基づく思考です。認知機能にも2つの様式，すなわち2つの思考様式があり，それぞれが経験を秩序づけ，現実を構成するための独自の方法を提供していると，彼は述べています。ブルーナーは，みごとなストーリーと理路整然とした議論とは，もともと異なる種類のものでありながら，それぞれが他方を納得させる手段として使われることがあると考えていました。しかし，それぞれが確信させようとしている事柄は根本的に異なっているのです。論証は，ある事柄が真実であると確信させ，ストーリーは，その事柄がいかに事実に近いものであるかを描き出します。前者は，公的な実証的真実を確立するための必然的な手段であるという理由で認められ，後者は，真実ではなく真実味をもたらす，という理由によって認められるのです（Bruner, 1986, p.11)。

　哲学者のポール・リクールは，ナラティヴが組み込まれたストーリーを語るのは人間の本性であると述べています（Ricoeur, 1984)。ブルーナーは，思考に対するこの方向性を推し進め，実証的科学の論理は，ある種の「冷酷さ」を含む，と主張しています。なぜならば，人は自分の前提，結論，そして観察自体がもつ論理が示す方向へと，常に向かうように訓練されているので，その結果，相互作用的に生じる個人的な特殊性を見落としてしまうことになるからです。そこでブルーナーは，みごとなストーリーがもっている魅力的なドラマと，「人間，あるいは人間らしい意図と行動，人生の移り行き，道筋が見える結論」(p.13) を扱うために，「ナラティヴ様式の想像力に富む活用」ということを提唱しました（Bruner, 1990)。

　科学者のコミュニティはもとより，社会科学のコミュニティの多くの領域においても，論理科学的思考こそが正統なものであるとみなされています。このパラダイムは，「理論的な仮説によって導かれ，実証可能な発見」の獲得を基盤としており，「真実となりうる条件ではなく普遍的な真実を発見するという方向に向いている」のです（Bruner, 1990, p.14)。この特殊な信念は，心理的な主体を構成するものは

★11　ブルーナーは認知行動療法の基本的な研究に貢献したにもかかわらず，のちにナラティヴ様式の考え方に近づいていきました。「情報の処理装置」として精神を固定してしまった認知革命は，意味の創造者として精神を理解するという，深遠な目的から心理学を引き離しているのだと，論じています。精神をコンピューターモデルで理解することによって生じる限界を突破しない限り，私たちは，文化を構成し，かつ文化によって構成される精神の特別な相互作用を理解できないと，ブルーナーは述べています。このようなブルーナーの考え方は，デイヴィッド・エプストンとマイケル・ホワイトによるナラティヴ・セラピーの発展に大きな影響を与えました。

何か，そしてそれはだれか，ということに関する西洋的な解釈によって説明され，一般化されているのです（Sampson, 1989）。

心理学的科学においても，個人の「本質」に関する法則が発明され，それが投票で決められて，普遍化されていくことによって，人は実験によって研究できる自己を内包した個人とみなされています。そして，これらの理論とメンタルヘルスのモデルが時を超えて一貫性を維持できるように，科学技術と分類化が導入されているのです（Tommとの私信, 1996; Caplan, 1991）。

テクストとしての人々のアイデンティティ

ナラティヴの比喩（E. M. Bruner, 1986; J. Bruner, 1991; White & Epston, 1990）においてしばしば言及されるテクスト・アナロジーを通じて，社会「科学者」は，世界について直接的な知識を得ることはできないということを認識せざるを得なくなってきています。そのかわりに，生きられた経験を物語化することによって人生を知るという，より流動的で柔軟な考えを提唱するようになってきているのです（J. Bruner, 1986, 1990; Geertz, 1973, 1976; Myerhoff, 1982; Turner, 1974, 1986）。時間の流れに沿った人生のストーリーは，一連の言語規則，あるいは「言語ゲーム」（Wittgenstein, 1960, 1953）の中で実践されると言われています（Turner, 1981）。ある経験に付与される意味を最終的に決定するのは，人を物語化するディスコース，つまり社会政治的な文化の文脈を通じて形成され，語られるディスコースなのです（Butler, 1997; Said, 2003; Spivak, 1996）[★12]。

人々のテクストとしてのアイデンティティという考え方[★13]によって，自己とよば

[★12] エドワード・ブルーナーは，ディスコースと実践の帰納／再帰的関係性について次のように記しています。「参加者は，みずからの権威を信頼していなければならない。これが，文化が実践されるということのひとつの理由である。権利を主張するだけでは十分ではなく，権利は実際に行使されなければならない。ストーリーは，実践を通じてのみその姿を変えることができる」（E. M. Bruner, 1986, p.25）。

[★13] 私たちは，どうしてテクストの背後にある起源を，精神の内にあるものとして，認識し続けるのであろうか，という疑問をケネス・ガーゲンは投げかけています。彼は次のように述べています。「テクストを理解することが，今まさに進行中の文化の慣習に参加することに他ならないとするならば，書くこと（あるいは，話すこと）も同様のプロセス，つまり言語ゲームに参加することではないだろうか。したがって，書くこと，あるいは話すことは，内的な世界を表現することではなく，人々が書いたり話したりすることの中から利用できるものを借用したり，他の聴衆からのものを再生産することなのである」（Gergen, 1991, p.105）。

れる対象を描写するための用語から，常に変化する社会的なやりとりからの生成物としての自己を描写する用語へと，治療的な変化がうながされたのです。テクスト・アナロジーによるアイデンティティでは，以下のことは受け入れられません。

■ 原始的衝動との闘争において，内部に豊かに存在する深い資源としての自己という概念。
■ 神秘なるものを合理的に理解（科学的な発見）し，濃密で情緒的な接触（ロマンティックな恋愛）を通じて結びつけようとする，世界や環境から疎外されている自己という考え方。
■ はぐくまれたり，拘束されたりする，一貫性があり，理解可能で，持続的なアイデンティティ（人間主義）としての自己という理解，そして，理解され，推し量られ，導かれるものとしての自己という理解。
■ 自己についての過去の真実を発見すること（たとえば，精神分析）や，環境面での真実を発見すること（たとえば，行動主義，システム論）に焦点をあて，新しい方向へ自己を向かわせる権力をみずからにもたらす，自己に関する心理療法。

　ホワイトとエプストンの治療的な論理的思考は，テクスト自体の解釈から，解釈するものが用いる解釈するための方案に焦点を移しました（Madigan, 1991a）。この移行によって，意味を提示するすべての発言は解釈的である，というオルタナティヴな治療的な立場が示されたのです。2人は次のように書いています。「一片の行動は，ある時点で引き起こされ，それがいつまでも現在のこととして存在することは不可能であるけれども，その行動に起因する意味は時を超えて生き残るという観察によって，社会科学者はテクスト・アナロジーに興味をもつようになった」（White & Epston, 1990, p.9／小森（訳）p.28）。
　この理論を理解する試みを通して，エプストンとホワイトは，人々の間で起こる相互作用を，特定のテクストをめぐって読者相互の作用としてとらえることを可能にするテクスト・アナロジーに傾斜していきました。新たにテクストを読むたびに解釈が生まれ，よって異なる記述となるので，テクストを読んだり書いたりする点に関して，アナロジーは，生命と関係性の進化を理解することも可能にするのです。
　テクストに現れる人々のアイデンティティは，意味とはすべて，特定の文化的なディスコースに組み込まれた解釈であり，あらゆる治療的な構造は文化に固有のものであるという考えを支持するものです（Waldegrave, 1990; Waldegrave との私

信, 1991)。文芸批評家のスタンリー・フィッシュは,「文芸解釈とは, 解釈するという行為そのものによって, さまざまな目的や関心事をもつ存在（あるいは主体）が, 観察された事実とは何であるかを決定するものだ」と述べています（Fish, 1980, p.8）。したがって, 人々と問題にかかわる確かさと真実について, あらゆる主張を脱構築することは, 解釈的な行為となるのです。たとえば, ある調査は, DSMの信頼性は低く, 2人の治療者が同じ人物に,（たとえそれが, 非常に特殊なカテゴリーではなく, 一般的な診断名であったとしても）同一の診断名をつけることは多くはないことを示しています（Breggin, 1994; Caplan, 1995）。したがって, DSMの信頼性に関する調査は, セラピストによって観察されたクライエントが, 専門家による異なる解釈のもとに置かれているのではないかという疑惑を証明したことになります。

ホワイトとエプストンは,「私たちが援用するアナロジーが私たちの世界についての調査結果を決定するのである。それには, 私たちが出来事について問う設問のしかた, 私たちが構成する現実…, 私たちが用いるアナロジーが私たちが世界から引き抜く, まさにその区別をしているのである」と書いています（White & Epston, 1990, p.5／小森（訳）p.23）。この2人の立場は, デリダによる先在する枠組みという概念や, マディガンによる, 解釈者が用いる解釈のための方策という概念を支持しています（Derrida, 1991; Madigan, 1991a）。とすれば, このことは, どのアナロジーや, 前提, 拘束, 文化的な知識, その他歴史的に位置づけられた信念などが, 心理学者がクライエントに対してもつ専門的な姿勢や, その影響下にある組織内の考え方や, または, 個人の人生やセラピーにおける関係性と問題の理解などにどのようにかかわっているのか, という疑問を提起しているのです。

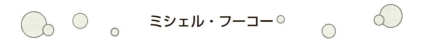

ミシェル・フーコー

ナラティヴ・セラピーの実践における最も基本となる理論的な理解について学ぼうとするならば, ミシェル・フーコーの思想について, いくつかのポイントをおさえておくことが必要になります[★14]。エプストンとホワイトは, ナラティヴ・セラ

[★14] ナラティヴ・セラピストがミシェル・フーコーの業績に注目したのを私が最初に聞いたのは, 1983年9月24日にブリスベンで行われたオーストラリア家族療法会議で, デイヴィッド・エプストンが基調講演を行ったときのことでした。

ピーの実践を本質的に理解するために、フーコーの多くの思想を参照し、練り直し、緻密に検討を加えていきました (Madigan, 1992; White, 2005; White & Epston, 1990: Winslade, Crocket, Epston, & Monk, 1996)。

フーコーは、歴史家と哲学者の両方の立場から著述しました[★15]。そして、人々（主体）をモノ（客体）へと変えてしまうような、政治的で科学的な理論を体系化し普遍化しようとする実践に対して論争を挑んだのです。ディスコースとは、社会統制を目的として、ある考えが優勢であることに賛同するものであるとみなしました。フーコーの膨大な量の著作は、文化的に構成された多くのディスコース、そして、個人や市民からなるコミュニティの中で、社会的な見方として正常あるいは異常として現れていることを、脱構築してみせたのです (Foucault, 1989, 1994b; Harstock, 1990; Madigan & Law, 1998; Parker, 2008)。

フーコーは、科学的、心理学的、宗教的そして道徳的な規則に特定の信念を組み込むために、特定の公共機関や施設が慣習と構造をどのように取り入れるかについて関心をもっていました (Foucault, 1997)。彼は、精神病院、監獄、診療所といった施設の研究を通じて、性行動、性的指向、犯罪、精神疾患の分類に関する制度上の理念を普及させるために構成された「道徳衛生」の正体を明らかにしました。彼はディスコースの歴史的な構造とディスコースの表現を明らかにし、それが主体だけではなく、知と権力にかかわる実践にも関係していることを突き止めました。言い換えれば、フーコーの目的は、西洋の文化において人間が主体として対象化される、さまざまな様式と結びついた歴史を浮かび上がらせることであったのです (Foucault, 1984a)。

分割の実践

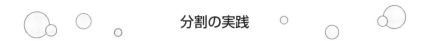

フーコーは、主体を対象化する最初の様式を「分割の実践」とよびました (Foucault, 1965, 1977)。分割の実践は社会的で、そして通常は空間的なものです。社会的とは、差異を示すために、ある特定の社会的集団が対象化の手段に服従させられることを示し、空間的とは、ひとたび認識された差異のゆえに社会的な集団か

[★15] フーコーの著作は、社会科学の分野において多く研究され、ポスト構造主義を導く知見として認められています。

ら物理的に分離されてしまうことを示します。分割の実践による行為は，科学（あるいは疑似科学）の介在と，社会集団が科学的主張に与えた権力を通じて，許容され，正当化されてしまうのです。この社会的な対象化と分類化の過程において，人間には，社会的なアイデンティティと，個人的なアイデンティティの両方が与えられます。ハンセン氏病患者収容所は，分割の実践として，説得力のある歴史的な実例でしょう。

フーコーの研究は，国家によって異常だと特定された人々が空間的にも社会的にも分割されていた状況について，歴史上の多くの実例を調査しています。ひとつの例として，1656年にパリに設立された巨大な「なんでも収容する」総合病院における，貧民，精神異常者，そして放浪者の監禁があげられます。この時代の疾患の分類と臨床医学の実践とが，19世紀から20世紀にかけて病院，監獄，そして診療所に浸透するとともに，19世紀初頭のフランスと近代精神医学の台頭に影響を与えたのだと，フーコーは論じています。加えて，近代ヨーロッパにおける，性に関する「逸脱」を，疾患として扱い，負の烙印を押し，正常化させようとする動きは，このような臨床医学の普及から始まり，生活，法律，政策決定の近代的な様式の形成にも一役買ってきました（Foucault, 1965, 1973, 1979）。分割の実践についての最近の例としては，少数民族，障害のある人々，そして AIDS 感染者のような，社会的に無視された集団に対する対象化や隔離，ゲットー化（Hardy, 2004）があげられます。

科学に基づく分類法

フーコーは，人を対象化された主体に変えていくための第二の様式として，科学に基づく分類法に言及しています（Foucault, 1983）。フーコーは，科学に基づく分類法を「身体をモノとみなしていく営み」と想定しました。その例として，精神医学における診断のための検査をあげました。その中でも，DSM のテクノロジーは分類のための手段として使われており，「科学」という地位によって生み出され，またその地位を与えられたディスコースの中からこの行為が生まれてきたのです（Foucault, 1983）。

歴史の異なる段階において，人間の社会生活にかかわる科学の普遍性がどのようにして特権的な地位を保ってきたかを，フーコーは示しています。この特権的な地位を通じて，科学に基づく分類は，社会規範を明確にするという役割を果たしてき

ました（Foucault, 1984b）。このように正常な人間と異常な人間を特定し分類するという社会的に生成された行為は発展していき，フーコーが名づけた「全体化の技術」（人間の規格について文化的に生成された概念）の中にある普遍的な分類へと完成されていくのです（Foucault, 1983）。「正常な被雇用者」，あるいはフーコーのいう「労働する主体」（Foucault, 1983）を構成するものは何かについて特定する文化的な行為は，社会的に生成された規格から生まれた一例なのです。その他の例としては，国家によって合法的な結婚と公認される関係を唯一のものとするような，異性愛を規範化する特権をめぐる論争においても読み取ることができます（Simons, 1995; Tilsen & Nylund, 2009）。

科学に基づく分類のために一般的に用いられているもうひとつの方法には，人生の書類化があります。これは，たとえば，病院，保険会社，企業，学校などにおいて，書類の保管方法が考案されたことで可能になりました。書類の保管によって，個人は，ある時点で文章によって「とらえられ」，固定化されます。そして，統計を集めたり，基準を確定するために使われるのです。さらにこれは，人々についての統一的かつ包括的な知識の構築を促進する道具としても使われます。このように現実の生活が記録物に変わっていく過程を社会による統制機構のひとつだと，フーコーはみなしています。

主体化

フーコーによる対象化の第三の様式は，人間みずからが主体となっていく方法について分析するものです（Foucault, 1983）。彼は，この第三の様式を主体化とよびました。この主体の対象化は，これまでの2つの段階とははっきりと異なった過程で，そこでは個人がより受動的で抑圧された立場をとるようになります。

主体化とは，自己形成またはアイデンティティ形成の過程に，個人が積極的にかかわっているものだと，フーコーは考えていました。何よりもまず，人々が積極的に自己形成しようとする際の技術を個別に観察することに関心を抱きました。内在化された文化的なディスコース（Madigan, 2003, 2004, 2007を参照）の影響の下における主体化の試みは，自制心に基づく行動であり，型にはまった社会的な基準によって導かれていると，彼は見ていました（Foucault, 1983）。人々は，型にはまった文化的な規範に寄せる，自身の解釈に従って，自身を監視し管理するとともに，

さらなる導きを求めて,宗教指導者や精神分析家のような外的な権威像を模索するのです(Foucault, 1983, 1994b)。しかし,文化的に生産されたありがたい助言や転移をめぐる解釈がどれほど人々の助けになるとしても,それらは広く行きわたっている文化的ディスコースによって形成されたものでしかない,ということをフーコーは明確にしました。

　私たちの自己形成とは,パフォーマティヴな(演じることのできる)ものであると,フーコーは主張します。このパフォーマティヴな自己形成は,人々の身体,思考,行動そのものから生まれるものであるため,長く複雑な歴史をもっています(Foucault, 1980; Turner, 1969, 1986)。このような働きには,その特徴として,自己監視を通してもたらされる自己理解の過程と(Madigan, 2007),外部の,広く行きわたっている文化的な規範によって仲介される,内在化された文化的な対話との積極的な関係性を必然的にともないます(Foucault, 1980, 1983; Madigan, 2004, 2007, 2009)。フーコーの立場からすれば,私たちが関わるいかなる行為も,文化の外側に位置することは事実上不可能なのです。

　建築家ジェレミ・ベンサムが手がけた17世紀のパノプティコン[16]についてのフーコーの説明は,主体化を通じて,その主体を支配しようとする,国家による試みの一例であることを示しています(Foucault, 1979; O'Farrell, 2005)。ここで,パノプティコンの構造と機能は,主体によって内在化され,権力の文化によって望ましいとみなす身体的な実践に主体を向かわせるような,外在化された文化的な(規範的な)視線を強化するのに役立っているのです(Prado, 1995)。

　自己監視を演じること,つまり,型にはまった文化的な規範に照らし合わせて自己を監視すること(Madigan, 2004を参照)とは,自己を見,監視し,評価することを演じることなのだ,と説明できます(Foucault, 1965, 1979を参照)[17]。自己を監視し,盗聴するということは,ディスコース上の他の場所に位置づけられた積極的な聴衆との対話的な関係を介して,結びついています。他者が私たちを見て,監視し,評価しているという,想像上の,あるいは再形成された考えをもつという経

---

[16] パノプティコン(Panopticon)は,英国の哲学者で社会理論家であったジェレミ・ベンサムによって,1785年に設計された監獄棟の一種です。設計のコンセプトは,囚人たちが,自分たちが監視されているかどうかわからないようにしながら,1人の監視者がすべて(pan)の囚人たちを監視(opticon)できることにあります。このため,ある建築家はこの設計を「目に見えない全知を感じさせるもの」とよんだと伝えられています。ベンサムは,パノプティコンを,前例のないほどに,精神を支配するための精神の能力を得るための新しい様式であると表現しました。
[17] ナラティヴ・セラピーにおいて実践とは,主体による自己監視を解釈することなのです(Madigan, 1992, 2004, 2008を参照)。

験(この他者には私たち自身を見つめている自分も含まれます)は,構成的なものであり,文化的な規範を再生産しているものでもあります(Foucault, 1973, 1989; Madigan, 1996, 1997; White, 1995a)。

主体化をめぐるフーコーの概念に基づいて,マイケル・ホワイトは,アイデンティティについて広く受け入れられている人間主義的な説明を,宗教とは無関係の三位一体を用いて説明しています(White, 1997)。それは,(a)私たちの存在,本質,あるいは人間性に関する考えを支持する真実を求める意思,(b)自己を抑圧から解き放つことを求める解放のナラティヴ,(c)抑圧がどのようにして私たちの根本的な性質を隠し,自己実現を妨げるかを説明してくれる,抑圧をめぐる仮説です。

権力と知の不可分性

総合すると,主体を対象化する3つの様式,すなわち(a)分類,配分,操作すること,(b)自分自身を科学的に理解すること,そして(c)自己に意味を与えるものとして自分自身を形成することがフーコーの研究の枠組みを設定し,それらがナラティヴ・セラピーの研究の基礎を形づくっているのです。

主体のアイデンティティに強固にまとわりついているのは,知と権力[18]という対をなす用語です。フーコーが一貫して立ち返る原点は,真実は存在しない,ただ真実だとする解釈があるのみ,という考えなのです。彼は,普遍的な真実の存在を主張する知は,近代科学を基盤とした秩序をめぐる統制によって支えられている,と述べました。フーコー(Foucault, 1980)は次のように述べています。

> 知識を介したこの権力への参加者および主体者の両方として,権力の特定な影響の担い手である真実のディスコースがもっている機能を通して,われわれは,自分が引き受けた事柄の中で,判断され,宣告され,分類され,決定づけられ,そして,ある種の生き方や死に方に運命づけられる。 (p.94)

権力と知には関係的な次元と構成的な次元があるとする説を,フーコーは支持し

---

[18] 簡潔に述べると,人々は暗に権力を保持しているわけではなく,むしろ権力とは,個人が携わることができる技術,あるいは行動である,とフーコーは述べています。

ました (Foucault, 1980; McHoul & Grace, 1993)。これは，すべてのディスコースの実践（文化が社会的，心理的現実をつくり出すすべてのあり方）が特定の文化に埋め込まれた解釈であり，その文化的ディスコースの中で主体がつくり出されたり，あるいはそれを主体がつくり出す，と考えられていることを示唆しています。フーコーによる権力と知の不可分性という概念は，特定の知識が他の知識に対して優越性があると主張する人々と，彼との対決の中によく表れています (Foucault, 1984a)。たとえば，メンタルヘルスに関連する薬理医学のディスコースは，企業の強力なロビー活動によって支えられていて，このディスコースは長い年月にわたって，対話による治療の実践とその価値が薬理医学に対して劣勢なものであるとしてきました。

　フーコーによれば，広く行きわたっている考えや実践に疑問を呈するオルタナティヴな知は，正統性に欠けるとしてしばしば沈黙を強いられることになるのです。フーコーは，この正統性に欠けるとされる知を「ローカルな知」とよびました。ローカルな知とは，しばしば，現存し，そびえ立つ文化的な知と対比される，特定のディスコースの実践なのです。彼は，このような文化的な知を包括的な知とよびました（ローカルな知と包括的な知の間にある相互関係の複雑さと不思議さについて話し合うことは，ナラティヴ・セラピーのインタビューにおける主要な目的のひとつです）。特定の文化的実践に他のものを越えた特権を与えることは，文化によって「異なっている」とみなす行為を通じて，集団全体を正統ではないとみなすことにつながるのです。性的あるいは宗教的，または政治的信念などを基盤に異なった実践をしている集団は，正常ではないと分類され，無視されることになり，その結果，社会によって正常だとみなされている人々に与えられている平等な権利が与えられないことになります。

　ある考えや実践が他のものよりも優れていると主張することが，「真実」は実際に存在するのだ，という修辞学的な立場を強化することになります (Miller, 1993)。フーコーは次のように述べています (Foucault, 1980)。

　　この結びつきを通した，または基盤とした，「真実」といういささか省略されたディスコースなしには，権力の行使はまずあり得ない。われわれは，権力を通しての「真実」の生産に従事させられており，この真実の生産を介することなしに権力を行使することはできないのである。　　　　　　　　(p.73)

第 3 章 理 論

　フーコーの認識は，権力（トップダウン式の権力）を否定的なものとみなすような，権力に対する伝統的な認識とは異なっています。フーコーは，権力は「上」からのものではなく，日々のあらゆる社会的な相互作用を通して，文化の力による要求が内在化され，生産（そして再生産）される場において，むしろ「下」（主体）から生じるのである，と主張しています。したがって，否定や抑圧はそのような影響のひとつではあるけれども，権力が外部から否定的なものとして行使されるわけではないのです。

　たとえば，心理学の講義かワークショップに参加して，会場を見回してみると，参加者のほとんどが同じような格好をしていることに気づきます。服装規制に関する連絡を受けたわけではないにもかかわらず，コスチューム姿，正装，あるいはパジャマ姿の参加者はほとんどいません。参加者は事前にこのことをどうやって知ったのでしょうか。また，会場内の人々は，メール受信時に振動する携帯，スマートフォン，iPad，パソコンを持ち歩いています。このような製品の使用は，大規模な実践の再生産という，産業的，経済的，そして社会的文脈によって受け入れられているのです。

　文化的ディスコース内において真実とみなされる知の実践は，個人が自分自身の人生をそのまわりに形づくっていく，個人の仕様にまつわる基準を定めていきます（Foucault, 1984a）。ひとたび，個人が社会のディスコースに統合されると，特定の文化的真実があたりまえのこととみなされ，特権化されます。その結果，オルタナティヴなものを構築し，受容することが抑止されていくのです（Breggin & Breggin, 1997）。このような真実に加担することによって，ある種の支配的ではないもの，科学的ではないもの，または，真実としてみなされていないものは支配下に置かれてしまうのです。力関連について，筆者とマイケル・ホワイトとの討論を収録したビデオで（1991年5月，南オーストラリア州のアデレードにて）★[19]，ホワイトは，セラピスト自身が権力をめぐる古典的な分析の中にとどまっているとすれば，人々の人生と関係性を形づくる，多くの社会的な力や構造的な不公平さには気づかないままになってしまう，と主張しています。

　私たちの社会が，先住民族の人々が述べ伝えてきたものよりも，記述された歴史にみられる白人の説明にいかなる特権を与えてきたかという，痛ましい実例は，構造的な不公平性という考えを無視する「知を介した権力」なのです。私たちが北ア

★[19]　http://www.narrativetherapy.tv のビデオを参照のこと。

メリカやヨーロッパで記述され，視覚化され，語られた説明を通して学んだ歴史は，勝利者によって主流のテクストとして記述された，明らかに偏った歴史の描写なのです（Ken Hardy, 2004, 治療的会話カンファレンスにおける基調講演[20]）。アメリカ大陸で起こった歴史上の出来事に関する敗者（戦争，領土，文化，言語を失った者）のストーリーは，歴史上の記録から沈黙させられ，退けられてきました（そして，その大部分は，依然として同じ状況にとどまっています。Makungu Akinyela, 2005, 治療的会話カンファレンスにおける基調講演）。（イギリス，スペイン，フランスによる植民地的な権力／知による）抹消という悲劇的な歴史の余波は，カナダやアメリカの先住民族の文化圏において，HIV感染，AIDS，糖尿病，結核，ヘルニア，自殺，薬物依存などの発生率が驚くほど高い比率で存在し，しかもすべてが全国平均をはるかに超えているということに見ることができます。

　フーコーが真実について描写したとき，客観的な現実が実際に存在するということを述べようとしたのではなく，むしろ，「真実という地位」が与えられ，構築された考えについて言及していました。このような真実は，正常についての規準を定め，人々がどのように自分たちの人生を形づくるか，そしてどのように自分たちを見るかに影響を与えています。カナダでは，女性がどのようにみられ，どのような価値を与えられているかという文化的なストーリーは，統計的に見ると貧困状態で生活する数がきわめて多いという側面が際立っています。

　真実を介しての権力，あるいは権力を介しての真実がもたらす，従属化の主要な効果とは，個人の仕様と個人の形成であり，それがそのまま，権力の伝達手段になるのです（Parker, 1989）。文化的権力の構築とは，抑圧的というよりも，他のオルタナティヴな知を従属させるものとして機能する，とフーコーは主張しています。フーコーは次のように述べています。「否定，拒否，排除する機構の集合体が権力ではないことを覚えておかねばならない。しかし，権力は効果的に実践しているのである。権力が人々自身そのものを生産しているのだということは大いにありうることである」（O'Farrell, 2005, p.113）。人々は従順な身体へと化し，意味を演じることに引き立てられ，それが包括的な知と権力の手法とを蔓延させることになるのです（Foucault, 1989）。フーコーはさらに，真実として普遍的に受け入れられるよ

---

[20] 治療的会話カンファレンスとは，カナダ，ブリティッシュ・コロンビア州，バンクーバーにあるイェールタウン・ファミリー・セラピーとナラティヴ・セラピー・バンクーバー・スクールによって運営されている毎年恒例の行事で，ナラティヴ・セラピーについての豊かな情報源（http://www.therapeuticconversations.com）となっています。

うな包括的な知はない,と述べています。

　個人の失敗の構築に関するマイケル・ホワイトの論文（私の意見では,彼の最もみごとな論文のひとつ）において,彼は権力に関する伝統的な概念を批判しています（White, 2002）。治療的な探究の文脈において,権力をめぐる考察が必要となるときには,伝統的な権力に対する古典的な分析が必ず引き合いに出される,と彼は述べています。この古典的な分析によれば,権力は（a）特定の個人や集団によって占有されたものであり,（b）明確な利害関係に従って,これらの個人や集団によって取り込まれるものです。これは,確定した中心部に存在すると理解され,それを独占しようとする個人や集団によってトップダウン式に遂行されるものであると,権力を描写しています。これは原則的に否定的に機能する,すなわち,服従させ,抑圧し,制限し,禁止し,義務を課し,強制する力のことです。これは,多くの場合人々を服従させる力であり,通常自分たちがその行使にかかわるような力ではないのです。現代において,この古典的な権力は,だれもがその外部におかれる体制としばしば同義語とみなされます。自分たちの生活を位置づけていく中で,人々は,階級,民族,経済力,社会的な優位性の領域に位置づけられた人生によって,どのような特権を得ていようとも,自分たちはこの権力の外側の位置づけをくり返し要求するのです（White, 2002）。

　ホワイトは,フーコーの著作を徹底的に読み込むことによって,このような権力に関する広く行きわたっている考え方に疑義を唱えました。なぜなら,権力の行使には,その手段として,人々の積極的な参加が不可欠であると,ホワイトは理解していたからです（Whiteとの私信, 1991[21]）。したがって,権力がいかに広く浸透し,効果を発揮していようとも,人々は現代の権力の行使に対して,独自に挑戦し,覆していくように位置づけられるのです。現代の権力によって形づくられた生活のあり方や習慣に挑戦することによって,人々は,この権力の存在を拒絶する役割を果たすことができるのです（White, 2005）。

[★21] 力関係に関する会話についての詳細は,筆者によるマイケル・ホワイトへのインタビュー（1992年）を参照のこと（http://www.narrativetherapy.tv）。

ディスコース・コミュニティ

　正しい生き方，あるいはまちがった生き方のリストは，長ったらしいものになります。中には人を制限するものもあれば，解放するものもあり，また，人々を引き離していくようなものもあるかもしれません（Hoagwood, 1993）。その一つひとつが，私たちの個人の価値を測り，評価し，そして決定づける現行の標準分布曲線のどこかに私たちを位置づけ，比較しようとするのです。私たちは自分がその「中」にいるのか，あるいは「外」にいるのか，あるいは「適合」しているのかを確かめようとします。自分のいるディスコース・コミュニティとの複雑な関係と，そしてこのディスコースを支えている広く行きわたっている西欧のイデオロギーが，人生をどのように生きるべきか，またはどう生きてはいけないか，という私たちの考えに影響を及ぼしているのです（Caplan & Cosgrove, 2004）。

　私たちのディスコース・コミュニティ（Madigan, 1992）は，文化的な創造物です。このディスコース・コミュニティは，真実に基づいているのではなく，何が正常で何が正常ではないか，を公式化するために私たちがつくり上げたすべての規則が含まれています。私たちのディスコース・コミュニティは，権力関係をめぐるさまざまな形態が媒介する複雑な網の目を通して，社会的規範が決定されることを可能にするものです（Hare-Mustin & Maracek, 1995; Law & Madigan, 1994; Shotter & Gergen, 1989; Spivac, 1996）。私たちが実践しているディスコース・コミュニティは中立的な存在ではありません。なぜならいかなるディスコースにも，その創造者のコミュニティ内で，人の人生や問題に予想外の効果を生む可能性も潜んでいるからです（Horkheimer & Adorno, 1972）。

　たとえば，身長と体重の単純な比率によって表されるBMI（Body Mass Index：標準体重指標）は，古い保険目録にある「健康な」体重の普遍的基準として置き換えられました。BMIの「ゴールポスト（基準値）」は，1998年に医師のチームによってつくり直されましたが，その結果，以前は健康であった多くの人々が，突然体重過多として再定義されたのです。この新しい計測法によれば，身長が6フィート（180cm）の男性の場合，184ポンド（83Kg）以上であれば体重過多，221ポンド（100Kg）以上だと肥満，そして295ポンド（133Kg）を超えると病的な肥満とされるのです。現行のBMIに従えば，北米の50歳台の男性のほとんどが太り過ぎということになります。

第3章 理論

　別のディスコース・コミュニティは，DSM（Diagnostic and Statistical Manual of Mental Disorders：精神障害の診断と統計の手引き）に何を含め，何を含めないかを決めるために「選ばれた」総合医療チームに代表されるでしょう。この特殊で支配的なディスコースは，小さな専門家グループ集団が，いかに私たちのコミュニティの中できわめて影響の大きいディスコースを生み出しているのか，ということをみごとに示しています（Breggin, 1994; Caplan, 1994）。DSMグループには，何が，そしてだれが正常であるか，何が，そしてだれがそうではないかを明らかにする，という職務が与えられています[★22]（Caplan, 1991, 1995）。このグループは，人々の人生を固定的に分類した項目をめぐる投票によって，これらを決めているのです。たとえば，DSMアドバイザー委員会は，性欲低下障害をその年のマニュアルに含めるか，あるいは，カフェイン関連障害を診断分類からはずすか，といったことを決定する権限をもっています。

　投票によって診断分類の項目が確定すると[★23]，専門家のコミュニティは，DSM決定版を手に，それらがあたかも事実であるかのように，さまざまな領域（司法における議論，精神状態の査定，子どもの養育権に関する合意など）において，それらを再生産していくのです。DSMに基づく調査研究の信頼性はきわめて低く，したがって，その妥当性に疑問がもたれているにもかかわらず，この心理学理論は再生産されていくのです。DSMの設計者であるロバート・シュピッツァーは，2005年のインタビューで次のように率直に告白しています。「信頼性の問題を解決したとはとてもいえない。改善はされた。しかし，一般の臨床医の状況を見れば，けっしてよいとは言えない」（Zur & Nordmarken, 2007, p 2）。

　DSMは，私たちのディスコース・コミュニティが，信条や真実といった通常の社会的構造[★24]をどのように発展させるか，ということを描き出しています。私たち

[★22] 白人男性の専門家たちは，どのような行動を健康あるいは不健康かと決める，DSMの疾病分類学の発展に責任をもっているという，支配的なグループを最初から構成しています（Caplan, 1995）。
[★23] DSMは，科学的な文章というよりは政治的な文章です。障害を含めるか，はずすかということにかかわる決定は，明白な科学的データに基づくのではなく多数決による投票によって行われています。
[★24] 社会構成主義と社会構築主義とは，社会的文脈の中で，どのように社会現象が発展するのかという，社会学的な認識論です。構成主義者たちの考えによれば，社会的構築とは，あるグループによる創造物（あるいは人工物）についての概念あるいは実践を示します。社会的構築は，神の意志や自然による法則よりも，人間の数え切れないほど多くの選択により産み出されたものと，一般的には理解されています。社会構成主義は通常本質主義に異を唱えます。本質主義とは，特定の現象を，現実の分類構造を決定する意識の存在とは無関係な，歴史を超越した本質によって定義する思考法です。

は概して，このような「知っていること」を内在化する方法（Madigan, 2004; Parker, 2008）によって，たとえば，アイルランドのロックバンドである U2（ユートゥー）の音楽，あるいはヒップポップ音楽が依然として流行っているかどうか，敵対し合う国のどちらを支持するか，または，人々を患者とよぶか，クライエントとよぶか，あるいは単に人とよぶべきかどうかを知ることができるのです。広く行きわたっているコミュニティのディスコースは，資本主義，ユダヤ・キリスト教的思考法，父権制などの無数の基底的な物語によって形づくられ，また，それらを形づくっていくものです（Armstrong, 1989; Jameson, 1991）。それぞれの物語には，絶えずその考え方の正当性を支持したり，反対したりする，支持者と反対者がいます。それが音楽であれ政治であれ，どのディスコースが真実であるかということをめぐって，国際的に，国内的に，精神医学的に，あるいは家庭内の闘技場で論争が続いているのです。

　私たちのディスコース・コミュニティは，真正の語り手たちの混合物によってつくり上げられています。ジークムント・フロイド，CNN ニュース，NPD（全米ラジオ局ネットワーク），G8（主要 8 か国会議），カール・マルクス，そしてイエス・キリスト，モハメッド，イーライリリー（訳注：アメリカの製薬会社），ディズニー，ホワイトハウス，国連などを含む，ディスコース上の影響をもつ存在のすべてが，複雑で儀式化された権力によって形づくられ，ディスコースを支配すべく設立されたものです。このようなコミュニティの文脈の中のあらゆる「知」は，お互いに共有され，お互いを形づくっているのです（Madigan, 1996）。したがって，私があなたを創り，あなたが私を創る，そして，政府は私たちを形づくり，私たちが政府を形づくるのです。

　私たちの前で繰り広げられる，コミュニティ内のすべての会話は，例外なく私たちそのものであり，私たちに影響を与えており，そして，私たちはそれに参加しているのです。私たちの言語の構造（名詞，動詞などの用法）のゆえに，人々は，話すのか，または話さないのかの，レトリック★25な立場をとることはできないのです（Keeney, 1983; Tyler, 1986）。それぞれの世代における語り手たち，つまり，政府創設の父祖から，アメリカ心理学会，全米女性協会，グリーンピース，パンクミュージシャン，そしてアップルコンピュータの最高経営責任者といった現代の話

★25　ディスコースと知の緊密な関係を強調することによって，現代のレトリック研究者たちは，ディスコースを知の構築に対抗するものではなくその中心的なものとみなすような，数多くの哲学的，社会科学的な理論との関係を深めています。

し手までが，ディスコースをある特定の方向に向かわせるために揺り動かすのですが，同時にディスコースによって，自分たちもあちらこちらへと揺り動かされていくのです。

ミシェル・フーコーは，知の獲得過程において，生きることについての真実は存在せず，ただレトリック的な倫理内に位置づけられた真実の解釈のみが存在する，と示唆しています（Foucault, 1965, 1980; Goldstein, 1981; Madigan, 1992）。食べることから着ること，そして働くことまで，私たちのあらゆる行為は，広く行きわたっているディスコースの特定のコミュニティに結びつき，それから影響を受けていると，フーコーは主張しています（Gutting, 1994）。したがって，自分の文化やディスコースからの影響の外側にみずからを位置づけること，または，政治的な討論やセラピーの実践の最中に，自身の観察が中立的であることは不可能なことなのです（Butler, 1997）。このようなディスコースの影響をもつコミュニティから逃れることができないとすれば，私たちナラティヴ・セラピストは，人々，問題，そして何よりも私たちのセラピーそのものを含む，関係性の生態がそれらによって，どのように関係性的に形づくられているのかについて，好奇心を抱くことになるのです（Nylund, 2006b）。

心理療法において，私たちがとる治療的な立場を導くディスコースがどのようなものであれ，その立場は中立的ではありえない，ということをナラティヴ・セラピーは認識しています（Shotter, 1990a）。むしろ，私たちがとる治療的な立場は，文化的な伝統に対する反応であり，政治構造によって支えられ，そして，メンタルヘルスのシステム（そして，医学，科学，司法など）を通じて制度化されたものなのです。この一連の制度化された言語規則の構成は，さまざまな形で私たちの治療的言語に影響を与えています（Bruyn, 1990; K. Gergen, 1991, 2009）。たとえば，一連のメンタルヘルスの手続きや専門的な知識の伝統は，病棟回診やケースカンファレンスに参加する者を決める基準をだれが決定するか，またケース検討の際に，そこでだれが発言できるのか，そしてどの心理学の知識に特権が与えられるか，ということを決めていくのです（Law & Madigan, 1994）。

ありとあらゆる異なった媒体や機関を通して利用できる，数え切れないほどの心理学モデルの中から，自分を位置づける選択をするとき，私たちはその選択をめぐって，セラピストとしての説明責任を厳格に求められています。それぞれの治療的会話に含まれるディスコースは，セラピストの実践における洞察と知恵を形づくり，それに影響を与える理念であるとみなすことができます（Bakhtin, 1986;

Freedman & Combs, 1996; Madigan, 1991a)[26]。

 ## テクストとしてのディスコース

　心理療法の理論，質問，面談，あるいは，ケースノートに私たちが何を書き込むかをめぐって，コミュニティからの影響を認識することは，セラピストとして私たちが，心理療法的な判断を，切り離されて孤立したものであると見る必要がないという，恵まれた境遇を意味します。むしろ，実際に私たちが心理療法において実践し，書き留めたものは，文化的な，またはその路線にそわない学習と伝統の広範な領域内での，無数の会話から形成されています（Madigan, 1991a）。ナラティヴ・セラピーの視点から見ると，心理療法の実践は，テクスト[27]としてのディスコースとみなすことができます[28]。

　たとえば，自分自身を「価値が低い」とみなしている先住民と治療的にかかわるとき，セラピストは，適切な診断をくだし，その人を投薬治療，自尊心に関する自助グループにつなげようとするでしょう。ナラティヴ・セラピストはその代わりに，治療関係を問題と人の関係性をめぐるより広い文脈に含めて検討していきます（Freedman & Combs, 2002）。「価値がない」という問題において後者の立場をとることによって，ナラティヴ・セラピストは，どのようなことを通じて，この人がみずからを価値のない者とみなすようになったか，その意味づけを関係性と相互作用の観点から探求していくのです（Gollan & White, 1995）。さらに，植民地化，人種差別，多世代にわたる虐待，聖職者による虐待，そしてみずからの文化の言語と伝統への所属感喪失といった，この先住民の経験を考察していきます。

　問題と人の文脈に対する関係性の「政治性」を見落としてしまうと，セラピスト

---

[26] 心理療法において，セラピストがコミュニティによる影響や，問題をつくり上げていく過程を位置づけ，認識することができないとすれば，エプストンとホワイトによるナラティヴ・セラピーの，社会政治学的，文化的推進力は失われてしまうでしょう（Madigan, 1996）。
[27] 文化とそのテクストは，現存する形式や伝統の中だけしか受け入れられないということはない，とローランド・バーシスは述べています（Madigan, 1991a）。
[28] 文脈の中で実際に使用されない限り，テクストの意味は存在することはないということをさらに付け加えておきます。テクストを，それが使用される文脈に関連づけることによって，テクストが活性化される過程をディスコースとよびます。言い換えれば，このテクストの文脈化とは，実際のところ，読み手（そして，読み上げられたテクストの聞き手）による，書き手（話し手）が意図したメッセージの再構成なのです。つまり，これが，その人のコミュニケーション行為あるいはディスコースとなります。

は，再著述をめざす過程の中で，問題から人を分離することがむずかしくなるでしょう。アイデンティティの政治的な形成，人のアイデンティティの文脈を支える対話の実践は，治療的な変化をともにつくり上げていく助けとなるものは何かという，ナラティヴ・セラピーの考え方の最重要点なのです。

なぜ言語ではなく，ディスコースなのか

ディスコースとは，何事かを語る際の，組織的で制度的な方法を表わすものです。言語とは異なって，ディスコースは，抽象的な構造や過程ではなく，一連の特有の行為や対話の実践を強調するものです（Anderson, 1990; Law & Madigan, 1994; Madigan, 1992）。ある種のディスコース内に身を置くことによって，私たちは，特定のタイプの人間として，存在するようになります。たとえば，未分化な家族の境界，がんばり過ぎる母親，あるいは同一校区内における生徒のADD（注意欠陥障害）の数値が高いことを，心理学者は目撃するようになるかもしれません。

ディスコースは，社会政治学的な文脈によって形づくられ，同時に，それを形づくるものなのです。この考えを社会構成主義者で心理学者でもあるケネス・ガーゲンは次のように述べています（Gergen, 1991）。

> 私たちのディスコースが事実に由来していなくても，いったん認められれば，そのディスコースが，現実世界と私たちが考えるものを生み出していくため，これらのディスコースに対してもっと批判的な見方が必要になる。このようなディスコースが，権力と権威のさまざまな構造を支え，維持しているために，その結果，あるグループの人々は周辺化され，抑圧されていくのである。批評文学は，権威の声から神秘性を取り除き，権力の聖域内で上がる声を拡大しようとするものだ。　　　　　　　　　　　　　　　　　　　　　　　　　　（p.96）

ミシェル・フーコーは，ディスコースとは，実際の言葉や声明文自体だけではなく，知と権力関係の複雑さに結びついているものであり，それはどのような文脈でも使われ，その発言を制約するのだ，と述べます（Foucault, 1984b）。このように定義されるディスコースとは，何が語られ，考慮されるべきか，そしてだれが権威をもって発言できるか，という両側面に言及しています（Foucault, 1994b; Parker,

1998)。ディスコースのこのような再帰的な側面は，政府，学術団体，心理療法，病院，そして家族の場における語りにわたって，関係的な語りの様式をすべて包含しているのです。

　ポスト構造主義の観点からすると，意味は言語そのものからではなく，むしろ，その用法を抑制したり形成したり，または代わりとなる用法や意味を先取りしてしまうような，制度化された対話の実践から生じるのです（Whiteとの私信，1992）。そのため，ディスコースは，関係性の中での構成要素をつくり上げるような，社会関係や権力関係に蔓延する構造を反映している，とみなすことができるのです（Whiteとの私信，1990）。ある意味では，広く行きわたっている文化的ディスコースの中に生活し，それを動かし，実演することによって，私たちは自分たちの存在についてともに語り合っているのです（Bakhtin, 1986; Nylund, 2004c; Turner, 1986）。

　フーコーによれば，自己はディスコースに従属しているので，主観性とはディスコースの産物なのです（Parker, 1989, 2008）。たとえば，クライエントが自分にとって「重要な」関係の意味について語る方法は，自分たちがその中で訓練され，そして結果的に共同生産するようになる，文化的な境界の中でつくり出されるものです。ディスコースの領域において考察すべきものが，そのディスコースの構成要素なのだ，とする立場を，フーコーは取っています（Parker, 1989, 2008）。何が語られ，そしてそれをだれが語るかは，権力関係の問題である，と彼は述べています。たとえば，心理療法が行われる場所，期間，そしてだれが招待されるかについての手順を取り巻く一般的な規則を，だれが決めるかということが，この問題に疑問を投げかけています。

　発見されるべき根本的な，あるいは構造的な現実などはどこにもないことを，ディスコースは提起しています（Foucault, 1994b）。したがって，制度化されたディスコース内で使用されるレトリックの用語以外に，知あるいは真実をめぐる主張の根拠は存在しないのです（Rosen, 1987）。この観点から心理学について論じることは，心理学のモデルやパラダイムといったものではなく，心理学のディスコースという名称を推奨することになります。ナラティヴ・セラピーは，心理療法の場面で語られるストーリーを，そこに何か本質的なものがあるとしてではなく，ただそのディスコースが存在するのだ，として説明するのです（Law & Madigan, 1994）。

　社会構成主義者で心理学者でもある，イギリスのジョン・ショッターは，私たちが周囲の人々と関係をもち，かつ理解する際に用いる主要な装置がディスコースで

ある，と述べています（Shotter, 1990b）。それでもなお，近代の構造主義的・心理学的・科学的伝統の世界は，あたかも文章が現実を映し出す絵であるかのように，発語をとらえるべきだと，主張しているのです（Wittgenstein, 1953）。近代主義者・構造主義者の視点では，文章の構造自体がそれを表現するものとして考えますが，この見方は，多くの点で，セラピストをまちがった方向に導くことになります。たとえば，話し方というものが，「事実」（すなわち，使用の実践と手順）を偏見なしに見ることを妨げるものである，とヴィトゲンシュタインは提唱しています（Wittgenstein, 1953, 1960）。ディスコースの観点からみると，個人と外的環境は，ディスコースと意義の源であるのではなく，その産物なのだ，と近代主義・構造主義の思想を支持する人々は示唆するのです[★29]（Derrida, 1991）。

構造主義の支持者たちは，また，行動が心の構造を反映しているとしています（Whiteとの私信，1997）。たとえば，文化人類学の領域では，レヴィ＝ストロースが構造主義運動の推進者とみなされています。ごく簡単な説明をすれば，彼はフィールドワークの中で2つの異なる文化を観察し，その儀式のあり方が似ていることを発見しました。異文化の儀式に関する研究から彼が出した結論は，儀式に共通性がみられるということから，それぞれの文化が，脳の同一の構造的な表現を共有しているというものでした。

同様に，さまざまなカウンセリング実践（たとえば，源家族へのアプローチ，認知行動療法や精神分析）内において，それぞれの人には，表面に現れる行動が存在するという基本的な認識があります（Breggin & Breggin, 1994; K. Gergen, 2009）。そして，外部に現れた行動の地層の下にあるものを明らかにするために，心理学者は，仮説を立て，探索し，最終的にはその人の深い意味のシステムを「見つけだす」のです。セラピストがそのコンテンツを読んで解釈したものは，プロセスとよばれる，セラピストにとって望ましい意味をもつものとなります。しかし，ポスト構造主義者はこの考え方に与しません。

ポスト構造主義の理論は，「コンテンツ／プロセス」的な言語から離れて，ディスコースに関心を向けます。イギリスの心理学者であるロム・ハレによれば，ディスコースは，言語使用の研究を歴史化するとともに政治化するものです（Davies & Harre, 1990）。言語とは異なり，ディスコースは，抽象的な構造あるいはプロセ

[★29] ソシュールは，記号に関する二項あるいは二面モデルを提唱しています。記号を，その記号がもつ形式である「シニフィアン」と，それが表現する概念である「シニフィエ」によって，構成されると定義しました。

スではなく，一連の行為や対話内の実践を強調します（Rose, 1989）。ディスコースについてのこの見方は，何が語られ，何が語られなかったのかという，歴史上の限定性を表現するものとして，ディスコースをとらえるポストモダニズムとポスト構造主義（そして，とりわけミシェル・フーコーの貢献，たとえばFoucault, 1979, 1989, 1984a, 1984b）と関連しています（Tyler, 1990）。

さらに，何かを知ることは，ひとつ以上のディスコースの観点から，その事柄を知ることであると，デービスとハレ（Davies & Harre, 1990）は述べています。特定のディスコース内に居住することによって，私たちは，特定の存在として存続するようになっていき，特定の声明文を真実として受け取るようになるのです。米国の哲学者であるリチャード・ローティーは，私たちが習慣から探求までのスペクトラムに沿って動き始めるならば，「新たな真実と価値の選択肢を求める態度」を獲得できるようになる，と述べています（Rorty, 1979, p.94）。あるディスコースに精通するということは，私たちが歩いているときに，目の前に意味の小道が敷かれているようなものです。その小道はすでに私たちを待ち構えており，そして，ごく自然に，かつあたりまえのものとして，とるべき道であるかのような錯覚を覚えるのです。こうした真実と価値の選択肢は，再著述という編み直しの過程によって編み込まれていくような，信条の代替物の役割を果たすことになります（Epston & White, 1992）。

ナラティヴ・セラピストは，ディスコースが，あらゆる制度化された話し方を表現しているという考えを支持しています（Jenkins, 2009; Nylund, 2004b, 2006a; Reynolds, 2010; Sanders, 1998）。この制度化された話し方は，社会的，政治的，文化的，心理学的，そして家族内のディスコースなど，あらゆるレベルにわたって生じてくるものです。さまざま種類の特有のディスコースが産み出され，それに賛同する働きかけが起こり，歴史を通じて発展してきたのです（Parker, 2008; Sampson, 1993）。これらの例としては，実に多様な心理学的信条と，他のすべての語り方に特有のディスコースがあり，そこには，以下にあげるようなさまざまな話し方が含まれます。スポーツ（Nylund, 2007a），薬物使用（Sanders, 1998），注意欠如・多動性障害（ADHD）（Law & Madigan, 1994），ダンス（H. Nanningとの私信, 2009），HIVとAIDS（E. Millsとの私信, 2007），イデオロギーと教育（P. Orlowskiとの私信, 2003），芸術（D. O'Connorとの私信, 2010），政治（Jameson, 1991），音楽（A. Cashとの私信, 2002），社会活動（V. Reynolds, 2008），写真（N. Jordanとの私信, 2000），そして文学理論（Eagleton, 1991）などです。

これらの異なる語りの様式は演じられ，お互いに競い合います★30。ある文化内のディスコースとして混ざり合っているため，どのような語りの風景も分離され，または独自のものであるとはみられない状況の中で，他のものとははっきりと異なり，お互いに相容れない種類の現実を生み出そうとするのです（Madigan, 1997）。ショッターは，話し手が他の特定の観点を考慮しないことが，信条システムを維持する効果があると，と述べています（Shotter, 1989）。

概して，保持されてきた信条とは，権力と知，そしてレトリックについての特定の風景の中の，現在特定の特権を与えられた人々（およびそのディスコース）を意味します。会話と調査にかかわるすべての事柄は，誤りに対する修正（たとえば，科学実験，宗教的信条，そして治療における診断など）を受け入れなければならないので，この考慮の欠如は，方法の誤りとみなされています。しかし多くの場合，支配的な思考の枠組みに異を唱えることは，わけがわからないものとされるか，なんらかの形で，同化させられてしまうのです。

認識論ではなくイデオロギー

主体は，その主体の本質を成す幾多の他者からけっして分離することはできない，とデリダは述べています（Derrida, 1991）。彼は，観念や意味はどのように生成されるかという研究の中で，イデオロギーと認識論という2つの用語の重要な区別を提示しています。イデオロギーの理論は，社会的な考え，政治，権力そして実践の間のつながりを明らかにするものです（Eagleton, 1991）。一方，認識論の理論は，思考と観察，そしてその説明の間にある関係性を含めて探求しながら，内在されると推測されるものに重点を置くのです。

この区別は，心理学領域における，メタ理論的な議論と実践の姿勢に欠けている決定的な要因を指摘しています（Nylund, 2004a）。議論において欠けているものは，認識論的な決定がどのようにイデオロギー的なかかわりによって形成されているの

★30 演じることが，社会現象の範囲の定義と想定を拡張させる，一般的なシニフィエとなっているのだと，ヴィクター・ターナーは示唆しています（Turner, 1986）。「人類を演じる種」として考えてみると，この考えがもっている力を理解することができるでしょう。ターナーは，私たちをホモサピエンス（Homo sapiens）として見るよりも，ホモパフォーマス（Homo performas）として見るほうが役に立つとしています。これを受け入れるならば，演じることは私たちの生存に必要なものとなるのです。

かという研究です（Kearney & Rainwater, 1996）。

　イデオロギーによる区別は，特定の意味づけを正当化し，その他のものを不明瞭にするような，特有の歴史的な状況の中で社会的な文脈がつくられるとき，一様に認められるわけではありません（Madsen, 2007）。たとえば，機会均等というイデオロギーに向けての公約は，父権的な社会組織の内に生じるかもしれませんが，平等という意味は，公正という観念によって調整されます。つまり，この言葉自体，父権的な文脈によって形成された歴史とともに存在し，権力の不平等な行使を表しているのです（Goldstein, 1981）。

　ホワイトとエプストンは，イデオロギーについて次のように述べています（White & Epston, 1990）。

> 私たちが，あるアナロジーを他のものよりも好むのは，イデオロジカルな因子とか流行している文化的実践などを含む多くの決定因子の積み重ねの結果である。ひとつのアナロジーに特権を与える際には，正当性とか妥当性といった基準に頼ることはできない。なぜなら，そのような属性は，いかなるアナロジーにおいても達成され得ないためである。しかしながら，私たちは，自分たち自身の実践を社会思想の歴史の中に置き，これらの実践の効果を吟味し批判することによって，私たちがもち耐えているアナロジーを，少なくともある程度は調べることができる。
> 　　　　　　　　　　　　　　　　　　　　（p.5／小森（訳）p.25）

　要訳すれば，イデオロギーを任意的な区別とみなすことはできないということです。なぜならば，イデオロギーは，数多くの文化的な制度によって正当化された，権力関係を再生産するからです。

ナラティヴにおける「私」の位置づけ

　心理療法に対する構造主義的見方からエプストンとホワイトのポスト構造主義的見方に接近する鍵は，メンタルヘルス用語の中心を成す教義を「再編成」することに取り組んでいくことでした（McLeod, 2004; White, 1997）。その最も中心的な関心となるものが，人と問題の間の関係的な文脈に取り組む必要性だったのです。

　ニュージーランド，オークランドでナラティヴ・セラピーを実践しているジョネ

第3章 理論

ラ・バードは、メンタルヘルス用語の「私」という語の問題をめぐる、挑戦的な取り組みについて書いています (Bird, 2000, 2004)。英語の伝統的な使用法が、人々の内部に経験を根づかせると、彼女は気づいたのです。たとえば、クライエントは「私は悲しい (I'm sad.)」と表現します。この例でいけば、この言語的実践 (「私は悲しい」) は、話し手と聞き手に、悲しさが「私」という身体の内側に存在するとみなすように作用してしまいます。言い換えれば、問題を言語化したとき、その問題のもともとの所在が「私」あるいは自身の内側に見いだされるとすると、その人の身体は、セラピストが「修復」するための主要な原点となってしまうのです。

メンタルヘルス用語に関連する問題は、経験の固定的な表現が、経験や現状に苦しんでいる人々 (クライエント) にとって深刻な結果をもたらすところにある、とバードは述べています (Bird, 2000, 2004)。慣習的な英語の用法は、「私」がどのようにみられ、経験され、知られるものであり、かつ自主的、自律的、単独で独立したものとしてとらえられる状況を創り出すのです[31]。

社会科学の多くの領域において、「私」を身体の外側に、そして関係的で、ディスコース的な文脈に位置づける努力がなされてきました (Taylor, 1989)。心理学者で言語学者でもあるロシア人のミハイル・バフチンは、1930年代からこのテーマに取り組み、次のように述べています。

> 言語における言葉の中立的、辞書的定義は、言葉の共通した特徴を確定し、その言語の話し手すべてがそれぞれ理解し合うことを保証するが、生きた対話のコミュニケーションにおける言葉の使用は、本質的に、常に個人的で文脈的なものである…言葉は何かを表現するが、その表現された何かはその言葉に内在するものではない。
> (Bakhtin, 1986, p.88)

ジョン・ショッターは、ひとつの言葉の意味 (ここでは「私」) は、その言葉自体に内在するのではなく、使用された言葉と、その言葉が使用された条件の中で達成される動きとの間の接点に発生する、と述べています (Shotter との私信、1991年9月)[32]。

---

[31] 臨床活動の中で、英語を慣習的に使用するときには常に、知らず知らずのうちに、人々 (クライエント) を「自己」と「他者」による評価、分類、診断の支配下に置く、会話のプロセスを支持してしまうのであることを、忘れてはいけないでしょう。

[32] クラークとホルクイストが、この接点を「戦闘地帯」という実にうまい呼び方をしています (Clark & Holquist, 1984, p.307)。この接点において、話し手の権利と特典 (聞き手のそれと比較して) の問題をめぐる戦いが生じるのだ、とショッターは述べています (Shotter, 1990a, 1990b)。

したがって，心理療法の中で，私たちが「だれがクライエントなのか」ということを厳密に描き出す言葉は，中立的でもなければ孤立したものでもないのです（Crapanzano, 1990）。そうではなく，私たちが用いる言葉は，ディスコースの文脈のうちに位置づけられており，現在の関係性と広く行きわたっている専門家による権力と知とに結びついたものなのです。

たとえば，ナラティヴ・セラピーでは，拒食症という問題を描写する言葉を，それで苦しんでいる人に本来備わっているものとして受け取りません。「少女は拒食症である」という言い方にあるように，です（Borden, 2007; Grieves, 1998; Madigan & Epston, 1995; Madigan & Goldner, 1998; Maisel, Epston, & Borden, 2004; Nylund, 2002a; Tinker & Ramer, 1983を参照）。そうではなく，拒食症との複雑なディスコースの関係性の中で，その人が苦しんでいるのだと考えるのです。その関係性とは，拒食症の遂行を支えていると考えられる，私たちの文化内にある側面から定義されるものです（Gremillion, 2003）。ナラティヴ・セラピーの実践では，（拒食症をその人の前頭葉に位置づけようとするような）拒食症を生物学的な説明によって明らかにしようとする心理学的研究の全面的な解釈を何ひとつ支持しません。また，とらえどころのない拒食症の遺伝子（おそらく，もっととらえどころのないアルコール遺伝子の陰に隠れているのでしょうが）を見つけようとする百万ドルの研究プロジェクトも，受け入れるつもりはありません。ナラティヴの実践者から見れば，人と拒食症との関係は，コミュニティ・ディスコースの中で，社会・政治・文化の領域内に位置づけられているのです（Madigan & Goldner, 1998）。

ナラティヴ・セラピーの見方からすると，拒食症とは，一面で，ポスト資本主義が産み出した身体の政治力学に対する反応とみなすこともできます（Bordo, 1989, 1993）。言い換えれば，人と拒食症との関係は，その人が今生きている文化からの要求に対する反応方法のひとつでもあるのです（Diamond & Quinby, 1988）。身体を通して反応した，この特有な関係的表現は，文化や，ジェンダーに寄せられる社会的な期待，そして女性に（今や多くの男性にも）課せられる完璧さへの要請に対する応答，とみなすことができるのです。

ナラティヴ・セラピーでは，拒食症を私的に分離された人の身体の内側にではなく，ディスコースの文化の内に位置づけます。ナラティヴ・セラピストは，拒食症をめぐる一般的なコミュニティ・ディスコースに疑問を投げかけ，影響を受けた女性の身体の内側に位置づけられる病理としての拒食症を，メンタルヘルスが，どのように，そしてどのような手段を用いてつくり上げていくのか，という過程につい

第3章 理論

て検討していくのです。ナラティヴ・セラピーでは，人が独力で，拒食症に関連する行為をつくり上げているのではない，という考え方を支持しています。またこのことは，拒食症による情緒的，医学的，そして経済的な重荷を，それに苦しんでいる人の背中にだけ負わせるべきではない，という信念につながるのです（Dickerson & Zimmerman, 1992; Madigan & Goldner, 1998）。

　拒食症という問題が明らかに共関係的に社会的に形成されているにもかかわらず，摂食障害に苦しんでいる人々の治療として広く行きわたっているのは，食べ物との個人的な関係に焦点をあてた治療（Shariとの私信, 2003,「バンクーバー・アンチ拒食症／過食症リーグ（Grieves, 1998; Madigan, 1996; Madigan & Goldner, 1998）」）と，個人のメンタルヘルスについて専門家が述べたことに焦点をあてた治療（Gremillion, 2003）です。摂食障害の治療に影響を与えているこれらの専門家の支配的な考えは，たとえ，専門家のディスコースが，文脈に基づいた説明や，あるいは，拒食症を支えるディスコース・コミュニティに向けての探求から主体を切り離したとしても，拒食症をめぐるコミュニティのディスコースを通じて支持されてしまうのです。

　この路線に沿った治療にさらされることによって，痩せていることがよいとする文化的な制圧や，身体に常に向けられている監視，完ぺきとなるための訓練，ジェンダーの役割を担う訓練，そして，なぜこれほど多くの人々が，自分は他の人よりも価値がない，自己を制御できない，期待に応えられない存在だと感じているか，などについて，広く探求していくための時間が，たとえわずかでも，人々には与えられなくなるのです（Epstonとの私信, 1991）。

  ## 虹のようなディスコース

　ディスコース，ポスト構造主義，アイデンティティの政治学についての若干の知識を元に，ナラティヴ・セラピストは，治療場面を形づくる関係的対話とディスコースの影響との間で活動します。自分はだれで，みずからの人生をいかに営んでいくかということに，ディスコースは大きな影響を与えるため（Gergen, 1989, 2009），セラピストは，中立的な会話の場面で，1人の個人あるいは一家族と，ただ単に会話をすることはできないのです（Madigan, 1996, 2007, 2008; Nylund, 2002a, 2003）。

クライエントが，自分自身やその文化，そして他者との関係の中で，自分がだれなのかについてなんらかの考えをもつのを助けるさまざまなディスコースとの会話に（そのすぐ側にある似通った，あるいは異なったディスコースもともに），セラピストは取り組むのです（White, 1991）。したがって，私たちは，相談室に来た人と2人きりでいることにはけっしてなりません。なぜなら私たち（クライエントとセラピスト）には，多くの流動的なディスコースがしっかりとしがみついて生息しているからです。

　この点をさらに説明するには，私たちが虹を見たときのことを思い起こしてみるとよいかもしれません。素人の目からすれば，虹は，回帰的な関係を通じて直接的に影響を受けているすべての色，光，空間の関係性における複合体なのです。もっと単純に言えば，ある特定の文脈内においては，あらゆるものが他のすべてのものに影響を与えているということです。

　この複雑な相互作用システムにもかかわらず，私たちは空を見上げて「あの虹の素敵な緑色を見てごらん」と言い続けています。私たちはそのとき，緑の帯だけを見ていると信じていますが，実際は，色のスペクトラムのにじみ（青と黄が緑に与える影響），環境汚染の状況，虹に対する自分の身体位置，そして虹や色などについて社会的に構成されたものとの相互作用を通して，虹の緑色を見ているのです。

　空間に緑色を固定することによって，私たちは，物理的および構成的文脈から影響を受けない単独の色という幻想をつくり出します。しかし，私たちは本当のところ緑色は見ていないのです。関係するスペクトラムから緑色を分離するというぜいたくを，自分自身や他者に一時的に許しているだけで，色の前後関係におけるにじみしか見ていないのです。この虹のメタファーを心理療法における特定の問題（たとえば，ジョニー少年の学校に対する過度の心配性）に照らし合わせて見ると，セラピストが，虹の中に緑色を見ていると信じていたのと同じ方法で，問題の詳細をつくり上げていることにとらわれてしまっているかもしれない，ということが理解できます。心配性という問題をめぐって，特有の臨床的立場を取ることは，モダニスト的であるとはいえ，実は，一般的な実践方法に合わせているということなのです。

　緑色を見るというモダニストの姿勢にある困難さは，緑を，虹とそれを取り巻く環境の文脈に戻すのを忘れてしまうことです。したがって，過度の心配性のジョニー少年は，しばしば孤立した紙きれ（Goffman, 1961）のように扱われ，関係性や，言語，政治的状況や体験の文脈から切り離されてしまうのです。多くの「ジョ

ニー」のような心配性の例とかかわる中で，彼らが私を訪れるまでどのように扱われていたかということについて，次のようなことに気づかされたのです。ジョニーの身体は，ADD あるいは ADHD という個人的な病理として広く受け入れられている信条に従って，問題とともに専門的に読解され，刻み込まれ，個人的なものとしてレッテルを貼られているのです。ADD あるいは ADHD という立証されていない理論や，その過度な使用（Breggin, 1994; Nylund, 2000, 2002b），そしてその結果生じる数百万にも及ぶ「ジョニー」の身体に送り込まれる化学的な抑制剤は，セラピストが虹の文脈から分離された緑色しか見ていない例として，これ以上のものはないでしょう。

教育行政，学校評議基金，両親の仕事のスケジュール，鍵っ子，すし詰め教室，安い給与の教員，増大する校内暴力と恐怖感，砂糖ベースの食生活，睡眠と運動不足やその他諸々の，より大きな関係の文脈こそ，ジョニーの文脈の虹を考慮するうえで価値のあるものなのです。

「現実」を構成すること

脱構築主義者であるフランスのジャック・デリダは，話し手というものは，すでにある枠組みや既知の事柄からしか発語できない，と述べています（Derrida, 1991）。言い換えれば，私たちの発言は，さまざまな前提を足場として形づくられているのです（Madigan, 1991a）。つまり，私たちがみずからの生きた経験を通して知り得ることは，コミュニティのディスコースにおける文化の織模様を通して形づくられるのです。たとえば，精神医学，心理学，社会福祉学などの教育機関や，認知行動療法あるいは精神力動療法などの理論で訓練を受けたセラピストは，その枠組みの中で問題，家族，夫婦そして個人に対応し，それを語る方法によって，形づくられているのです。

私たちは自分の影を超えることはできない，とハンス＝ゲオルグ・ガーダマーは書いています（Moules, 2007）。彼によれば，人々は，過去や伝統，そして祖先と連綿と続く織り糸で結び合わされているのです。このことは，認識論的に探求できるものではありません。なぜならば，私たちはみな歴史的存在であり，他の人々から託された伝統を引き継いで生きているからです。私たちは多くの異なった方法で伝統を継承しているのですが，それでもなお伝統は，自分はだれか，そして自分の

人生をどのように形づくり，生きていくか，ということの源泉となっているのです。この歴史のこだまは，私たちを過去と，そして現在における新たなあり方の双方向へと，あるときは何気なく，あるときは意図的にいざなっていくのです。私たちの生きる世界は，過去に退くと同時に，未来に進んでいくものです。そのため，歴史に対抗するのではなく，歴史を記憶し，回想し，思い起こす必要があります。伝統の在処は，過去から架かっている橋のようなものではありません。私たちは伝統の中に生きているからです（Moules, 2007）。

したがって，セラピストの一つひとつのすべての出会いは，セラピスト自身の人生に付随するもの（たとえば，家族，学校，国，文化，人種，階層，性別，ジェンダー）の影響下にあるのです。私たちは，自分たちが身につけてきた関係的な諸前提の細部を変えることはできても，歴史や伝統からの前提を振り切って，その制約から完全に逃れることはできないのです（Bateson, 1979; Watzlawick, 1984）。位置づけられた知が，私たちの治療的会話の中の言語的意味に影響を及ぼすように，セラピストとして位置づけられた知へと私たちを差し向けるのは，解釈者による解釈の方策なのです。たとえば，マイケル・ホワイトが共同構築した「ずる賢いウンチ（スニーキー・プー）」とは何か，そして，この共同構築がクライエントや，その過程を見学するセラピストにとって意味するものは，まったく異なったものなのです。

ナラティヴ・セラピーは，問題の所在を人，文化，ディスコース，権力が互いに関係し合う行為の内に位置づけるので，問題は人の身体の内側には位置づけられません。問題に対するナラティヴ・アプローチは，不動産売買における一大原則である「立地条件」という用語と同一構造をなしています。ナラティヴ・セラピストが問題を個人の身体の内側に組み込んでしまわないようにポスト構造主義の立場を取るとき，人と問題，そして治療的取り組みは，まったく異なった関係性を表わすようになるのです。

エプストンとホワイトによる人を問題から分離すること（Epston, 1988）は，けっしてささいなことではなく，クライエントとセラピストをこの150年あまりの「科学」的心理学という領域から外に引きずり出すパラダイムシフトなのです。たとえば，私たちが大学院で教えられたもののほとんどは，メンタルヘルスに関する分野で読み，話し，実践してきたものと同様に，自己と問題の所在を人々の身体の内側に位置づけるような，個人主義的視点による考え方であるからです（Madigan, 1999）。ジョネラ・バードは，「関係的会話とは，人（クライエント）と関係する事物の状況が何であったのか，あるいはその状況の中で何が主観的に把握されてきた

のかについて(たとえば,その人に属するものとして概念化された特質,思考,感情,経験など)を,言語的に動かすことができる」と述べています(Bird, 2000, p.43)。

関係的な言語の使い方の信条を尊重する治療的な行為は,個人的な自己から離れ,常に関係性内にある自己へと焦点を移します(Caplan, 1984)。したがって,私たちが知っている「私」は,けっして単体で存在するものではありません。「私」は関係づけられ,その関係性の中で理解され,体験され,そして位置づけられているのです[★33]。

ディスコースによるアイデンティティ

フェミニストのジル・ジョンストンは,アイデンティティとは「あなたはこういう人になれる,と人々から言われたことに応じて,自分は,こういう人間なのだと言うことである」(Foucault, 1989, p.71)と述べています。彼女のいうアイデンティティとは,内省によって自在に創造される産物でもなければ,私的な自己の内面がそのまま映し出されたものでもありません(Spivak, 1996)。アイデンティティに関する西欧の支配的な解釈は,制度,ディスコース,そして文書による科学的な記録を通じて維持され形成されている,自由で個人主義的な枠組みに大幅に基づいているのです(Law & Madigan, 1994)。

17世紀以来,科学は身体の研究を思いのままにしてきました。精神医学,心理学,そしてソーシャルワークや家族療法などの他の対人援助は,みずからをこの科学的なプロジェクトに融合させ,その所有権の一部を自分たちのものとしてきたのです。これらの(疑似)科学の領域が身体についての「肩書き」を得るためには,(適切な方法論と技術に裏づけられることによって)身体のもつ意味が,資格をもつ専門家にとってはまったく明白で利用可能であり,一方クライエントや,他の人々を支

[★33] このパラダイムシフトについてさらに理解を深めるうえで,英国から米国に移住した学者であるグレゴリー・ベイトソンが好んで口にした「差異を生む差異」のように,ナラティヴにおける差異を受け入れることが重要となります。差異を発見する旅に出るための準備をしようと思うのであれば,大学院や専門的実践においてすでに学んだ「比較対照」する見方をいったん保留にすることが賢明でしょう。あなたが本書を読んでいる最中に,たとえば,「おや,ここは,スミス教授が認知行動療法について講義したことと似ている」とか,「動機づけ面接技法について訓練を受けたこととピッタリだ」といったことを思いついたとしたら,そのときは,私たちが旅をしているポスト構造主義の領域から離れてしまっているということに気づく必要があるのです。

援するコミュニティにとっては，適度に不明瞭であることが必要となります

　ナラティヴ・セラピーの観点からすると，アイデンティティという概念は，文化的であり，対話的であり，多所的，多声的，文脈的，そして，関係的なものなのです。ナラティヴ・セラピーではアイデンティティを，「その人自身のもの」としてみなすことはしません。つまり，自我を内包し，啓蒙主義の創作物や生産物として特徴づけられ，ひとつの統合された根源的な主要原則を探し求めることによって特徴づけられているアイデンティティのことです。ナラティヴの実践が支持するもうひとつの見方は，いかなるアイデンティティも，他のアイデンティティとの関係内で構築されるのであるということです。そのため，「自我の斉一性」を構成するなんらかの関係性を考慮することなしに，何事もそれ自体になることはできないのです（Sampson, 1993）。

　ナラティヴの実践は，アイデンティティが，特別な関心を維持する媒体である，支配的な社会秩序によって構成される，特定の対話とイデオロギーの枠組みの内でつくり上げられるという考えにそって組み立てられています（Gergen & Gergen, 1984）。たとえば，女性のアイデンティティと身分をめぐる，独特の，長年にわたる宗教的な概念は，生活の社会秩序の中で，支配的な男性グループが保持していた信条と関心を支えていることを示しています。このことによって，女性は，男性支配によって構成されたみずからのアイデンティティを受け入れ，実践するのです。そして，それに抵抗しようものなら，文化的な代償を支払うことになります（Caplan, 1995）。たとえば，数百年前，何万人という女性たちが，カトリック教会を組織している，性的に純潔な男性を誘惑する悪魔とみなされました。女性が魔女に仕立てあげられ，教会の命令の遂行者によって，さまざまな凶悪な方法で殺されたときに，その脅威は実際の意味をもって遂行されたことになったのです。

　アイデンティティと，アイデンティティの記憶は，その起源と，それがほのめかすことの両方において，きわめて政治的なものです（Madigan, 1993a, 1993b, 1996）。私たちに割り当てられ，取り決められた自身（Tommとの私信, 1986）と，私たちがふつうに自覚している自身とは，文化的・制度的な規範によって影響を受け，それらによって再生産されているのです。このアイデンティティとディスコースのコミュニティに貢献するメンバーとして，これらの支配的な規範（共同体の一員かどうか，正常か異常か，その資格があるかないか，立派な市民，両親，勤労者，恋人として受け入れられているかどうか，など）の関係的な政治力学の内で，自分自身を経験していくことになるのです。

第3章 理論

　ポスト構造主義者は，ポスト人文主義者の基本的な考え方と，アイデンティティをめぐる脱中心的な見方を支持しています（Butler, 1997; Hoagwood, 1993; Huyssen, 1990）。この立場は，変わることのない自立した人間，（問題をめぐる対話の，あるいは別の）原作者，あるいは，自己の構成要素となる特定の事実，といった本質主義者の心理学的な見解を揺さぶるのです（Spivak, 1996）。

　今世紀の変わり目に登場したロシアの心理学者であるヴィゴツキーによれば（Daniels, Cole, & Wertsch, 2007），すべての高次の心的過程は，二度にわたって存在します。最初は，文化と歴史に影響を受けた関連する集団内に存在し，次に個人の内部に存在します。したがって，人間の発達は，個人の成熟と同じ度合いでその人の対人関係に依存しているのです★34。ヴィゴツキーは，1920年代後半から1930年代前半においてすでに，あらゆる学習は社会的なものであると論じていました。彼の理論は，今日の子どもの発達に関する支配的な理論と，（ピアジェに代表される発達理論との差異を述べて）真っ向から対立するものでした。ヴィゴツキーの有名な一節を紹介します（Vygotsky, 1978）。

> 子どもの文化的な発達におけるあらゆる作用は2つの段階を踏んで現れる。まず，社会的なレベルにおいて，引き続いて，個人のレベルにおいてである。すなわち，まず人々の間（相互心理的）で，それから子どもの内側（内部心理的）に現れる。このことは，自発的に注意を払うこと，論理的に記憶すること，そして概念の形成にも等しく適用される。あらゆる高次機能は，個人と個人の間の実際の関係性によって発生するのである。　　　　　　　　　　（p.57）

　1930年代初頭，ロシアの心理学者で言語学者であるミハエル・バフチンは，私たちはお互いのアイデンティティに対する直接の貢献者である，と述べています。バフチンは，自己を関係的にとらえる見方を次のように述べています。「自分では見ることのできない（理解し，活用することもできない）自己というものは，他者がこの私をどう見ているかという明確な領域に近づくことによって，見ることも，理解し利用することもできるようになるのだ。完全なカテゴリーとして，私についての他者のイメージから利用してつくった，さもなければ見ることも理解することも，

★34　ヴィゴツキーは，（既知でなじみ深いことと，これから知ることができることとの）溝を超えるために，人々に提供する治療的会話の場所を，「最近接発達領域」とよんでいた，とマイケル・ホワイトは述べています（Whiteとの私信, 2004）。

利用することもできない自己をまとうことによって，自分が見ることができ，理解し，使えるものとしての自己を手に入れるのである」(Clark & Holquist, 1984, p.94)。バフチンの信念とは，個人の自己を構成するうえで，他者が中心的な役割を果たすというものです。そして，他者との持続的な関係がない限り，私たちの自己は見ることも，理解することも，使うこともできません。社会的な状況で機能することができるように，他者は私たちの自己の意味や解釈を提供してくれるのです(Liapunov & Holquist, 1993)。私たちが自分自身についてもつ知識は，社会的実践，つまり他者の反応との相互作用，対話や会話というものの中で，または，それらを通じて現れるものなのです★35。

バフチンは次のように書いています。

> 私たちは，自分が現在かかわっている他者から，どのような反応があるかを予測することで，自分たちの行動（表現しうる資質）を取り扱おうとするのである。これらの他者とは，現在かかわっている者も含む想像上の他者，または自分の体験や文化的物語の中の人物を含む歴史的な他者，そして，あるコミュニティがメンバーの認識や解釈を体系化し，それを通して他者からの反応を自分に投影する際に使う言語形式に表れるような一般的な他者，などである。
> 　　　　　　　　　　　　　　　　　　　　　　　　　(Sampson, 1993, p.106)

このようにして私たちは，浮かび上がってくるアイデンティティに対して，お互いに等しく貢献しているのです。

この観点からすると，人々が遭遇する問題は，個人の主権下にではなく，対話的な文脈の内に位置づけることができます。ナラティヴ・セラピーの実践様式では，人生における問題がしみ込んだストーリーは，無視されたディスコースにしばしば見いだされる，より好ましく，代わりとなる，または従属的なストーリーを犠牲にして，その支配権を得たものである，とみなされるのです。この無視されたディスコースとは，主導的な文化的物語として認められた支配的ディスコースによって，しばしば価値のないものとされたり，「見えなく」させられた知と実践の，ひとつの様式なのです（Spivak, 1996）。これらを従属させ，標準化する物語の例としては，

★35　これらの相互作用は，私たちを受動的にさせるものでもなければ，なんらの意図のレトリックも含まないディスコースでもないのです（Billig, 1990; Sampson, 1993）。

資本主義，共産主義，精神医学・心理学，父権制，キリスト教，異性愛主義★36，そしてヨーロッパ中心主義などがあげられます。

そのうえ，健康／不健康，正常／異常，機能正常／機能不全のような，一般的に受け入れられている二元的な描写は，人々の生きた経験の複雑さを無視し，特定の文脈の中での経験に見いだされる個人的・文化的な意味も同様に無視するものです（Foucault, 1965, 1994a, 1994b; Madigan, 1992, 1996, 2007; Madigan & Law, 1998; Nylund, 2007b; Nylund, Tilsen, & Grieves, 2007; Tilsen & Nylund, 2008, 2009を参照のこと）。

> 多くの心理療法のサービスの中心をなすものは，クライエントがどのような人物であるかについて名称を与え，それを記述する実践を通して，クライエントの人生とその関係を文章化していく二元的過程である。私たちがどのように，そして何を認識し，文章化するかは，一連の組織的，政治的，経済的構造を通してまとめられるのだ。　　　　　　　　　　　　（Madigan, 2008, p.89）

私たちの文化において支配的な人文主義的心理学の動きの中心となるのは，自己決定，および自己の卓越した独立性を通しての成長，という考え方です（Spivak, 1996）。フーコーは，これを実現することはむずかしいと述べています。なぜなら，私たちが食べることから着ること，そして働くことまでのあらゆる行為は，広く行きわたっている規範的な文化のディスコースに結びつけられ，影響を受けているからです。

人文主義に寄せられる同様の批判の中で，ナラティヴ・セラピストのマイケル・ホワイトは，治療文化において識別されている自己という，人文主義者的概念を支えている本質主義にはあきらかに「限界」があると考えています（White, 2007）。ナラティヴ・セラピーの実践は，「心理学的解放のディスコース」を含めて「構造主義者・人文主義者的心理学的実践の再生利用」とは考えていないと，ホワイトは述べています（White, 1997, 2004, 2007）。ナラティヴ・セラピーは，「『本当の自分

★36　異性愛主義とは，次のようなことを示したり，ほのめかす，ライフスタイルをめぐる一連の規範を示す用語です。(a) 人生の自然な役割によって，人々は，2つの明確に異なる，相補的な性（男性と女性）のいずれかにだけあてはまる，ということ，(b) 異性愛だけが正常な性的指向であり，よって異なる性別間の性関係と婚姻関係だけが適正なものであるとすることです。その結果，異性愛主義の見方は，生物学的性別，ジェンダー・アイデンティティ，そしてジェンダーによる役割をジェンダーの二元性に適合させようと働きかけるものです。

になる』ことができるように抑圧に挑戦し，それを覆すのを支援したり，真の自分の描写を提供するために人々を支援するようなアプローチ」ではない，と主張しています（White, 1997, p.217）。ナラティヴ・セラピーは，多様な視点から，自分自身と問題を見るための関係性の文脈を提供するのです。

　ナラティヴ・セラピーは，人を問題のアイデンティティの内に固定されたものとしてみるのではなく，文化的につくり上げられ構成された自己の政治と権力内に存在するものとして，人のアイデンティティを見るのです（Foucault, 1973, 1977; White との私信，2004）。たとえば，生活保護を受け，3歳にもならない2人の子どもを1人で育てている有色の女性が，不安があるとして，ソーシャルワーカーから心理療法を受けるように勧められて来たとしても，彼女がどのようにすれば自分を改善し，不安を止められるか，ということが話の焦点にはなりません。この女性のケースにおいて，ジェンダー，人種，そして貧困の政治学を含まない問題について話さなければ，それは非倫理的であるとナラティヴ・セラピーではみなすのです。

　将来，ナラティヴ・セラピーに影響を及ぼすような，新しい発展的な理論的課題や社会運動が多く登場するかもしれません。ナラティヴ・セラピーが発展していくとしても，反個人主義，権力関係と構造的な不平等への配慮，無視された場所での声を聞き取ること，そして，人々がどのように文化に反応するのかの驚きと想像を認めることのような，心理療法の実践に関するいくつかの考え方は残るでしょう（Tilsen & Nylund, 2009）。

　　本章の一部は，筆者が「治療的会話カンファレンス」におけるワークショップで使
　　用するために作成した資料から抜粋あるいは改変したものです。

第4章 セラピーの経過

> 現代社会における真の政治的任務とは、中立かつ独立して存在するかのように見える制度の働きを批判することである。つまり、制度を通して隠蔽された政治的暴力が白日の下にさらされるような方法で、批判し攻撃することである。そうすれば、人々は制度に対抗することができる。
>
> ——Michel Foucault（*The Chomsky-Foucault Debate: On Human Nature*）

　サンディエゴ州立大学名誉教授であり、女性研究で知られるオリヴァ・エスピン（Espin, 1995）は、伝統的な形式によるセラピーのほとんどが、おもに本質主義と科学的に規定された障害の治療とを基盤とする産物だと批判しています（Espin, 1995）。エスピンが指摘したのは、白人を標準とする行動規範に沿えないという理由の元に病理化してきたとして、モダニスト的あるいは科学的セラピーが有色人種であるクライエントには、ことに有害であったと指摘しました（Nylund, 2006a）。エスピンは、セラピストたちが、しばしば人種差別となるディスコースを無意識に再生産していると述べています。

> 社会構成主義者のパラダイムは、心理学的特徴を社会的および歴史的過程の産物としてとらえており、特定の集団における生来的で本質的な特徴とは考えていない。その点で、心理学で受け入れられている伝統的なパラダイムよりも、多様性の研究においてより生産的なアプローチといえる。
>
> （Espin, 1995, pp.132-133）

ホワイトとエプストンによると，セラピストたちは，「人々を支配的なイデオロギーに屈服させようとする手法に抵抗し，絶えず挑戦する責務があるという意味で，政治的活動から逃れられない」のです (White & Epston, 1990, p.29)。ナラティヴ・セラピストのデイヴィッド・ナイランド (Nylund, 2006a) も，セラピストは権力と知の領域において生産活動を行い，社会制御システム内において機能していることを自覚すべきだと指摘しています。

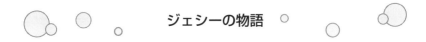

ジェシーの物語

　私は，11歳のアフリカ系アメリカ人の少年，ジェシーにシカゴで会いました。それは，ナラティヴ・セラピーのコンサルテーションと実演，それに，トレーニングビデオ作成をかねてのことでした（地理的な事情から，ジェシー，それにアフリカ系アメリカ人の母親とのセラピー面接は一度限りでした）。面接前に私が聞いたのは，ジェシーが最近，クラスの同級生である白人の男の子に暴力を振るったために停学処分になったことでした (Carlson & Kjos, 1999)。校長，同級生の親，カウンセラーは，彼を法廷に送ることに同意しました。そして，法廷は，ジェシーが怒りを管理できるようにセラピーを受けることを命じました。ジェシーと母親によれば，停学とセラピーという処分は不公平なものでした。なぜなら，最初に手を出したのは実は白人の男の子のほうであり，2人ともお互いの行為を「ケガをさせるための暴力」とは考えていなかったからです。白人の同級生は停学を免れ，当事者の一方として処罰を受けることもありせんでした。

　ジェシーは，未成年者裁判制度によりカウンセリング送致となりました。私は，母親に対して，私のところに来ることになった理由を尋ねました。彼女は，「ジェシーにカウンセリングが必要とは思わないけれど，よいお話ができるのなら」と答えてくれました。会話が進むにつれて，母親は，「こぶし」を交えた白人同級生の母親からの訴えによって，息子のジェシーが法廷に送られたことを打ち明けました。ジェシーの説明によると，例の件は「ケガさせるための暴力」というより，「ふざけた叩き合い」だったらしいのです。2人は，ふざけ合いの後，トイレからクラスにもどり，一緒に笑い合ったということでした。

　面接がさらに進むと，ジェシーの母親は，息子が停学処分になっただけでなく，法廷に行くことになり，1年間の保護観察処分を受け，40時間の地域奉仕活動が義

務づけられ，300ドルの罰金を課せられたと話しました。母親が言うには，「白人裁判官は，まるでジェシーのことをお見通しであるかのように裁いた」のでした。

法廷での手続き後，白人同級生の母親は「厳しい」判決に驚き，ジェシーの母親に謝りました。白人の母親がジェシーを訴えたのは，ジェシーに「軽い懲らしめ」があるだろう位の予想だったようです。ジェシーがもしも白人であれば，その母親が予想した通りの法的処分となり，彼女は謝らないですんだかもしれません。ジェシーの母親は，法廷において万人が平等に裁かれるというわけではないという辛い教訓を，他の生徒の母親も学んでほしいと述べました。このような理解がなかったためにジェシーは，内在化された人種差別の立場に「無自覚な」白人の母親の手によって難を被ったのでした。

1時間の面談を通して，私が関心をもった点は，人種差別という問題が及ぼす影響，つまり，ジェシーがどのように理解され，その結果，どのように処遇されたのかということでした。私の見解では，ジェシーは怒りの管理のためのカウンセリングの必要はありませんでした（私は，怒りの管理のためのカウンセリングを行う術を知らないし，関心もないので，それはそれで好都合でした）。別の選択肢として私は，内在化された人種差別というトピックにまつわるナラティヴ・セラピーの質問を行うことによって，ジェシーの苦難を定義づけ，理解し，説明可能な方法を探ることにしました。私には面談の場面での権力と特権が与えられていたので，ジェシーの母親が安全を感じながら対話できるよう，自分の責任のもとにこの人種問題を取り上げることにしました（K. Hardyとの私信，2004）。私たちのさまざまな会話から，その断片を提示してみましょう。

マディガン：（ジェシーの母親のほうを向きながら）人種の違いは，ジェシーの裁判に影響したと思いますか？
母親：そう思うわ。白人の少年だったら，白人の少年らしく扱われたでしょうから。でも，2人とも白人の少年だったら，法廷は関係なかったでしょうけど。
マディガン：つまり，ジェシーの相手が白人の子どもだったからと言いたいのですね。
母親：そうね。でも，彼は悪い子じゃないの。それでも，親がだれであるか，子どもたちがだれであるかってことが影響したのはまちがいないわ。
マディガン：1人の母親として，肌の色の違いで処分が変わってしまうような法的システムや教育システムに，ジェシーが巻き込まれていることをどう思いますか？

母親:それは,いやですよ。
マディガン:最もいやだと思うのは,どのような点でしょう?
母親:ええ,先ほどもお話しましたが,この新しい学校は,黒人の子どもたちへの接し方に慣れていません。ですから,黒人の子どもたちは,本当に注意深くしないといけないのです。

　会話はさらに続き,私は,アフリカ系アメリカ人の若者を偏った存在とみなし,行為障害とし,犯罪的であるとみなす人種差別の社会的実践を脱構築し始めました。

マディガン:(母親に尋ねて)トラブル(問題を関係的に外在化したもの)は,学校でアフリカ系アメリカ人の子どもたちをすばやく見つけ,とらえてしまうのですか? そのことで,不公平なことに,彼らは,学校において白人の子どもたちよりも,困った評判を高めてしまうのですか?
母親:ええ,そう思います。
マディガン:(セッションの後半で)最後に話しておきたいことはありますか?
母親:正直,このような話になるとは思っていなかったわ。でも,これが真のストーリーです。
マディガン:私は,あなたのストーリーを信じています。できるだけあなたのストーリーを支持したいと思っています。このストーリーが継続していることは,とても悲しいことですね。
母親:ええ,そうです。
マディガン:強調しておきたいのは,私も1人の人間として,ここであなたとお話をしているということです。1人の白人としての発言というわけですね。あなたとお会いできて,このストーリーを共有できて,とても感謝しています。
母親:ええ,私も感謝しています。

　面接後に,私は学校長に向けて手紙を書きました。それは,ジェシーの学校やカウンセラー,そして司法システムによって受けた扱いに対する私の疑問と懸念を綴ったものでした(書類4.1)。私のいちばんの心配は,ジェシーがどのような形で危険で粗暴な生徒としてファイルに記録されてしまうか,にありました。なぜなら,このファイルは,彼をフォローする役割だけでなく,彼の評判,将来における社会参加,学歴に対して,長期にわたるネガティヴな影響を与えるかもしれないからです。

書類4.1　学校長に宛てた手紙

学校長殿

　私はスティーヴン・マディガンといいます。私は家族療法家で，先週，あなたの学校の生徒であるジェシー，それにジェシーの母親とお話しするという喜ばしい機会がありました。

　この手紙を書く理由は，例の出来事への学校の関与について私の懸念をお伝えしたいからです。昨年秋に起きたことは，ジェシーがよい生徒であり，友人であり，息子であるということを理解する機会となりました。ジェシーが怒りを管理する治療を受ける必要がないことは，最初から明白です。

　私の主要な懸念は，学校生活におけるジェシーの生徒としての今後の評判です。私は，法廷が彼に与えた不良としての評価は不的確であり，この不的確な評価が彼の学校ファイルに書き込まれることを気遣っています。このことを恐れる理由は，ジェシーが告訴され，保護観察処分となり，高額の罰金を支払い，40時間の地域奉仕作業に処せられたと記録されることにあります。私が心配するのは，ジェシーについてのネガティヴな文書が，ジェシーと担任の先生や同級生，そして，管理職である校長先生との関係上に否定的な影響を及ぼすことです。また，私は，このネガティヴな評価が，ジェシーの自分自身に対する見方にも影響するのではないかと心配しています。

　校長先生なら，生徒が悪い評価を生き抜いていくことのむずかしさはご存じでしょう。ジェシーは，彼が受けた厳しい処罰や罰金に値するようなことはしていません。私は，人種や社会的地位，そして階級といった他の要因が彼の処分に影響したと考えています。

　この件について，校長先生と直接お話しできれば幸いに存じます。

　　　　　　　　　　　　　　親愛を込めて
　　　　　　　　　　　　　　スティーヴン・マディガン　MSW, MSc, PhD

　また私はこの面接後，時間をとって，ジェシーの所属するコミュニティ・メンバーを活用することにしました。治療的手紙をメンバーに送付して，ジェシーがどのような人物なのか，それぞれに語ってもらおうかと思ったのです（書類4.2を参照）。この手紙をメンバー宛に書くことで，ジェシーがよい少年であるという評価を支持する対抗ファイルの誕生を期待してのことでした。

書類4.2　ジェシーの支援グループに宛てた手紙

　こんにちは。私の名前はスティーヴン・マディガンです。私は，ジェシーと，彼の母親にかかわっている家族療法家です。この手紙は，ジェシーが遭遇した不幸な法的処分に関する考えをめぐって，支援と共有をお願いするものです。

　ジェシーと母親が未成年裁判システムによって私に送致されたのは，怒りを管理するカウンセリングを受けるためのものでした。しかしすぐに明らかになったのは，恐ろしい誤解がジェシーの身に降りかかり，その結果，良き生徒であり，良き友であり，良き息子であるという彼の努力に対する評価はあやうくなったということでした。

　ジェシーと相手の生徒が認めている「叩き合いごっこ」のために，ジェシーが法廷に送られたことは知っていますか？　そのため，彼は高額な罰金を支払い，保護観察処分となり，地域奉仕作業を何時間も行うことになりました。相手の白人同級生の母親が，ジェシーの出廷のことで，謝ったのを知っていますか？　ジェシーが「軽い懲らしめ」ですむと思っていたからです。裁判官は，ジェシーの母親によれば「まるでジェシーのことをお見通しであるかのように」処遇したことをご存じですか？

　ジェシーと母親が私に教えてくれたのは，学校が「アフリカ系アメリカ人の子どもたちを教室に受け入れることにまだ慣れていない」ことでした。これは何を意味するのでしょうか？　このことは，学校や法廷でのジェシーの処遇にどのような影響を及ぼしたと思いますか？

　私の心配は，この不幸な裁判の経験を通じて，ジェシーが粗暴で信頼できない悪い生徒だと永久にみなされてしまうことです。

　おそらくみなさまには理解していただけると思いますが，ジェシーは，学校と法廷が彼に与えた不良という評価には値しません。この手紙をさし上げるのはみなさま方の支援をお願いするためで，ジェシーが不良であるという評価に対抗して，本当は善良でまじめな少年であり，息子であり，友人であると証明していただきたいのです。

　よろしければ，ジェシーを支援するために，彼に代わって手紙を書いてください。みなさまが知っている実際のジェシーやジェシーに対する印象，ジェシーにとって好ましい未来を文書にしていただくことをお願いできますか。

　○○にいるジェシーに手紙を送ってくださってもかまいません。

　この件に関するみなさまのご協力に感謝します。

　感謝とともに。

スティーヴン，ジェシー，ジェシーの母親

ジェシーと母親の治療的ストーリー（書類4.3を参照）は，一般化され当然と考えられることを通して，問題が個人の中に刻み込まれるようすを描いています。つまり本ケースにおいて，ジェシーの評価や性格は，学校や親，裁判官や心理学，さらに保護観察システムによって流布されていきます。この手の心理的に「ブランド化する」活動は，ジェシーと家族をかなり過酷な状況に追いやります。しかし，人々がどのように構成されていくかをめぐって，より関係的で文脈的な考えを導入することによって，家族の苦痛を緩和することができるかもしれません。この11歳のアフリカ系アメリカ人の少年が描写され，規律を受け，罰せられた過程は，人々をめぐっての，一般的なコミュニティの支配的な考えと密接に関係しています。本ケースにおいては，アフリカ系アメリカ人の少年だったという点にあります。ジェシーに対するこのような考えは，支配的な考えや当然視された概念，そして，規律的尺度によって構成されていました。そしてそれは，彼のアイデンティティ像に刻み込まれていたのです。

　ナラティヴ・セラピーの実践は，人々がストーリーを通じて自分の人生を組織化するという概念を前提としています（よって，ナラティヴやテクスト・メタファーを使用します）。クライエントは，私たちのところへ相談に来て，ストーリーを通じて自分の人生を語ります（Dickerson, 2009）。クライエントが語るのは，問題や人間関係，あるいは病に対する自分なりの理解を，一連の出来事と考えを時間軸に沿って並べたストーリーとなります（J. Bruner, 1990）。人々は，なぜ自分たちがセラピーに来ることになったのか，自分たちの状況に関するどのような歴史を信じているのか，そして，その責任はだれにあるのか，あるいは何にあるのかについて語ることが多いものです。セラピーに来る決断をした場合，セラピーがなぜ必要なのかを裏づけるなんらかの有力な見解があり，この見解が，多くの場合人々自身と人々が置かれた状況の説明を大きく限定してしまっているのです。

　ナラティヴ・セラピーの実践は，自分たちが何者であるかという意味を，人々が生産しているという考えに基づいています。とりわけそれは，他者との関係において，自分たちが何者であるかということであり，それは有力な文化的集団によって形成されるであろう，対話的関係を通してのことです。自分たちの人生の中の，より色彩に富んだ場面を取り上げれば，クライエントのストーリーは，一流作家による物語と同様に，一連のキャラクターや「背景」ストーリーを生み出すでしょう。人々は，自分自身に関するストーリーを生き，ストーリーを構成しますが，今度はこうしたストーリーが生命を手に入れて，人々を構成し始めます（Bakhtin, 1986;

書類4.3 ジェシーと母親からの返信

次の手紙は，カウンセリング・セッションの4週間後に届いた手紙です。

スティーヴン先生

私たちに多くの支援をしてくださり，感謝しています。息子についての温かい手紙をたくさんいただきました。ジェシーは手紙を読み，気分がすっきりしました。私も同じです。

教会の牧師先生，友人，ソーシャルワーカー，それに近所の数名が，ジェシーの校長と担任の先生に会ってくれました。面談では，先日のジェシーの出来事に対して，全員が気の毒に思っていることがわかりました。校長先生がジェシーはよい子だといってくれたので，私たちは気分がすっきりしました。牧師先生は，校長先生に対して，裁判官に手紙を描くようすすめてくださいました。しかし，先のことはだれにもわかりません。

ジェシーはもう二度と学校で失敗しないと言いますし，担任の先生は彼にやさしく接してくれます。ジェシーは，4科目のテストで満点を取りました。ジェシーは，担任の先生が自分はみんなよりも頭がよいと思ってくれると自慢していました。

私たちの法廷費用までお支払いいただいてありがとうございます。

またお会いできることを願っています。

ジェシー自慢の母より！

J. Bruner, 1991; K. Gergen, 2009; Parker, 2008; White, 1995a)。たとえば，周辺化された集団に所属する若者に市民失格というメッセージが与えられたとしたら，その若者は，有力な文化的集団によって規定される自分は何者なのか，という支配的で決定的な見方の中で，どのように生きていくのでしょうか（K. Hardyとの私信，1988; Tilsen & Nylund, 2009，さらにHardy, 2004; White, 1987, 1988も参照のこと）。

ナラティヴ・セラピストは，次のような確固たる信念をもっています。それは，セラピーに来る人たちが，セラピーでよく登場する問題中心的な欠陥アイデンティティという結論を，1人で全部背負う必要はないということです。たとえば，（「正常な」幼児とみなされる行動から）「まったくズレている」子どもをもつ母親は，自分がどこかで誤ったせいだと思うでしょう。私たちの文化では，それは母親の責

任とする考えが優勢であることと関係しています（Freeman, Epston, & Lobivits, 1997）。完璧な身体を求めて苦闘している少女は，自分は失敗者だと感じるでしょう（Dickerson, 2004）。子どもにあまり時間を割けない異性愛の会社従業員は，社会的に破綻していると感じるでしょう（Grigg との私信, 2007）。同性愛や両性愛の高校生は，恐ろしい秘密を抱き，恥の意識をもつことでしょう（Nylund & Tilsen との私信, 2006）。

　こうした人たちがセラピーで語るすでにでき上がったストーリーは，「自分自身の」問題における特定の「個人的な責任」や「固定化した」必死の願望に結びつくことが多いものです。集合的に生み出され，経験され，再生産される日常の問題に対する個人的な責任であるという，得体の知れない概念は，主流である文化の中の，関係性の文脈から切り離されているように思われます。

　個人が文化的な標準に達していないという考えは，（その人物が支配的な基準値の範囲内で生き抜いていくために）身につけてきたスキルや能力，信条や価値，参加度などを，いとも簡単に割り引いてしまいます。セラピストとクライエントがその話し合いの内容を，個人の問題のストーリーから離れ，始めの問題に基づいた本質的に異なる経験の抑圧から抜け出して（White, 2005），もっと豊かで多層的なナラティヴ（Geertz, 1983）へと進めていくことができるのは，この広範な幾重にも重なる文化的文脈の物語を，ともに書き上げていく過程の中においてなのです。

　ナラティヴ・セラピーの面談は，その個人の人生における自身の経験と行為に関するストーリー化された説明を基本とします（Nylund & Hoyt, 1997; White, 1987）。ナラティヴ・セラピストは，いわゆる分類化された行動には関心がありません。むしろ，行為と相互作用に関心を寄せるのです。つまり，クライエントの経験や反応，応答の行為と相互作用に注目します。ナラティヴ・セラピーの実践において，問題は人間関係や文脈，解釈的にとらえられ，支配的なディスコースや表現，あるいは，応答や文化的規範の中に位置づけられます。この相互作用が，ナラティヴの原理の基盤となっています。つまり，人は人であり，問題が問題であるという原理です。問題は独立して存在するのではなく，文化的に，文脈的に，そして人間関係の中に編み込まれているのです。

再著述する会話

　再著述する会話（White & Epston, 1990）[1]は，ナラティヴ・セラピーの実践における重要な概念のひとつです。再著述する会話によって，クライエントは，（語られる問題ストーリーによってしばしば隠蔽され）注目されることのなかったクライエントの人生上の領域と出来事のいくつかを洗い出すことができます。何とか達成できた成果や，成長が期待されるサバイバル技術，そして，寛容さや倫理観，そして親切さといったストーリーの外側に置かれた個人の特質も含まれることでしょう。これらは，支配的な問題のストーリーの語りによっては予測できなかったものであることが非常に多いのです。この語られないストーリーは，残念なことに，クライエントやクライエントのストーリーにかかわる専門家にも，問題のストーリーの陰で無視されてしまう場合があるのです。

　クライエントの人生において無視された出来事[2]は，再著述する会話とオルタナティヴ・ストーリーの筋書きの出発点として使用される例外やユニークな結果であると考えることができます。こうした会話は，クライエントが語りの中で自身を発見するストーリーに対する長期的な好奇心や理解を生み出すきっかけとなります。自分の人生や関係性についての，このようなオルタナティヴで，好ましくもある回想としての語りは，さらなる広がりをもった豊かな新しいストーリーを形成することでしょう（Hall, Mclean, & White, 1994）。

　ナラティヴ・セラピストは，ジェローム・ブルーナー（J. Bruner, 1990, 1991）のいう，行為の風景とアイデンティティの風景を参考にして，オルタナティヴな，あるいは，補足的なストーリーを拡張するように質問します[3]。行為の風景による質問は，個人の人生についての語りに登場する出来事に焦点を合わせ，出来事を時間軸に並べ，プロットの流れをつくります。この質問は，出来事や状況，順序や時間，そしてプロットを通じて組織化されていきます（Whiteとの私信，1991）。アイデンティティの風景による質問は，（ある部分においては）行為の風景による質問

---

[1] 再著述する会話に関する優れた資料は，マイケル・ホワイトの論文「人生の再著述：マイケル，ナラティヴ・セラピーを語る」を参照のこと（White, 1995b）。
[2] ユニークな結果に関するより深い議論は，ダリッチ出版によるエプストン（Epston, 1988）の論文集とホワイト（White, 1989）の論文精選を参照のこと。
[3] ブルーナーのアイデンティティの風景とアイデンティティ質問の風景に関するより深い議論は，ブルーナー（J. Bruner, 1990）とホワイト・エプストン（White & Epston, 1990）を参照のこと。

に対する応答によって描写される行為やその続き，さらには主題に関するクライエントの結論を明らかにします。さらに，この質問は，文化的アイデンティティ，意図的理解，学習や認識を問いただすような関連領域を明らかにするものです。

　まとめてみると，行為の風景による質問やアイデンティティの風景による質問は，出来事をめぐるクライエント自身の理解を通して，隠れた輝きやユニークな結果を発見するように聞き込みをするもので，それを通してクライエントはみずからの人生と関係を再著述することができるのです。セラピストは次の事項に関する説明を確実に手に入れることができます。つまり，問題のストーリーの生成に絡んだのはだれか，その人は問題の進展をどのように知ったか，問題の生命維持システムは何か，問題の影響により自身の人生および関係においてどのような喪失が起きたか，喪失に対して自身が気づいた対抗のすべてと，これらすべての出来事がそのストーリーを語る個人の中でどのような意味をもつか，といったことなどです[★4]。

　最初の治療的会話では，通常，セラピーに来る人は，ナラティヴ・セラピストとともに，二通りの描写を試みます。それは，(a) 問題のしみ込んだストーリーの流れ，(b)（脇に捨てられているが，たいていはより好ましい）問題のストーリーに対抗するオルタナティヴな筋書きです。この好奇心と質問による足場を踏み台にして，ナラティヴ・セラピストは，次の段階に進みます。(a) 行為の風景による質問。これは，一連の出来事を時間軸上に並べて，そのストーリーのだれ・何・場所を明らかにします。(b) アイデンティティの風景による質問。これは，現在の文化的アイデンティティの分類によって形成されるアイデンティティ的結論と，そのストーリーに対する個人的結論を導きます (J. Bruner, 1990; Winslade & Monk, 2007)。

　人々の人生ストーリー，そして，個人的アイデンティティは，心の風景を構成すると考えられます（Whiteとの私信，1992）。心の風景は，行為の風景とアイデンティティの風景を通じてつくり出されます。ナラティヴ・セラピーの質問を通じて，こうした心のオルタナティヴな風景は，豊かに描写され，再著述されるでしょう。

　再著述する会話は，こうした情報の中にある空白や詳細な解釈に注目することによって，クライエントのストーリーに対する感覚と理解を再活性化します。新しく集められた情報は，語られる問題の染み込んだストーリー内に変化をもたらすで

[★4] 治療的会話のカンファレンスにおけるマディガンによるワークショップの資料を参照のこと (http://www.therapeutic-conversation.com)。

しょう。質問は引き続き，クライエントの能力や希望，そして夢やコミットメントに関する，好ましいローカルな知識を含んだ文書を掘り起こしていきます。会話は，くり返し語られた退屈なストーリーから，新鮮で活気に満ちた語り直しへと移行するのです。つまり，能力やエイジェンシー，そして知を備えたストーリーの語りへと，です。

ナラティヴ・セラピーは，さまざまな風景を組み合わせながら，次のことに取り組みます。

■ ある個人の「知られた」，その結果「記憶された」問題アイデンティティが，時間経過の中でどのように影響を受け，形成され，維持されてきたかを質問します。
■ 社会秩序のどのような側面が，この記憶された問題の存続を支えてきたかを質問します。
■ 生きた経験のオルタナティヴな説明と経験が記憶されるのを妨げた，記憶された問題を存続させる文化的装置を位置づけます。
■ 文化的で専門家や問題の側から見た物語の外側で生きる個人のアイデンティティを探る，補足的なストーリーを再び思い起こすような質問を通じて，抵抗するためのオルタナティヴな立ち位置を決めます。
■ このような対話による空間が，この再想起された好ましい自己を演じるうえで，抵抗と反抗によって生じる可能性と各種の実践を探索する余地の発生をうながします。
■ 個人の人生における再想起を支援し，その個人に安全を提供してくれる他の人を，関係するコミュニティのメンバーの中に求めていきます。

たとえば，ナラティヴ・セラピーで，セラピーに来た男性，あるいは，男性グループの人生がどのように構成されているかを尋ねるとしましょう。セラピストは，男性の性の本質的側面を描写するのにどのような言葉を使用するか，男性であることは何を意味するか，彼らに尋ねることができるのです。次のような質問を投げかけることでしょう★5。

■ （男性であることをめぐって彼らが描写した）この言葉／用語の背景にある人

★5 これらの質問は，アラン・ジェンキンスとマイケル・ホワイトの実践から影響を受けました。

生の実践，そして，人生についての見方とは何でしょう？
■この特定の見方を採用することで，あなたが生きるうえで必要となる条件や方法がありますか？
■この生き方（実践のしかた）とは，どのようなものでしょうか？
■この生き方は，たとえば，あなた自身とどのように関係しますか？
■それらは（あなた自身や他の人たちに）あなたを近づけますか，それとも，遠ざけますか？
■他の人たちとの関係を考えるうえで，この方法で生きることに不都合な点はありますか？
■男性であることに関するこうした考え（実践）は，どのようにあなたの人生を形づくっているのですか？
■もしもあなたがこのような生き方を継続しなければならないとすれば（継続することを決めていたなら），このことは，自分の未来や未来の人生に何を要求してくると思いますか？　他の人の視点に立つと，あなたがこのライフスタイルを維持することで，何があなたを支援し，何があなたに反抗すると思いますか？
■男性であることをめぐる，このような本質的な考えが最初に生じたのは，男性発達の歴史の中でいつがポイントだと思いますか？
■この考えは何を可能にしましたか，あるいは，何を制限しましたか？
■この特別な男性のあり方にどのように導かれたのか，あなたは正確に特定することができますか？
■この考えにあなたの人生を委ねることは価値あることですか，それとも，価値のないことですか？

　さらに，ナラティヴ・セラピストは，男性に対して，男性であることを当然視する考えの外側に立って，人生における特定の一場面をふり返ってもらうよう依頼するでしょう。男性には，次のような質問をすることができるでしょう。あなたが想像するに，このステップを踏むよううながす場面はどのようなものですか？　あなたは，このステップに対してどのような準備を行ったのですか？　そして，このステップを踏んだ時に，あなたの人生にはどのような展開が起こったのですか？　これは大きなステップだと思いますか，それとも，小さなステップだと思いますか？　それはなぜですか？　このステップにどのように取り組んだのですか？　それは薄氷を踏む思いでしたか？　このステップに貢献してくれる他の人を思いあたります

か？　少し今までと違って意義ある方向に進んでいると自覚し始めたのは，どの時点ですか？

　ひとたび，過去と現在の考え方をめぐる歴史が確立されれば，ナラティヴ・セラピストは，次のような一連の質問を続けることができます。

■このことは，あなた自身の人生に対する希望を，どのように語ってくれますか？
■あなたを支援してくれる親，パートナー，恋人は，あなたについて何を語ってくれますか？
■今ふり返ってみて，このステップと生き方に関してあなたの好みを反映する，あなたの人生に起こった他の出来事を思い出せますか？
■このステップに染み込んだ根本的な考えを私が理解できるよう，何か話してくれますか？
■以前に起こった出来事は，現在，あなたと女性や子どもたちとの関係の中で，あなたの価値をどのように形づくりましたか？
■この出来事に対するだれの応答が，あなたのこうした価値や信念を最も反映しているのですか？
■こうした知や経験は，あなたの性的差別や男性による暴力，あるいは，ジェンダーの不平等に対するあなたの反応にさまざまな形で影響を及ぼしていますか？

　男性グループとの会話が進めば，女性や子どもたちと共有できる違った方法を模索することによって，こうした側面を知ることが重要だと認識するかもしれない。しかし，ナラティヴ・セラピストは，この考えを実行に移すための実践と技術を知ることも重要なのです。そこで次のような質問をすることになります。

■この考えを呼び起こしたのは，どのような経験でしたか？
■それで，この考えは実際にはどのようなものでしたか？
■あなたの人生において，この考えを実現化することに貢献した特に重要な人はいますか？
■その人はどのような方法で貢献したのですか？
■あなたが好きな女性や子どもたちは，あなたと共存する新しい方法を提供してくれますか？
■あなたは，人生のどの時点で，違った方向へのステップを踏んだのですか？

■ あなたは，これを達成するために必要なノウハウをどのように開発したのですか？
■ あなたは，最初に試行錯誤を行ってから，これを成し遂げたのですか？
■ もしそうなら，その途中であなたにフィードバックしてくれたのはだれですか？
■ あなた好みの方法で，生き方の手本をあなたに示してくれたのはだれですか？
■ その人は，あなたになんらかの道筋を示してくれましたか？
■ もしそうなら，あなたは，この実践への取り組みにどのように気づいたのですか？
■ あなたが取り入れた提案について，その人たちは何と言ってくれるでしょうか？
■ あなたがもしも男性として違った方向に進んでいるとすれば，どの地点でそう思うのでしょうか？

  ## 影響相対化質問法

ナラティヴ・セラピーは，その当初から，経験を体験する質問，好みに関する質問，歴史をめぐる質問の他にも，関係性を外在化する質問，ユニークな結果の質問，ユニークな説明の質問，ユニークな可能性の質問，ユニークな再描写の質問★6，ユニークな流布の質問を使用する面談を行います。

ふだんのナラティヴ・セラピーの面談は，影響相対化質問として知られる段階を経過するときに，次の3点セットの質問を使います。(a) 第一のセットでは，個人と喪失について，問題がこの関係に及ぼす影響をマッピングします。(b) 第二のセットでは，個人（および他者）が問題の生命に及ぼす影響をマッピングするよう当人をうながします（White, 1988）。(c) 第三のセットでは，個人が問題の幅広い力に屈してしまわないような，自身の人生に及ぼすなんらかの影響を経験できたユニークな結果，そして，ユニークな状況のマッピングを開始します。

総合的にみると，影響相対化質問は，問題に対抗する自身の能力とスキルという

★6 人々の人生の再著述に質問が役立つと例として，マイケル・ホワイト（White, 1988）は，ユニークな再描写をする質問によって，個人は自身との関係（たとえば，この発見があなたの自分自身への態度にどのように影響したと思いますか？），他者との関係（たとえば，この発見はあなたとの関係にどのように影響するのでしょうか？），それに，問題との関係（たとえば，このような形で問題への協力を拒むことで，あなたは問題を支援するのでしょうか，それとも，問題を弱体化させるのでしょうか？）を書き替えることができると述べました。

側面を理解し実践するための，対話による意味の模索を引き起こし，それはクライエントのストーリーの語り直しを招きます（Nylund & Thomas, 1997）。次は，私がデイヴィッド・エプストンとマイケル・ホワイトから習い始めた時期から現在までに世界の各地で使用されている（特にバンクーバー・スクールで実践されている）ナラティヴ・セラピーの面談形式と構造を紹介しましょう。

問題が個人および家族の人生とその関係に与える影響をマッピングする

問題は，個人の人生や関係，そして喪失にどのような影響を及ぼすのでしょうか？★7　個人あるいは関係に及ぼす問題の影響をマッピングすることは，「経験に近い」描写として，問題の染み込んだストーリーについての相互理解を深めるのに役立ちます。

セラピストがこの一連の質問に十分な時間を費やすことは重要です。個人は，自分自身の経験が「知られる」ことによって，自身の人生や関係，そして，この関係への自身の応答に対する問題の影響を考えるうえで，今までとは異なった，より詳細な視点を獲得できるようになるからです。私は，問題との関連を意識して，個人の人生に生じた喪失に注目した質問をよく使用します。たとえば，薬物や拒食症，あるいは不安と長期的なつきあいを続ける人々に，友人や学校，仕事や趣味，そして家族にまつわる喪失について常に報告してもらうのです。

セラピーのこの段階において広大なマッピングをすれば，ユニークな結果を深く探求できる機会はいくつも生じてきます。その上，人々のふだん着の言葉で，問題を豊かに言い表す（Madigan, 2004）こともできるようになります。そのために，次のような質問をします。

■不安は，あなたの仕事生活でどの程度の割合を占めるのですか？　仕事以外のあなたの生活ではどうでしょう？　不安とあなたとの関係ではどうでしょうか？
■不安がいつも道連れだとすれば，将来のあなたの夢には何が起こるのでしょう？
■（あなたが語ってくれた）不安が「私の関係をぶち壊し」，友人との時間を奪っていることに，あなたは満足していますか，それとも，不満ですか？

★7　本章における題材のいくつかは，ロスとエプストンによるホワイト・エプストン流の面接構造から採用しています。ダリッチセンターが著作権をもつ資料（1995）については掲載許可を得ています（http://www.narrativeapproaches.com/narrative%20papers%20folder/white_interview.htm）。

■ 不安とあなたとの関係，それに，不安とあなたの人間関係について，最大の不満は何ですか？

個人および家族が問題の存続に与える影響をマッピングする

　人々がどのようにして問題を支援してしまうのか，その影響のマッピングを通じて，クライエントは，自分自身をストーリーの著者として，あるいは少なくとも共著者とみなし始めます。そして，クライエントは，それまで語られ，生きてきたストーリーの第一著者として，自分の人生におけるエイジェンシーの感覚を拡大することができるでしょう。この段階で広範囲にマッピングすれば，後にユニークな結果を探求するための複数の機会が生じてきます。さらに，このことは，問題にまつわる人々のふだん着の言葉での豊かな表現につながっていきます（Madigan, 2004）。それには，次のような質問ができるでしょう。

■ あなたが不安に対して，あなたの人生における優越権を不用意に与えてしまう状況はありますか？
■ 不安があなたの人生の中心に居座ることを手助けする人々や状況はありましたか？

　ユニークな結果の質問

　ユニークな結果の質問によって，人々は，支配的な問題のストーリーに対抗する行為や意図に気づくことができるでしょう。面談以前から気づきがあったり，面談中で気づきが生じたり，あるいは面談後に気づくこともあるでしょう。

■ 責任感が不安を助長するような状況においても，あなたが不安に抵抗し，自分の他の欲求を満たすことができたことがありますか？　それがあなたにもたらしたものは失望ですか，それとも，喜びですか？　それはなぜでしょうか？
■ たとえ一瞬でもよいのですが，不安の牢獄から脱出できるかもしれないと感じたことがありますか？　不安から解放されたという風景は，どんな風に見えましたか？
■ 今日あなたが面談に来たということは，あなたが不安の監視を逃れてきたに違

いないと，私は踏んでいるのですが，いかがでしょう？
■自分の中の希望を支え，不安を回避するのに役立ったのはいったいなんだったのでしょうね？
■あなたが不安に逆らって少し自分を楽にさせることのできるような，将来の時間を想像できますか？

  ## ユニークな説明の質問

　ユニークな結果の確認が十分にできると，会話はさらに進み，好ましいオルタナティヴ・ストーリーにおけるユニークな結果の役どころが見え始めます。ユニークな結果の質問によって，人々は，語られた問題の支配的なストーリー（たとえば，私は心配性である）に対する例外／オルタナティヴの感覚を手に入れることができます。このような例外は，特に重要な何か，興味深い何か，あるいは，違った何かとは認識されないかもしれません。しかし，言葉にされ，発見されれば，新しい首尾一貫したオルタナティヴなナラティヴの一部として，問題のストーリーと平行して展開していくことができるのです。
　ユニークな説明の質問／答えは，エイジェンシーの文法に則って，すべてのユニークな結果をその歴史的枠組みに位置づけていきます。そして，ユニークな結果は，問題そのもの，あるいは，問題によって変化した関係に由来する抑圧に対しての奮闘／対抗／抵抗の歴史と，なんらかの首尾一貫した形で結びついていきます。

■あなたは，自力で学校に行ったのですが，自分を自宅に幽閉しようとする心配に対してどのように抵抗したのですか？
■不安が自由気ままにふるまえるような状況だったのに，あなたは，心配の指図に対してどのように抵抗したのですか？
■不安があなたに圧力をかけ，その支配を強めようとしたときに，あなたはどのように立ち向かい，その要求を拒絶してやろうと思いますか？
■何にも邪魔されず，その映画を見ることに集中できた時間は，不安から解放された時間でしたか？
■ここに今日相談に来たということは，不安に対して不服従の態度をはっきり示した例だと考えられますか？

ユニークな再描写の質問

 ユニークな再描写の質問は，人々が自分自身や他者，そして関係を再描写していく中で認識することのできた，ユニークな説明からの意味をつくり上げる過程へと招待するのです。

- このことは，いままで気づかなかったかもしれないあなた自身について，何を語っているのでしょう？
- 少し楽しむ余裕が生まれれば，自分がもっと楽しい人間でいられる方法があると思いますか？
- 不安に左右されないあなたという新展開を認めてくれるいちばん手は，知っている人の中でいったいだれでしょうか？
- あなたの人生において，心配とは無縁の人という新展開を支持してくれる人はいったいだれでしょうか？
- あなたは，だれにいちばんに気がついてほしいですか？

ユニークな可能性の質問

 ユニークな可能性の質問は，次のステップの質問として考えることができます。この質問によって，人々は，問題にまつわるユニークな説明と自分自身のユニークな再描写から導かれる本人の未来と，問題との関係の未来を予測することができます。

- 自分の人生を少し楽しみ，多少のリスクを負うことにしたからには，次には何をしようと思いますか？
- それには，何日間／何週間／何年間かかる見通しですか？
- それによって，先細りの関係を立て直し，友情を回復し，あなたの活力を取り戻せると思いますか？（この会話は，ユニークな再描写の質問に再びもどってくることができます）

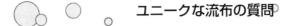

ユニークな流布の質問

　始まったばかりの好ましいストーリーは，それが広まるにつれて他者を巻き込んでいきます。新しいストーリーの流布がとても重要である理由は，それがオルタナティヴ・ストーリーの展開を確立し，持続させるからです（Tomm, 1989）。

■あなたがめざす新しい方向について，知らせておきたい人がいますか？
■あなたの人生における最新の展開を知って，いちばん喜んでくれる人はだれでしょうか？
■新たな展開を知っていちばんワクワクしてくれるのはだれだと思いますか？
■その人たちに新展開をよく理解してほしいと思いますか？

経験を体験する質問

　経験を体験する質問によって，人々は，他者の立場から自分自身のユニークな説明を知ることで，自分自身のストーリーの聞き手側に立つことができます。

■あなたが不安から離脱して，楽しさとリスクをいくらか体験できた最近のようすを聞けて，私は感謝しているわけですが，そのことをどう思いますか？
■このステップは，あなたが新しい方向へステップを踏んだ意義をめぐって，ヒルダ（最も親しい女性の友人）に何を伝えてくれると思いますか？

ユニークな結果を歴史化する質問

　この質問は，経験を体験する質問の中の，ことに重要な側面を代表するものです。ユニークな結果の歴史的説明によって，歴史的文脈に沿った一連の質問が可能になります。この質問は次のようなことに役立ちます。（a）開花しかけのオルタナティヴ・ストーリーを展開すること，（b）思い出に残る歴史を含む新しいストーリーを確立すること，（c）未来に向かって進むストーリーの可能性を高めること，です。この質問への応答は，オルタナティヴな現在に向かう歴史を生み出すのです（Whiteとの私信，1993）。

■ずっとあなたを知るすべての人たちの中で，あなたがこのステップを達成でき

たことに，最も驚かないと思われる人はだれですか？
- あなたの成長を知る人たちの中で，あなたが心配から自由になる方法を見つけるだろうといちばん予測できた人はだれでしょうか？
- ○○さんは，あなたのどのような行いを見て，あなたがこのステップを踏むだろうと予測できたのでしょうか？
- ○○さんは，あなたにどのような資質があると考えたからこそ，あなたが□□したことに驚かなかったのでしょうか？★8

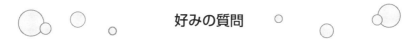

好みの質問

好みの質問は，面接のどの時期でも使われます。好みの質問もそうですが，本項に既出の質問の多くが重要であるのは，人々が自分の応答を吟味できるからなのです。このことは，セラピストの次の質問に影響を与え，クライエントの好みではなくセラピストの好みに偏るのを防止することができます。

- このことは，あなたの好みのベストな生き方ですか？ あるいは，そうではないのですか？ それはなぜですか？
- それは，あなたにとって良いことですか，それとも悪いことですか？ それはなぜですか？
- このことは，あなたの有利に働き，問題の不利を招きますか，それとも，あなたに不利で問題の有利になりますか？

 ## 「自分」という相談相手に相談する質問

「自分」という相談相手に相談する質問によって，個人の立場は，クライエントからコンサルタントへと移動が可能になります。当事者が問題との経験を通じて知り得た内部知識は，生きた経験であるため，セラピストはそれをユニークで特別な

★8 時間経過の質問（過去，現在，未来）やユニークな説明の質問，それに，ユニークな再描写の質問といった形式や概念による枠組みを，セラピストがひとたび把握できれば，展開は容易であり，面接者やその文脈にとって「ふつうに」思えるようになります。

知識としてとらえます。その内部知識は文書化され，同様の問題を抱えて苦闘する他者によって活用することができるのです（Madigan & Epston, 1995）。

■ 激烈な拒食症を生き抜いたあなたの専門知識に照らして，その実践から得た学びから何を他の人に警告したいですか？
■ アンチ拒食症のベテランとして，あなたは体験からいろいろ学んだわけですが，拒食症と奮闘する他の人に対して，楽しみとリスクをともなった抵抗実践の何を薦めますか？

ナラティヴ面談の構造は，（問題の染み込んだストーリーの反復によって語られなくなった）オルタナティヴ・ストーリーの空白を満たすよう，人々をうながす質問を通して構成されるものです。その対話的な構造のゆえに，人々は，自身の生きた体験を説明し，想像力を使い，意味を生む出す資源としての再生ストーリーを広めることができるのです。

ナラティヴ・セラピーの治療的過程は，当事者の魅力や好奇心に関与するものです。その結果，人々の人生のオルタナティヴ・ストーリーの筋書きは複雑になり（Turner, 1986），詳細に歴史化されていきます（たとえば，空白は満たされ，このストーリーの筋書きは明確に名づけられる）。

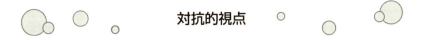

対抗的視点

セラピーにおいて筆者は，その時間の99％以上を費やして質問をするだけです★[9]。これは，デイヴィッド・エプストンとマイケル・ホワイトから教わった方法で，私がいつも最も進めやすいと感じるものです。

経験を積んだナラティヴ・セラピストにとって，質問は，さして問題のないコミュニケーションの中での明白な手段などではありません。ナラティヴ・セラピストは，疑問とするものが生まれてくる歴史や位置を問いただす手段として，治療的質問の継続的な探索とその位置を，コミュニティの文脈の中に定めることに多大の

★9　私は，ナラティヴ・セラピーの面談の中の脱構築的方法を探求し説明する方法として，対抗的視点の質問という案をまとめてみました。

努力を払うことを,自分の日常的な実践だと考えるものです(Madigan, 1991a, 1993a, 2007)。治療的質問を形づくる影響を探り,その質問をする理由をセラピーの中で一緒に話し合う過程は,セラピストの説明責任をめぐる実践とみなされます[10](Madigan, 1991b, 1992)。治療的質問についてセラピストに問いただすことは,ナラティヴ・スーパービジョンの枠組みとしても使用されています(Madigan, 1991a)。

セラピーを詳細に再読する経験は,反対意見の質問というアイデアの出現を可能にします(Madigan, 2004, 2007)。反対意見を中心にまとめたナラティヴ・セラピーは,ナラティヴ・セラピーの脱構築的な治療行為に語りかけるものです。ナラティヴの質問が意図するのは,モダニストでヒューマニストを気取る個人主義に満ちた心理学的プロジェクトを弱体化させながら,優勢な問題のストーリーに対して,敬意と批判の両方をもって疑いの念を提起することなのです[11]。

ナラティヴ・セラピーの対抗的視点は,次のような治療的状況をもつくり出します。

- くり返し語られ,問題が固定化した語りに揺さぶりをかける質問を使って,クライエント／問題の経験と内在化された問題のディスコースを探究し反論します。その結果として,より関係的で文脈的な対話を創造します。
- 語られたストーリーの範囲では容易に説明されない抵抗の行為とユニークな結果の位置を定めていきます。
- 人々がこれらの相違をどのように説明するかに好奇心を表明します。
- このことを文化的抵抗の行為として賞賛し,認証します。
- 関心を分かち合うコミュニティを再構築します。

詳細に脱構築する対抗的視点というナラティヴ・セラピーの手法は,次のような方法で治療的面談という関係性の領域に関与するものです。

---

[10] 説明責任の実践に関してさらに読みたければ,ダリッチセンター・ニューズレター(Nos. 1 & 2, 1994)のホール,マクリーンとホワイト,そしてタマセセとウォルドグレーヴを参照のこと。
[11] 対抗的視点のわかりやすい例は,アメリカ心理学会発行のDVDライブセッション第6巻に収録されている著者の「ナラティヴ・セラピー・オーバータイム(Narrative Therapy Over Time)」(2010)です。

■ 対抗的視点とは，意味を規定する専門的なシステムを読み取り，そのシステムが支配し，命名する方法を解明する際の，非常に批判的な様式といえます。
■ 対抗的視点は，クライエントについて書かれたあらゆる専門的なテクスト（ファイル）は，特定の考えを当然のものとして個人に押しつけ，他者を特権的に解釈するような考えにセラピストを誘い込むものだ，という見方をします。
■ 対抗的視点は，処方箋に抵抗するある種の反方法論を通して，専門的で文化的な実践を解明しようとします。すなわち，問題を突き止め，その本質を見きわめるのでなく，むしろいかに問題が生産され，再生産されるかのしくみを追求するのです。
■ 対抗的視点は，ディスコースの中に機能する一連の説得が，個人の解釈や動く自由を束縛していくしくみを追求します。
■ 対抗的視点は，問題をめぐる自分の治療的解釈自体が，ディスコースに位置づけられていくしくみを，セラピストが探求できるよう導きます。
■ 対抗的視点によって私たちは，下された精神医学的診断ではなく，正義の感覚に裏づけられた道徳的・政治的プロジェクトを通じてみずからの人生を形成し，再形成する過程をふり返ることができるのです。

対抗的視点とナラティヴ・セラピー：敬意という課題

　ナラティヴ・セラピーにおける対抗的視点は，敬意に満ちているといえます。この方法論は，(a) 人々が自分の苦悩を語るストーリーを「正当に取り扱い」，(b) 人生の諸問題とともに生きる人々の経験に敬意を払い，(c) 人々が取り組む苦闘に深い理解を示し，(d) 人々がどのように問題に対応してきたかに価値を見いだし文書化することです。

　セラピストの役割は，このような描写の枠組みの中で語られるストーリーの複雑さを十分に理解することによって，矛盾を明らかにし，（内省をくり返すことによって）何か違ったことをその矛盾から生み出すために利用し，「隠された輝けること」に注意を向けるのです（White, 1997）。ストーリーの矛盾に注目すれば，個人のストーリーがほぐれるにつれて，視点のぶつかり合う詳細が浮かび上がってきます。ぶつかり合う異なった視点は，共存して互いに補い合っているように見えても，同時に相反する方法で世界を見るように私たちを仕向けようとするので，そこ

には緊張が生じるのです。

　一方的な視点によるストーリーは，個人を問題や専門家の視点の中に拘束します。クライエントからもたらされる視点は，こうした専門的視点に対抗するものなので，クライエントは問題を揺さぶる方法を探索すると同時に，お仕着せの診断名から逃れようとすることでしょう。異なる意見に敬意を表わすということは，私たち自身が依って立つ視点を捨て去ることではなく，私たちの立つ位置を承認するということなのです。

対抗的視点とナラティヴ・セラピー：批判という課題

　ナラティヴ・セラピーにおける対抗的視点は，自己と他者というイメージから構成され，問題の本質について組織的に誤った誘導をするような，多くのセラピー実践に対して非常に批判的です。ナラティヴの実践は，「自己」を前提としておらず，それは「表面下に」あたかも存在しているように見えるだけだ，と考えています。さらに，対抗的視点が私たちに警告するのは，自己という支配的な考えが，他の人を援助するという口実のもとに，セラピーに密かに侵入する手口なのです。

　精神的苦悩という支配的なナラティヴは，私たちが突破口を見つけたと思うその瞬間に，逆に私たちを問題に釘づけにしようとします。対抗的視点をもつセラピストやクライエント，そして面談の役割は，力／知のパターン★12が，こうした問題に1人で責任を背負い，問題に対して無力と感じ，希望をもてなくなってしまう状態を提供していくようすを人々が理解できるように，（文化的に）広がりのある実践をもって問題を位置づけていくことなのです（Madigan, 2008）。対抗的視点の実践の中で変化が起こるのは，私たちが抵抗の場を通じて協働で作業するときです。その抵抗の隙間が開かれ，相反する説明とオルタナティヴの実践によって利用可能になります。希望はその場で再び生まれるでしょう。

★12　マイケル・ホワイト（White, 1995a, 1995b）は，「病理化するディスコースは，客観的現実に基づくという優越権を主張する，見栄えのする言語をまとっているため，精神保健の専門家は，自身を頼ってくる人々に与える真の影響や結果，そして，人々について語る方法や人々に対する行為に直面せずにすむ。もしも私たちの仕事が個人を『真実』に従属させるよう働くならば，私たちが個人の人生についてどのように言及し，私たちとの相互作用をどのように構造化するのかという過程を見えないものとしてしまう。つまり，この『真実』という覆いによって，私たちは，人々の人生の形成と関連した自分たちの構成物や治療的相互作用の意味への応答を避けるようになる」(p.115) と述べています。

内在化された会話の問題がもつ習性

　最初に,「内在化された会話の問題がもつ習性」という特別な取り組みに魅せられたのは,デイヴィッド・エプストンが,拒食症や過食症との関係で苦しんでいる世界中の若い女性にインタビューをしていると話してくれた,1993年に始まりました。その女性たちの口調は,たとえば,イギリス人,フランス人,スペイン人,スウェーデン人でそれぞれに異なりますが,拒食症と過食症の「内在化され習慣化した言語」★13はほとんど一致していることに,デイヴィッドは気づいたのです。このことは,私を恐ろしい結論へと導きました。それは,摂食障害の言語,実践,規則,そして儀式が世界中に輸出されてしまっている,ということです。拒食症を促進するディスコースが,どれほどすばやく異なる文化を超えて伝わったかを目撃し,実感して,私は驚きを隠せませんでした。

　このような理解から私たちは,ジェレミ・ベンサムが設計し,創り上げたパノプティコンについてのフーコーの記述を,権力／知,主体化,そして内在化された文化的なディスコースについての彼の考えとともに,より深く研究し始めました。内在化された文化的なダイアログがどのように機能し,それらはどこから来て,何がこの有害な言語的生命を支えており,それらが私たちの人生を上演する方法などに関連して,ディスコースの装置とはどのようなものなのかということを,(心理療法の分野で)私たちは調査を始めました。ナラティヴ・セラピーのバンクーバー・スクールでは,内在化された問題の習性が正確には何を言っているのか,私たちはそれにどのように反応しているのかについて,しっかりと描写するプロジェクトをスタートさせました。

　問題が内在化されたディスコースに関する,私たちの詳細な観察と記述を通して,私たちは,揺りかごのときから,模倣――私たちが見たり聞いたりすることをコピーすること――を通じて文化的な規範を学習しているのだということを,私は理解し始めました。それは,儀式的な因習なのです。私たちは,歩き方,歯の磨き方,自転車の乗り方,言葉の綴り方,言葉の話し方,そして道徳観やお行儀に忠実であ

★13　筆者の「内在化されたおしゃべり」をめぐる作業を参照のこと (Madigan, 2004)。「非常に効果的な問題の8つの会話上の習性」は,現在発刊のために執筆中。この文章は,一般向けに,ポスト構造主義的なメンタルヘルスの考えを支援するための考えを推進するための,アンチ・ハウツーである。

ることを，私たちよりも前に学んだ人たちから学ぶのです。他の人たちが同じことをする一方で，その人たちに内在化され，断片化した「カラオケ」を通じて，話し方，ふるまい方や世界の見方を，私たちは形づくるのです。私たちは，善悪について他の人が唄う歌を唄い，文化的な詩歌の中でこの目録をつくっていきます。ところが，私たちの生活している世界の生成文法的なディスコースの空間においては，代わりとなるリズムや理論の多様性と融合を除外するために，物語はなんの制限も制約も受けてはいなかったのです（Madigan, 2004; Nylund & Ceske, 1997）。

面談の逐語録を詳細に読み込んでいくと，私たちは，自分たちが適応してるかどうか，受け入れられているかどうか，「ふつう」なのかどうか（たとえば，ふつうの親，ふつうの従業員，パートナーなど）をはかるために，外の世界に向けての自分自身を推し量る手段として，自分たち自身（そして想像上の他者）との内在化された会話を続けるという実践に，一般市民として加わっているということが，明らかになってきました。このように内在化された会話は，文化的に優勢な設定基準を通じて，現時点では何がふつうの生活／存在であるかということを示す，媒介的なディスコースなのです。市民として，私たちは，これらの優勢な考えを実行し，再生産し，反応しながら，それぞれに応じて私たちの人生をひとまとめにして，形づくっていくのです。

デイヴィッド・エプストンの影響の元に，私は，バンクーバー市のアンチ拒食症／過食症リーグのメンバーと一緒に，問題を維持する会話について，メンバーと一緒に，詳細な民族誌の共同研究をするようになりました。共同研究の結果，最終的に遭遇したのは，8つの主要な有害な会話の習性でした[★14]。それは，（a）自己監視，（b）正統性，（c）恐怖，（d）否定的な想像／不公平な比較，（e）内在化された言い争い，（f）罪の意識，（g）絶望，そして（h）完璧主義でした。心理療法における共同研究の中で，内在化された会話の習性について見いだしたものの概略を示します[★15]。

自己監視

ミシェル・フーコーによる対象化の3番目のモードについての議論の簡単な要約

[★14] これに，怒り，不信，非難，恥，そして数え切れないほどのその他の内在化された会話の問題を含めることができるという正当な議論をすることも可能でしょう。それらのメンバーの評価は，十分に正しいものであると考えられます。

[★15] ナラティヴ・セラピーの会話の中で，しばしば関係的に外在化されるものが，この8つの内在化された会話の問題と，私たちが精通している文化的なおしゃべりなのです。

は，人間が自分たちを対象化する過程の分析でした。彼はそれを主体化であると認識しました（Foucault, 1965, 1983; Madigan, 1992）。主体化には，人が積極的に自分自身を生成するプロセスが含まれています。フーコーは，人々が自分自身で積極的に自己生成し始める際の技術を，個別に観察することに集中したのです。そして，この自己生成には，人々自身の身体，思い，行為を通したさまざまな運用過程の中で，長く複雑な歴史があることを強く主張しました（Foucault, 1980）。この運用過程には，その特徴として，外部の文化規範からもたらされる，内在化された会話を通じた自己理解のプロセスをともないます。フーコーは，内在化された個人的なディスコースのプロセス，つまり，私たちが周辺文化から自分たちの中へと内在化させていく会話は，一般社会の基準に従って，自己規制していることであると，示唆しました（Foucault, 1973）。これが，それぞれの異なった文化圏の住民が，人生を生きる際にみられる特定の道徳規範を理解し，自身の現行の文化内に位置づけることができる理由とみなすことができます（Madigan, 1999, 2003; Nylund, 2007a）。

　このような再帰的／対話的な枠組みの中では，その人を問題とみなす見方を支援するのは，否定的な知識だけになります[16]。内在化された自己監視と否定的な面を見る観衆の見方は，いかなる問題と取り組むときにも存在します。なぜなら，内在化した自己監視と有害な観衆による会話なしに，問題は生き残ることができないからです。問題が発展するのは，「（自分が悪い人間，または悪い伴侶などであるということを）私が考えているとあなたが思うだろう，と私は思ってしまう」という場面です。つまり，他人が自分の経験をどうみるか，という内在化された会話を否定的に想像するときに起こるのです。

　次は，異なる見方を探る質問をするためのものです。

■何が観衆や代弁者をつくり上げているのでしょうか？
■おしゃべりは何を言っているのでしょうか？
■それは，どのように作用しているのでしょうか？
■どんな手段によって，監視する観衆は支援されているでしょうか？

[★16] イギリス人の精神科医，R. D. レインは，相互作用的な詩篇である「結ぼれ」という魅力的な本の中に同じようなことを書いています。一方，確かハリー・スタック・サリヴァンも，投影性同一化について書いています。しかし，2人の非常に興味深い案は，支配的なディスコース内での問題のある語りを位置づける，ポスト構造主義的なコミュニティの対話の要素を無視していると，私は信じています。

■ この特定の問題の観衆には，だれが含まれているでしょうか？
■ 何が，またはだれが，あなたを支援する代わりの観衆をつくり上げているでしょうか？
■ あなたの自己監視システムに作用する，おもなディスコースの影響は何でしょうか？
■ 自己監視がいちばん自給自足的になるのは，いつでしょうか？

　次のようなシナリオを想像してみてください。あなたは，メンタルヘルスの領域で働くために雇われた専門家です。あなたは，ちょうど自分の酷い離婚を経験したところです。この内在化された物語に対する否定的な評判や観衆には，多くの施設や個人が含まれているかもしれません。欠陥のある「あなた」についての否定的な会話は，亡くなった人や現存の人々を含めて，世間に広まっています。内在化された，否定的に物をみる自己監視の見方は，それがすっかり習い性となっているので，あなたのことを否定的に憶測するかもしれません。この集団には，たとえば弁護団，裁判官，あなたの子ども，離婚した妻／夫／パートナー，家族，友人，同僚，生徒，隣人，両親，肉親（亡くなった人も生きている人も），専門家のコミュニティ，宗教的なコミュニティ，銀行や会計士，新しいまたは想像できる知り合い／同僚，知らない人，食料雑貨店やクリーニング屋，子どもたちの教師，神さままでもが含まれるでしょう。

　その人たちは何と言っているのでしょうか？　あなたの反応はどのようなものでしょうか？　その人たちが言うことは，あなたが自分自身についてもっている考えに影響を及ぼすでしょうか？　他の人があなたについてもっているとあなたが感じる，このような想像上の否定的な描写は，人生を生きていく上で，そして人とかかわっていく際に，どのような影響を与えるでしょうか？

　異なる見方を探る質問には次のようなものが含まれます。

■ なぜこのような害を及ぼす会話は，（自分自身に対する最も良質な知識と）あなたがよく知っている自分とあなたを愛する人たちから，あなたを切り離そうとするのでしょうか？
■ この離婚は，人間としてのあなたのあらゆる様相を変えてしまい，なぜかあなた自身も含めて，かつてあなたを愛したあらゆる人を，敵対するようにしてしまったと感じますか？

- この問題は，パパラッチ風の否定的な見方をあなたにもたらしたと感じますか？
- この問題は，あなたの暮らし方について酷いゴシップのキャンペーンを繰り広げましたか？
- ゴシップや，ゴシップを振りまく人に対するあなたの思いはどのようなものですか？
- 自分の成長過程でずっともっていたような，結婚に関する異なった見方がありますか？
- それは，もっと違う，たぶんもっと哲学的／現実的な状況把握を，今のところは引き留めているような考え方かもしれません。
- あなた自身に対する否定的な見方を支援しているように見える結婚／離婚についての，特に一般的な知識があるでしょうか？

　このように人を弱らせる，否定的な自己監視の会話が，個人を他の人との関係から切り離してしまうのはよくあることです。人々が人生の中で自分がだれであるかということを語る充足した物語をめぐって，帰属感と再回想をめざして再び繋がっていくために豊かなプロセスを導入していくことが，変化を生じさせるために不可欠なものとなります。取り戻された希望の兆候を探し，それに語りかけ，（習性を押し分けて前進してくる）希望の再来を図表に示すことは，解放につながり，役に立ちます。

非正統性

　私はナラティヴ・セラピーのバンクーバー・スクールで私と一緒に教えているヴィッキー・レイノルズ★17を通して，1997年に初めて，この習性の内的な働きを知ることになりました。彼女は政治的な信条のために，自分たちの国で拷問の犠牲者となった難民に対する心理療法をカナダで行っています。ヴィッキーは，私にこのような男性を紹介してくれ，私は彼らを相手に心理療法に取り組み，分離と非正統性という彼らの体験を間近に経験することができました。ヴィッキーは，心理療法のプロセスを通じて，彼らの体験の目撃者となり，正当化していくという，政治活動家の考えも私に紹介してくれました（Reynolds, 2010）。その後，心理療法の中

★17　ヴィッキー・レイノルズは，2004年からナラティヴ・セラピーのバンクーバー・スクールの教職員となっています。彼女の詳細については，次のサイトを参照してください。http://www.therapeuticconversations.com

で私と話をしている他の人たちの人生をめぐる正統化の経験を考えていくときに，これらの経験を元に推測するようになりました。

このような内在化された会話の習性には，だれがこの人の物語／この問題の物語を語る権利をもっているか，という質問が含まれます。問題が人の正統性や人権に疑問を投げかけるとき，何物にも値しないという，特定の経験が根を下ろします。どこにも帰属するところがない，安全に感じられるところがない，という，自身の人生内での難民として，自分たちを経験するようになります。人々は，自身の人生／関係性において，欺瞞的で欠損のあるものだと感じる経験を，しばしば思い出すことでしょう。ちなみに，私が知っている多くの心理療法家は，心理療法や「スーパー」ビジョンにおいて，この非正統性の経験を体験します。

私は，次に示すような異なる見方を探る質問で，非正統性のディスコースについて質問していきます。

■だれが，正統な人間性の物語を構築する力をもっているのでしょうか？
■正統性の基準はどのようにしてつくられるのでしょうか？
■正統性／非正統性の経験に含まれる，帰属という感覚は，どのような場所でもつことができるのでしょうか？
■どのような手段によって，このような物語は折り合いをつけ，流布されていくのでしょうか？
■どのような知／権力が，だれがふつうで，だれがふつうではないと決定する際に含まれているでしょうか？
■人々は，自分たちの人生の中で，自身が難民であることを，どのように経験し始めるのでしょうか？
■この非正統性の物語をめぐって，どんな問題の物語や様式がその支援をしているでしょうか？
■どんなオルタナティヴ・ストーリーが，この非正統性の物語を脱構築し，自分たち自身の他の好ましい側面をふたたび思い出していくことを，支援してくれるでしょうか？

何の価値もない市民，両親，子ども，心理療法家，働き手，パートナーなどとして，みずからを経験している多くの人が，カウンセリングを受けにあなたの元にくることを考えてみてください。自分たちは非正統な存在であり，価値がなく，欺瞞

的だと感じる人たちがいるのです。これらの人々は，性的に虐待を受けた若い人，疎外されたと感じる雇用者，自分のアイデンティティを隠すことを強要された同性愛者，自分は自己中心的であるとみる若い母親，話すことを恐れる内気な人，外出することができない体重超過の人，生活保護を受けて自分の家族から恥と思われている人，自分は影のような存在だと感じてしまう有色の人，あるいは，自分の無能さを認め，これ以上自分を傷つける前に，仕事を辞めようと考えている心理療法家などかもしれません。

　非正統性の習性は，日々の生活の中で，つながりや可視性，帰属感の欠如を感じる人の経験に語りかけていきます。この習性のもつ有害な話し方は，なぜその人が，西欧社会における支配的な規範の中で生きているという，実にその事実を通じて，このような疎外感を感じるのかという多くの理由を，その人に明らかにすることはありません。その代わりに，この習性的な会話は非難となり，「自分は負け組」であると私にかつて語ってくれたクライエントのように，その人の存在をとがめるのです。

　質問する際にポスト構造主義的な位置づけを検討するならば，私たちはその人の経験を，懲罰を与える一連の価値観，道徳規範や期待感にずっと広範に繋がっているものとして，見ることができます。この発見を通じて，その人に全面的に責任があるとするような，圧政的な対話の政権に立ち向かう計画を，一緒に紡ぎ始めることができるかもしれないのです。

　私は，次に示すような異なる見方を探る質問で，非正統性のディスコースについて質問していきます。

■ どこにも帰属していないという，この物語を，だれかがうしろで援護しているという感覚をもっていますか？
■ 自分を非正統化にするものの見方について，疑問を感じたことが，かつてありましたか？
■ 自分を正統性のある市民であると感じるのを困難とするような，社会がもつものの見方があるでしょうか？
■ 自分の無力感を強化するような，強力な影響（たとえば，上司，本，テレビ，医師など）によって，あなたについてある種の物語が語られたことがあったでしょうか？
■ 自分の正統性をだれか（あるいはどこかのグループ）に対して証明しようとす

ればするほど，非正統性の感覚にたどり着いてしまうような思いを，かつて感じたことがありましたか？

恐　怖

　このディスコースの習性は，分離，孤独，自信喪失をめぐって，私たちの最も深刻な恐怖に手を伸ばしてきます。この問題は，（過去，現在，そして未来の）私たちの最悪の悪夢についての「ホラー映画」をつくり出すので，結果として，私たちの新鮮な考えは凍り付き，自由に向かうためのありとあらゆる試みを妨げるのです。
　私は，次に示すような異なる見方を探る質問で，恐怖のディスコースについて質問していきます。

- 自分たちの文化の中で生み出される，最も深刻な恐怖は何でしょうか？（たとえば，貧乏になること，社会的に無視されること，仲間はずれになること，独身であること，除外されること，「外」の人間になることなど）
- あなたの人生経験の中で，どのような考えがこれらの恐怖を生存させ続けているのでしょうか？
- 恐怖は，あなたの想像の中で，どのような大混乱を引き起こそうとしているのでしょうか？
- どのような手段によって，恐怖という問題は，人を脅えさせ，その後に臆病者だとして，その人を責め立てるのでしょうか？
- どのようにして恐怖は，人生の旅路を容認しそれに敬意を払う力を，人からうばうのでしょうか？
- どのような方法で，本来のつまらない脅えた存在として，恐怖を扱うことができるでしょうか？
- どのような方法で，恐怖が本来の姿を現し，それに立ち向かう人の行動を恐れるようになるでしょうか？

　内在化された対話における否定的な恐れの習性は，正統性のある，または筋の通った恐怖とは異なります。子どもは，車道を歩くことに恐怖を感じる必要がありますし，性差別／人種差別／同性愛恐怖も実際に存在します．犬も時には噛みつくことがあるでしょうし，飛行機も時には墜落するのです。さらに言えば，デートレイプは起こる可能性はありますし，古くなった牛乳を飲めば腹痛を起こします。筋

の通った恐怖を認めることは，多くの場合，安全性への計画を構築することになるのです。

　恐怖の習性は，まったく異なる代物です。恐怖が促進する習性的な対話は，持続的で，狡猾で，「訳のわからない」ものであり，まったくもって安全とはいえません。この対話は，死，破滅，孤立，拒否などの，人を弱体化させるシナリオをつくり出します。それは，「自分の胸の上に乗り，自分から生命を搾り取ろうとしている，激しく鼓動し打ちつける力」と表現されます。多くの支配的な物語は，人の人生の中で大きく成長するために，恐怖の能力につけ込むのです。恐怖は，（カーテンのうしろに隠れている魔法使いのように）場面のうしろで動き続ける「小さなエンジン」のようにふるまい，自分の人生を台なしにするさまざまな事柄の徹底的な説明を要求します。つまり，人々があなたを傷つけ，拒絶する方法のすべて，あなたが自分の人生をもうあきらめるべき理由のすべてについてです。

　（その他の多くの習性と同じように）恐怖の戦略方法は，（たとえどちらの面が出ようとも）硬貨の両面について論争するということです。ここで私が何を意味するかは，恐怖の対話は，恐ろしいシナリオの文脈をつくり出すと同時に，このようなシナリオを頭に描いたことに対して，その人を臆病な（そして，まともじゃない）人間として責めるのです。これは恐怖に対する恐怖という，二次的な恐怖なのです。

　人を傷つける話し方をする恐怖の行為に関して話すことは，最初は気恥ずかしいことかもしれません。しかし，この恥ずかしさの経験の中にこそ，安全や許容，そして強さの空間をつくり出すために，自身の能力に対する反論に焦点を当てることができるのです。

　私は，次に示すような異なる見方を探る質問で，恐怖のディスコースについて質問していきます。

- ■恐怖が，あなたの人生におけるテロ活動を開始しているという感覚をもっていますか？
- ■恐怖は，あなたを閉じ込め，出口を与えず，最終的には，袋小路に連れ込むのでしょうか？
- ■この恐怖は，世界中の日々の出来事を利用し拡大して，このことがあなたにも起こるのだと伝えるのでしょうか？
- ■今まで，恐怖が膨張する瞬間を捕まえたことがありますか？
- ■恐怖がたくみに利用できる考え（たとえば，失業，死，病気，孤独など）で，

私たちみなに共通なものがありますか？
■恐怖は，あなた自身の人生であるにもかかわらず，単に乗客でしかないように感じさせたでしょうか？

否定的な想像／不公平な比較

　否定的な想像は，問題の枠組み（Bateson, 1979）内に適合する，過去と現在から得られる否定的な情報だけを集めることによって，一時的な領域を超えて維持され，将来においても「似たり寄ったりの」否定的な結果を予測します。否定的な想像は，サバイバルや愛，きずなの経験を置き去りにして，生きている人間性の全体像を薄っぺらな描写に変えてしまいます。それは，出来事の「最悪のシナリオ」を常につくり出します。不公平な比較を通して，否定的な想像は，常に人を「下方向に」比較していくのです。状況や物語がどのようなものであれ，人は，自分が特定の基準にまったく達していないという感覚をもち続けることになるのです。不可能な冒険の旅に対する，完璧さという暴君は，しばしばこの習性を助長します。

　私は，次に示すような異なる見方を探る質問で，否定的な想像と不公平な比較のディスコースについて質問していきます。

■否定的な想像は，どの程度人間性の完全な物語を捕らえることができるでしょうか？
■それは，説得力ある否定の物語をつくり上げるために，どのような方策を用い，だれが同盟者となっているのでしょうか？
■それは，あなたの人生に関する描写の中の，代わりの生きた経験を封印するために，あなたがどのような人であるべきかということについて，どのような共通した考えを引き出すのでしょうか？
■否定的な想像は，問題の物語の中で，どのようにして「勢い」をつけていくのでしょうか？
■否定的な想像の枠組みの中で，何が「漏れ」をつくるのを助けてくれるのでしょうか？
■あなたのコミュニティにいる人々が，文化的に許容できる規範にまだ届かない，あるいはけっして届かないだろうという経験をもち続けているのは，どうしてなのでしょうか？
■不公平で（不愉快な）否定的な比較の経験を維持するために，どのような正常

化する視点が最も効果的なのでしょうか？

　否定的に想像された対話がいったん動き始めると，止めることは非常にむずかしいので，ある人はそれを「ブレーキのない列車」と表現しました。あなたの前腕の小さなホクロは，自分の葬式にはだれが出席するだろうか，という想像に発展し，夕飯に遅れた自分のパートナーは隣人とホテルにいるのではないか，幼い子どものかんしゃくは，将来大学には行けないことを示しているのではないか，そして，同僚からのある種の視線は今日の終わりに解雇されるという意味ではないか，などという想像に変形していくのです。
　ある若い女性は，不公平な比較を形容して，それは，自分が町を歩いているときに見える広告看板の中の女性から，物言わぬ動物から，自分の知らない人々すべてまで，「あらゆる出会いの際に，自分を裁く法廷が開かれること」と同じだと表現しました。彼女の気持ちの中では，自分が「望ましい人間像」と比較され見下されていたのです。彼女の人生はこの習性に支配されて，雑誌に載っているモデルは彼女の身体を醜いと思い，隣の家の犬も彼女のような飼い主をほしがらないだろうし，彼女に出くわすすべての人が彼女のことを好きにはならないだろうと，彼女は信じていたのです。内在化された否定的な会話を暴露し，それについて話し合うことは，その正統性と，装甲で固めた論理とさえ見えるものに，風穴を開けることになるのです。

内在化された言い争い

　問題の会話は，混乱の方策を用いて課題を議論することを好みます。どちらの議論の側につくかについてはあまり気にしませんし，しばしば両方の側について議論を展開します。言い争いは，答えが出ることはほとんどなく，身のすくむ思いにさせられ，自信喪失に陥る消耗するプロセスなのです。このプロセスは，時に「分析による麻痺」とよばれることもあります。内在化された議論は，しばしば私たちの想像力や独創性を完全に捕らえてしまいます。
　私は，次に示すような異なる見方を探る質問で，内在化された言い争いのディスコースについて尋ねていきます。

■言い争いは，どのような制度上の基準を元に繁栄するのでしょうか？
■言い争いが仕向ける特定のふるまい方をめぐって，お互いに折り合える道徳規

範とは何でしょうか？
- 内在化された言い争いは，どのような方法で私たちの会話の「心臓」を捕らえてしまうのでしょうか？
- 私たちは，内面で1分間におよそ1,200語を話していると言われます。ふつうの人は，来る日も来る日も，どのぐらいの時間を言い争いに捕らえられているのでしょうか？
- どのようにして，この経験から自由になるときを祝福し，そのありがたみを感じることができるでしょうか？
- 問題が中心に据えられた言い争いから自由になるということは，どのような意味でしょうか？

　仕事をやめようかと考えること，愛する人との困難な会話を思い出すこと，禁煙すべきかどうかを決断しようとする可能性について考えてみてください。内在化された言い争いの習性は，人の会話の全領域を完全に支配することができます（この手の話題のただひとつで，です。毎日数百もの判断をしていようとも，です）。
　この習性がもたらす害を及ぼす会話は，議論し，反論し，さらに異なる位置づけから（そして，他の人の位置づけから）現世の広がりを超えて，何度も何度も議論を上演します。バンクーバー市のアンチ拒食症／過食症リーグのメンバーは，内在化された言い争いとの経験について，「正しいこと」をし続けるのは，なんて心底疲れることなんでしょう，とコメントしています。そして，このような判断をした後でさえ，それが正しい判断だったのかどうかについて，会話が続けられてしまうのです。グルグルと，それらはまわり続けます。これに他の習性（特に，自己監視の習性）が追加され，与えられたさまざまな課題をめぐって，想像上の他者が取る，または取らない，支持する，または支持しない，という無数の異なる位置づけの中に，人が閉じ込められてしまうのがよくわかるでしょう。このような語りは，私たちの生きた経験のあまりに多くの部分を占めてしまうので，人生は優柔不断の経験だけで終わってしまうことになります。
　摂食障害の恐ろしい，そして殺意に満ちた会話の領域では，内在化された言い争いは，非常に大きな割合を占めています（Grieves, 1998; Madigan & Epston, 1995を参照）。カロリー計算，精密な算出，エクササイズ，体型の監視，腹筋を1,000回にすべきか，1,500回にすべきか等々，実質的にすべてのことが絶え間ない議論の対象になるのです。そして最終的な結末は，この習性がもたらすすべての課題への

107

事細かな注目が，（完全にまちがっているか，それとも十分ではないかというどちらかで，常に計算されてしまうので）人が前に進むのを妨げるということになるのです。デイヴィッド・エプストンは，この現象を「ジレンマの十字架にかけられること」であると，たとえました（Epston との私信，2002.7）。

　内在化された言い争いのプロセスは，自信，支援，信頼をむしばんでいきます。ある人が，自分の家族は，末期症状で話すことができない母親を火葬にするか，土葬にするかを決めることができないといって，私の元に相談にきました。家族内の言い争いは，一方的にみなの人生を支配してしまっていて，この進行中の議論による完全な消耗が，（喪失がすぐそこに迫っているのに）お互いの関係性を失わせてしまったのでした。それは，家族のそれぞれが孤立し，お互いと断絶する結果となりました。

　ある異性愛カップルは，進行中の対立関係に関して，私に会いに来ました。驚くべきことに，お互いに大声で口論することは，（その話題について）内面でくり返している議論よりも，100倍も少なかったということを，私たちは見いだしました。つまり，お互いのおもな対立は，とどまるべきか，出て行くべきかということをめぐって，2人が自分の中にもっている個人的な議論の中から，悪意をもった部分が表面に現れていることに気づいたのでした。また，このカップルは，自分たちが想像したものと比較して，実際にお互いの間で言い合ったり，してしまったことをしっかりと理解するのがむずかしいときが，時々あったことにも気づきました。ひとたび，自分たち自身の内在化された言い争いを止めるための（それによって，相手に対する想像上の内在化された言い争いを止めるための）お互いの方法を見つけると，2人の実際の対立は，容易に選り分けることができ，最終的に解決できたのです。

　別の人は，私に会いに来て，三度も検査の結果が陰性であったという事実にもかかわらず，自分が HIV ウィルスに感染していると確信していると，私に話してくれました。ふたたび，内在化された言い争いと，その過酷な影響は再び彼女の人生を乗っ取ってしまい，以前に好きだったものすべてをあきらめ，失い始めていました。

　すべての内在化された言い争いが劇的なもので，今まで述べた例のような負の影響をもつわけではありませんが，この習性は，あるクライエントが「それに捧げた時間は上手に使われていない」と述べたように，一時的な麻痺，苦しみ，疑惑，強制的な気持ち，思いやりの無さなどへの基盤を提供するのです。この容赦のない苦悩を，（ギリシャ神話で）巨石を山の上にもち上げても，頂上にたどり着いたとた

ん，巨石が反対側の側面を転がり落ちるのをただみていなければいけない，シーシュポスに，私はたとえたいのです。
　異なる見方を探る質問には，また次のようなものがあります。

■あなたは，だれが多くの内在化された言い争いを支持するように議論し，だれがそれに反して議論しているのか，独自の見方をもっていますか？
■ふり返ってみて，一日のどれぐらい，自分自身と言い争いすることに費やしているかに注意を向けたことが，ありますか？
■「どこにたどり着くわけでもない，延々と続く」会話に，飽き飽きして，疲れ果ててしまったようなときはありましたか？
■内在化された言い争いが大人しくなっているときの平和を体験していることに気づいて，立ち止まったことはありますか？
■言い争いを盗み聞きして，それをおかしく思ったような経験が，今までありますか？
■あなた自身のほかに，この会話のうしろには，何が，そしてだれがいるのか，かつて気づいたことがありますか？

絶　望

　この有害な会話の習性は，すべての支援やコミュニティ，そしてつながりを無意味なものと化す，一方的な流れをつくり出します。問題の枠組みの外側にある，あらゆる希望に満ちた経験やストーリーは意味のないものだという考え方に降伏するということなのです。それは，すべての可能性を「あきらめる」ことで，問題の存続を容認する戦術的な方策なのです。
　私は，次に示すような異なる見方を探る方法で，絶望のディスコースについて質問していきます。

■絶望の経験を提供する問題の成果とは，どのようなものでしょうか？
■あなたのコミュニティは，人の絶望という感覚をどのようにみているのでしょうか？
■どのような制度上のディスコースや実践が，絶望を応援しているのでしょうか？
■希望を支援する，代わりの実践にはどのようなものがあるのでしょうか？
■絶望は，どのような争点の上に繁栄するのでしょうか？

■あなた自身の絶望的な視点を最も支援している，特定の信念，あるいは特定の人がいるでしょうか？
■ほんのわずかでも希望を体験したことが，かつてあったでしょうか？

　絶望は，多くの形態をもち，何よりも私たち自身に見切りをつけてしまうような経験に，私たちを向かわせます（Andersen, 1987）。人々は，「出口のない」「箱詰めにされた」，そして「無意味な」人生の経験として表現します。絶望は，信念や行動を凍り付かせます。絶望は，人生の袋小路へと人々を誘導します。それは，私たちの（生きた）体験を小さな，限定された絵の中に閉じ込めてしまうのです。

　「うつ」から逃れることができた，トムの経験を思い出してみてください。（トムのパートナーが報告してくれたように）長い，成功したキャリアから引退したトムは，「残りの人生を生きていくのに何の希望もない」状態で，私に会いました。絶望は，トムが生きた人生をめぐって，極端に底の浅い回顧的展望しか許さず，「だんだん悪くなるだけ」と予測させていました。精神科病棟での11か月間の入院を経て，自殺という選択が生きていくという選択よりもよいものであると決心するにいたるまで，彼は絶望の中に押し込められていました。

　自分の人生が「孤立と絶望のぬかるみにはまっている」と描写する35歳の女性が，私に会いに来ました。3か月の心理療法に取り組む間に，彼女は大学のコースを取り，友だちとのつながりを再開し，レジャー活動に参加し，そして家族を訪ねることで，自分の中の新たな希望に向かって，歩み始めることができました。新たに見つけた希望を祝福し，絶望が一度は奪い去っていったすべての資質や特別な能力をリ・メンバー（再登録）したことに対する祝福の方法として，彼女は，1週間のカヤック旅行に友だちを誘いました。彼女がふたたび私に会いに来てくれたのは，ちょうどその旅行からもどってすぐのことでした。家にもどったとき，巨大で敵意に満ちた絶望が彼女の人生の中に踏み込んできたので，「まったくみじめな状態」になってしまい，自殺を試みたことを話してくれました。幸運なことに「間一髪」で，緊急サービスチームが彼女を救うことができたのです。私たちは，旅行からの帰りに，絶望がもどってくるかもしれない可能性を，誤って過小評価してしまったことに，ともに気づきました。彼女自身に向けての怒りが，「私のこの数か月間の前進と旅行の記憶を洗い流そう」とした絶望の習性に，突然向けられました。「薬を飲んだのは，私じゃなかったの。絶望のごまかしやでっち上げの物語に私の人生を乗っ取らせることなんかもうさせない」と彼女は述べてくれました。彼女は現在，

自分の人生を取り戻すために，あれほどまでに努力した希望を維持できるようになっており，この数か月の間，死に向かっての選択をすることはありませんでした。

　15歳になる少年は，学校や近所づきあいで，ずっといじめられ，拒絶されてきたという悲しい物語を伝えてくれました。日々の絶望の会話が彼の人生に入り込み，ほんのわずかにでも希望をもつことを許してくれませんでした。絶望は，彼の状況は「ただ悪くなるだけだ」という見方をけしかけたのです。絶望は，成績のよい生徒であったこと，コミュニティでボランティアをし，ユーモアがあり，スケートボードがうまく，そしてこれは最後に思い出すことができたのですが，友人が「つらい時期」を乗り切るのを支えたことなど，彼自身に対する別の見方を遮断してしまったのです。

　私は，次に示すような異なる見方を探る方法で，絶望のディスコースについて質問していきます。

■ 絶望の手段は，「希望をあきらめることが正解」であるとあなたに信じ込ませようとすることでしょうか？
■ 今は絶望に遮断されてしまっていますが，あなたが思い出すことのできる希望の場所があるでしょうか？
■ あなたの日々の生活で，絶望を促進してしまうような人や考え方があるでしょうか？
■ 希望をあなたの人生で再発見できるとすれば，今のどのような資質がその希望が生き続けるようにする力をあなたに与えるでしょうか？
■ 自分にもっている愛情が，多少なりとも，あなた自身の人生に希望を回復させる助けとなるでしょうか？

完璧さ

　完璧さは，大成功や卓越をめざす態度などの条件を満たす形態のうちに，その本性を隠しています。自分自身の高まる達成感を認めたり，仕事や学習にベストを尽くそうとし，また自分が情熱を感じるものにさらに秀でようとすることは，明らかに称賛するべきことですが，西欧文化にある完璧という理想を追うディスコースの圧力を考慮すれば，否定的なディスコースや害をもたらす完璧さの会話がいつもそこに存在することがわかります。

　私たちは，宗教，教育，スポーツ，科学，メディア，医学，産業などの教えや構

造の中で，自分たちの学習の人生を通してずっと，「完璧」という考えの訓練を受けているのです。(それはけっして成し遂げられず，根拠のないものであるにもかかわらず) 完璧さの基準は，「より高い次元の自己」という人間主義者的な発想によって，裏書きされています。この独特の習性は，決められた基準に達することはないという，私たちの経験の中で支配的な役割を演じています。完璧さは，人間的見地からみれば可能ではないにもかかわらず，完璧さが位置づけられたディスコースは，私たちが常にさらなる熱意をもって，それを追い求め続けるべきであるという考え方で，私たちをしつこく追いかけるのです。完璧という教えの訓練は，しばしば私たちが達成したものを退け，「まったく不十分な」ものとしてはねつけます。私たちがさらに努力しようと奮い立つのは，いったい自分のためなのか，それとも完璧さのためなのか，不思議に思うことがあるかもしれません。

　私は，次に示すような異なる見方を探る方法で，否定的な想像と不公平な比較のディスコースについて質問していきます。

- ■「完璧」なんて可能ではないにもかかわらず，完璧さの考え方を訓練され，それを強いられたやり方を思い出すことができますか？
- ■完璧さの基準は，どのような方法で，人として，親として，パートナーとして，雇用者としてのあなたの業績を，あなたが見ることができないようにしてしまったのでしょうか？
- ■理想的な完璧さに向けての訓練を拒否するとするならば，あなた自身の，そしてあなたの今までの努力の中で，どのような側面をたたえるべきでしょうか？
- ■形はどうあれ，完璧さの考え方は，あなたが「価値のないもの」であるという考えを与えてしまっているでしょうか？
- ■どのようにして，完璧さは，他の人からの賞賛を聞くときの，あなたの聴力を無効にしてしまったのでしょうか？
- ■完璧さは，業績の升が，半分空のままであると伝えているように見えるでしょうか？
- ■完璧さの批判的な声を満足させることができると，いまだかつて感じたことがあるでしょうか？
- ■完璧さによる圧力は，女性と男性との間では違いがあるでしょうか？

　私は，完璧さという考え方の呪いを弱体化させるために，「私はOKじゃない。

あなたも OK じゃない。でもそれで OK」というタイトルの本をいつも書きたいと思っていました。私の長年の同僚であるロレイン・グリーヴスとの仕事と，バンクーバー市のアンチ拒食症／過食症リーグで行われた，長年にわたる共同研究を通じて，メンバーが経験した完璧さの圧力を弱体化させるための奮闘は，傑出したものであるということがわかってきました。私たちは，完璧さの習性が，人に生きる喜びを経験させることはけっしてないのだと，理解するようになりました。メンバーの1人が述べたように，完璧さは「とても高い基準をつくり，そして，そこに到達したとたん，また少しポールを高くする」のです。たとえば，完璧さは，女性が到達すべき，好ましい体重を設定します。ひとたびその体重を実現しても，完璧さは，その体重を「もうすこし少ない」ところに動かすので，祝う余裕もないのです。完璧さのディスコースは，もうちょっと多くのエクササイズ，もうちょっと少ない食事，もうちょっと多くの下剤などを要求してきます。この完璧さの意地の悪いゲームは，しばしば，その人が機能しなくなるまで続けられ，最後には入院することになるのです。そして悲しいことに，この完璧さのゲームは，人を死にいたらしめることさえあるのです。

　完璧さは，「腹を立てた現場監督」と表現されたことがあります。それは，「懲罰的で，批判的で，迫害的な」ものです。学生として，またはダンサー，娘，ワーカー，親，競技者，上司，パートナーなどとして，完璧さを手に入れるための苦痛に満ちた葛藤は，人生を破滅させることがあります。完璧さのディスコースは，限りなく，あらゆる人々にマイナスに影響するように思われます。

　エグゼクティブ・ヘルスネットワークを通じて，ある一流企業の役員が私に会いにきました。彼は，企業内で出世するために，1日平均14時間は働きました。「後れを取る」恐れから，月に1日か2日以上の休みを取ることはまれでした。働いていないときには，完璧な企業人としての体型★18をつくり上げるために，ジムに通っていたのです。その猛烈な仕事ぶりにもかかわらず，要求に答えることができず，完璧さを要求する企業の方針についていくことができないと，しばしば感じると述べました。自分は「みじめで，自分の業績をふり返る時間などない」と話しました。何年にもわたる害を及ぼす完璧さの嫌がらせが，心臓発作で彼をもう少しで殺してしまいそうになったとき，彼はわずか38歳でした★19。8日間の入院の後に彼は，

★18　デイヴィッド・エプストンは，このような経験を「企業拒食症」のひとつとよんでいます。
★19　私が会う40歳以下のクライエントは，通常コカインの服用が心臓発作のおもな原因となっています。これは，このクライエントにはあてはまりません。

「弱気で，自己憐憫に陥って」いて，「以前と同じように，一所懸命働き続ける必要があるのだ」と完璧さが言っていると，私に教えてくれました。心臓発作が「同僚の目に，彼の価値を露わにしてしまう」ことを，彼は恐れました。完璧さは，危険な健康状態をもたらし，そのうえで今病気であることについて彼を責め立てたのです。そして完璧さは，「また仕事を始め，心配するのやめろ。心配は負け犬のすることだ」と彼に要求しました。

　完璧さの祭壇の生け贄にされているという経験をしているときでさえ，一歩退いて完璧さが自分たちを向かわせる人生をふり返ってみることは，人々には時にたいへんむずかしいことなのです。害を及ぼす他のすべての会話の習性と手を組んでいる完璧さは，アメリカ企業という，強固な駆動機の燃料を提供している，と論じることもできるでしょう。

罪の意識

　この会話の習性における絶え間ない訓練は，宗教，科学，企業，教育機関など，組織内のディスコースの訓練を通して私たちに到達します。それは，性別，階級，性的指向，人種をめぐって演じられる，支配的な特定の方法と結びついているのです。罪の意識が私たちの想像や理解の中に漏れ始めると，それは自制なしに流れ出してしまいます。罪の意識は，しばしば，ほかの問題が企む豊富な策略や誤解のお膳立てをするのです。

　私は，次に示すような異なる見方を探る方法で，罪の意識のディスコースについて質問していきます。

■歴史をみていくと，罪の意識についてのどのような会話が，社会統制の道具として使われていたでしょうか？
■どのような歴史的手段によって，罪の意識が，決まった生き方をするよう，多くの人たちを揺さぶるために利用されるのでしょうか？
■罪の意識から利益を受け取る場所に位置づけられているのは，ふつうだれでしょうか？
■コミュニティや家族，人々にとって，罪の意識の複合された影響とはどのようなものでしょうか？
■罪の意識が，あなたに何かするように，また何かをいうように仕向けたときに，後に空虚感しか残らなかったときがありますか？

第 **4** 章 セラピーの経過

■ あなたの人生の中で，誤って罪の意識を感じてしまったというような経験はありましたか？
■ 自分の気持ちの中では，正しいと判断してやったことであっても，どういうわけか，罪の意識が，あなたがまちがったことをしたと非難したようなことはありますか？ あなたは，このことをどのように説明しますか？
■ 男性と女性は，罪の意識をめぐって同じように訓練されていると思いますか？

　ある弁護士が，「たわいのない話」をするために私に会いに来ました。法律関係の同僚は彼が「チームプレーヤーではない」と思うので，私に会いに行くように勧めたのでした。目下の問題は，彼が1週間の休暇で不在の間，自分の電話番号を法律事務所に伝えることを拒否したということでした。彼は自分の位置づけをしっかりと正当化してくれたのですが，それでもこの点は，法律事務所内での弁護士には共通の実践なので，彼は依然として「自分の電話番号を渡さなかったことに対して罪の意識を感じている」と述べてくれました。
　ある若い男性は最近私のところにきて，自分が幼い頃に聖職者の1人によって性的な虐待を受けていたことを，当局に申し出た後に経験した罪の意識について，話し合いました。問題になっている聖職者は，（他の多くの苦情もあるのですが）現在，取り調べを受けています。その若い男性は，信徒，家族，古い友人の多くが彼の決断に反対したことから，名乗り出た勇気について「考え直し」始めたのです。虐待について自分が黙っていたときの罪の意識と，秘密を暴露した後での罪の意識を経験して，自分が「板挟みになっている」と感じていたことについて，話し合いました。罪の意識の会話は，双方の側に異論を唱えたのです。
　ある女性が，虐待的な夫のもとを離れたいということを話し合うために，私の元を訪れました。女性は，13歳，15歳，そして18歳になる3人の10代の娘をもつ母親でした。夫の継続的な言葉による虐待と，ときおりの身体的な虐待は，彼女が最初の子どもを妊娠したときに始まったと，述べました。彼女は，何年も彼の元を離れる可能性について考え続けましたが，「子どものために」罪の意識を感じてしまい，彼の元にとどまったのです。また，彼女は夫の元を離れることについて，「離れるのは自分が弱いから」だと信じており，「自分の娘たちに対する最悪のロールモデル」だと感じていると，罪の意識に関する経験を描写してくれました。罪の意識は，「離れるのか，とどまるのか」という方程式の双方の側に話しかけ，多くの観念的な（かつ競合的な）ディスコース上の派閥によって支えられているのです。

命名する実践と，記述する実践

ナラティヴ・セラピーは，心理療法の会話の境界，言語的領域，文化的な構造，理論の実践の直接的な影響のもとに，変化をめぐる考え，何が変化をつくり上げるのか，そして何が変化とみなされるのか，などについて思いをめぐらします（Madigan, 2007）。心理療法の理解や反応，行動は，これらのディスコース上の変数によって形づくられ，同時にその変数を形成するものともなります。そして変化の可能性について，役に立つ考えや落胆させる考えの両方に（ときには同時に）対話の中での「生命」を提供するものです。

ナラティヴ・セラピーは，心理療法における文化的な生産と再生産の過程に関する透明性を提供しようとする一方で，現在の心理療法実践における制度化された命名や記述に対して，代わりとなる可能性のある手段も提供しています。ナラティヴの実践は，これらの過程が希望や変化を構築するうえでもっている影響に取り組むのです。ナラティヴには，さまざまに記述していく実践や，命名をする実践を通じて，希望や変化の可能性を扱うための多くの方法があります[20]。

「サイエンスもどき」の研究や調査の鋳型を通して人を分類し，既往歴の書類（ファイル）に人の過去を記述していく心理学的な実践は，ナラティヴ・セラピストの視点からは，一連の文化的，制度的規範を再生産している役割を担うものです（Foucault, 1973; Parker, 1998; Reynolds, 2008, 2010; Said, 2003; Spivak 1996）。人に与えられた名称の元に再生産されるものは，新たに刻まれるアイデンティティの支配だけでなく，科学的研究の正当性と専門家自体のステータスを高める検証でしかないのです。

人の身体は，必然的に，命名と記述の科学と特権的な地位によって，その名称（たとえば，強迫性障害や境界性人格障害）を刻まれることになります（Grieves, 1998; Sanders, 2007）。残念なことに，人（あるいは集団）の身体を命名し，記述することによって分類する日々の専門的な行為は，その人がだれか，その人はどのようになるかについての見方を，最終決定したり，文脈からはずしたり，病的なものしたりしてしまいます（Caplan & Cosgrove, 2004; S. Spearとの私信, 2009）。ク

---

[20] 私特有のナラティヴ・セラピーのスタイルでは，フーコーとポスト構造主義者の考え，異なる見方を探る質問，心理療法の手紙を書いていくキャンペーン，関心を分け合うコミュニティの利用も含めています。

ライエントは，決まり切った展望のない視点から，人生の限界を予測するよう，しばしば指示されてしまいます（Caplan, 1995; Sanders, 1998）。

すでに名称をつけられた人や問題を解読していくことは，通常，提示された問題を説明する「原因」を解釈し，分類していくということです（Dickerson & Zimmerman, 1996）。たいてい原因は，ある人の基準から外れた身体内に位置づけられ，個人的なものであるとされます。そして，家族の他のメンバーや，その基準から外れた身体に，遺伝的なものとして，位置づけられることになるのです。この科学的な命名と記述の形式内で，対象であるクライエント（あなたや私）の身体は，病気の名称を刻み込まれる受け身の石版としてみられてしまうのです。

精神科病院，子どもケアセンター，または心療内科などの対人援助システムに登録するときには，クライエントは心理療法を始める前に，保険会社や第三者への請求のために，多くの場合病気の名称を受け入れるように要求されます。この名称は，たとえば保険や教育，医療，司法，または企業のファイルなど，専門的に保管される場所（Foucault, 1979）による命名の行為によって，より確実なものとなります。私たちの人生ファイルの歴史は，蓄積され，時には永遠に存続してしまうのです。

処方された人や他の人に向けられた，人についての記述や語りの専門的なストーリーは，強力に病的なものとされる筋書きを保持し，問題の名称（そして個人の人生）を誇張して刻み込み，絶望状態をつむぎ合わせるのを助長します。支援や変化を求める人々にとって，北米で行われている心理療法における命名と記述の過程は，人を混乱させトラウマを生じさせる可能性があります（Epston, 2009; Jenkins, 2009; Madigan, 2007）。このような人たちに対する希望と可能性への応対は，可能性があるとされる心理療法的な技術／薬理学の実践に耐えることであり，それは自分たちを命名したまさにその制度によって提供される支援にほかなりません。処方された心理療法の条件内で変化がみられなければ，その身体はさらに次の段階の命名を受けることになります（Moules, 2003）。

イデオロギー的に偏りのある問題の取り扱いの結果，構築された人のアイデンティティは常に，支配的な知識や合意された一連の「薄っぺらな描写」によって，歪曲されたり，取るに足らないものとされたりします（Whiteとの私信, 1990）。病的なものとみなすように語り，記述する過程と，病理学のディスコースを実践するために取り込まれたテクノロジーはともに，支配的なメンタルヘルス文化については豊富に語りますが，描写される人についてはわずかにしか語りません。

記述や命名への新しい形態：心理療法的な手紙を書くキャンペーン

　心理療法の手紙を書くキャンペーン★21は，自分たち自身の失われた側面をふたたび思い出すことを支援します（Madigan, 2004, 2008; Madigan & Epston, 1995）。このキャンペーンは，問題が人々をメンバーから除外してしまった，愛や支援のメンバーシップの中にもどっていくために，リ・メンバー（再登録）するように支援するものです（McCarthyとの私信, 1998; Myerhoff, 1992; Whiteとの私信, 1994）。

　コミュニティの手紙を書くキャンペーンの背後にある意図は，組織の構造内や（Gremillion, 2003; Madigan & Goldner, 1998を参照），問題の存在を助長するような，さまざまなシステムの中で増大する問題のアイデンティティに対応することなのです。希望から切り離されて，自分自身の経験と「病気のアイデンティティ」の外側で体験された人間関係を忘れ去ってしまった人と，そして急激に増大する絶望という専門家のファイルの間とには，明らかな相関関係があります。

　関心を分かち合うコミュニティを通じて，手紙を書くキャンペーンを展開することは，問題に染まっているストーリーの課題に対して記憶を拮抗させるために使われる心理療法の手段なのです（Madigan, 1997）。キャンペーンは，クライエントが問題によって抑制されている間にも，クライエントの好ましい物語をつかんで離さない他者をリ・メンバー（再登録）し，愛情を示すコミュニティを募集していくのです。このように手紙として書かれた物語は，苦しんでいる人を定義する専門家や文化的な記述の外で生きることができ，変化は可能であるという信念の上に立つ物語でもあります。

　手紙を書くキャンペーンは，6歳ぐらいの小さな子どもから，76歳ぐらいの人までを対象にデザインされています。コミュニティを基盤とするキャンペーンは，不安，子どもを失うこと，HIV/AIDS，拒食，うつ，完璧さ，恐怖，カップルの対立など，広範囲にわたる困難に苦しんでいる人たちを支援するのです。キャンペーンは，問題に苦しんでいる人々に対して，問題による支配や，手強い孤立，自傷，生よりも死を選択する試みなどから，自分自身を連れ戻すことを可能とするような文脈をつくり出すのです（Madigan & Epston, 1995）。

★21　私は，エプストンやホワイトの膨大に書き記された言葉の実践をさらに進めて，この心理療法的な手紙を書いていくキャンペーンを展開しました。

第4章 セラピーの経過

　手紙を受け取った人々は，多くの場合，問題がその人々を除外してしまった状況にみずからをリ・メンバーするのを助けてくれるような，自身のディスコースを再発見し始めるのです（Hedtke & Winslade, 2004/2005; Sanders, 1997; Sanders & Thomson, 1994）。これには，以前の親密な関係，学校，スポーツ，職場，家族などとのメンバーシップ関係を取り戻し，一度は問題のアイデンティティによって抑制されていた，自分自身の側面をふたたびなじみのあるものとしていくことなどが含まれます。

　長年にわたって私たちは，文字通り数百にも上る返事をもたらし，同じぐらい成功裏に問題を遮断するような，大規模で国際的な手紙を書くキャンペーンを推進してきました。この全過程を通して，支援の手紙は大いに好奇心をもった書き手たちから届けられました。たとえば，支援と希望の手紙は，家族の犬やクマさん，愛車，亡くなった祖父母，まだ生まれていない弟や妹，見知らぬ映画スターなどによって，「書かれた」のでした（本章で後述するキャンペーンへの貢献者を参照）。

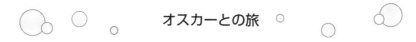

オスカーとの旅

　私の同僚は，70歳になるオスカーと彼の妻マクシーンを私に紹介してきました。私たちの最初のセッションで，オスカーは，1年ほど前，横断歩道でトラックに跳ねられたことを，私に教えてくれました。彼は，生き延びることはできないだろうと思われましたが，生き延びました。3か月にもわたる昏睡状態から抜け出すことはできないと思われましたが，抜け出すことができました。そして，ふたたび歩くことはできないと予測されましたが，歩くことができました，などなど。ご想像の通り，私が非凡な人の前に座っていることに気づくまで，それほど時間はかかりませんでした。しかしオスカーは，そこにいたるまでのどこかで，彼の「自信」を完全に失ってしまい，自分の生還に大きな対価を払ったように見えました。彼はまた，マクシーンが「1日24時間」彼の側にいないと，パニックに陥ってしまうとも話してくれました。

　マクシーンは，オスカーの治療をめぐる複雑な行程を整えるために1年間費やし，最初のセッションから，彼女自身の仕事にもどれることを待ち焦がれていました。不運なことに，彼女の利害はわきに追いやられ，2人が不安とよぶものによって乗っ取られていたのでした。

オスカーの事故の「遺物」である不安をめぐる会話上の経験は，彼を「自分は半人前の人間なんだ」と信じさせ，さらに「マクシーンは別の男のために私を置き去りにし」「マクシーンが自分を老人ホームに入れるよう計画している」と信じさせたのでした。不安はまた，「私はもうよい人生なんか望んでいない」，さらに「自分の息の根を止めるべきだ」と彼が信じるように仕向けていきました。不安との関係によって，事故以前に彼が送っていた人生を忘れるように，彼は仕向けられました。オスカーは，だんだん「孤立し，気分が落ち込むようになっている」とも話してくれました。

オスカーとマクシーンは，10年ほど前に，イングランドからカナダに移住し，事故の前は，一緒に歩んできた人生は「このうえなく幸福なもの」であったと，私に話してくれました。最初のセッションで，不安がオスカーに迫っており，オスカーが述べたように，状況は「絶望的」になっていることに，私たちはみな同意しました。次のセッションで私たちは，国際的な「不安に抵抗する」手紙を書くキャンペーンを計画していくことを決心しました。書類4.4に，2回目のセッションの最後の5分で，共同で書き上げた手紙を示します（これは，手紙を書くキャンペーンの標準的な様式であると見ることもできるでしょう）。オスカーは，彼の友人たちが手紙を「ばかげた考え」と思うのではないかと心配していたので，その考えに「信憑性」をもたせるために，私の手紙も添えるように主張しました（私たちのセッションにおけるオスカーの言葉にカギ括弧をつけています）。

キャンペーンの手紙の構造は，通常同じものです。クライエントと一緒に，（クライエントや家族が選んだ）家族／コミュニティのメンバーに私が手紙を書き，(a) クライエントの関係についての思い出，(b) クライエントに対する現在の希望，(c) 将来において，クライエントとの関係がどのように育っていくかを予期するかということなどを要点としてまとめた，手紙形式の説明を通じて，一時的にふたたび思い出していく過程や，目撃していく過程を支援するように要請するものです。

このように記述された説明は，ただ単に否定的で，最悪のシナリオによる絶望に満ちた将来を投影するだけの過去を再記述するような問題の戦略に，真っ向から対抗するためのものです。またこの手紙は，人の支援にはならず，かえって問題を助けてしまうような，否定的かつ専門的な物語を書き換えることができます。そして，その人に送られた手紙は，いつもそれまでにクライエントのファイル内に記述されたものとは，まったく正反対に異なったものです。その人の関心を分かち合うコミュニティによって書かれたキャンペーンの手紙は，対抗するファイルとして贈呈

第4章 セラピーの経過

書類4.4　オスカーの友人に送付された手紙

　オスカーの友人のみなさまへ
　私はスティーヴン・マディガンといいます。家族療法の分野で修士（MSc）と博士（PhD）の資格，ソーシャルワーク（MSW）の分野で修士の資格をもっています。あなた方の友人オスカーとマクシーンは，みなさんからの支援をお願いできるかどうかについて，私に手紙を書くよう依頼しました。たぶんご存じの方もいると思いますが，オスカーは14か月前に酷い事故にあいましたが，異例の回復を遂げました。たぶんみなさんがご存じではないことは，事故の後遺症がオスカーを不安の虜にしてしまい，現在，不安が彼に威張り散らしているということです。みなさんには信じられないかもしれませんが，不安がオスカーにもたらしているメッセージは，「自分は何の役にも立たない」「無用な存在である」「不安が彼を見ている見方は，すべての友人たちに広まっていく」というようなものです。
　不安の影響を通じて，オスカーは，「自分をあきらめ」始めています。私たちは不安の支配からオスカーを連れ戻すために，みなさんの支援をお願いしたいのです。彼が選んだ関心を分かち合うコミュニティとして，みなさんが，彼が酷い不安から自分の人生を取り戻す手伝いができるのではないかと，私たちは考えているところです。
　そこで，彼に次のようなことを含めた簡単な手紙を送っていただけないでしょうか？　(a) 彼とのつきあいの歴史の中で，どのようなことを覚えているか，(b) 彼の生還についてと，現在の彼の人柄についてのあなたの思いや感情，(c) 将来，オスカー（そして，マクシーン）との関係がどのようなものになると思うか，についてです。この支援の手紙がみなさんにそれほど負担にならないことを願っています。そして，この手紙が非常に貴重なものになるということを，理解していただきたいと思います。オスカーは，すべての手紙に返事を書くつもりであることを，みなさんに知っていてほしいと言っています。
　よろしくお願いいたします。

　　　　　　　　　　　　　　　　　　　スティーヴン・マディガン（PhD）
　　　　　　　　　　　　　　　　　オスカーが不安に抵抗するキャンペーンのコンサルタント

されます。代わりとなる（オルタナティヴな）ヴァージョンを文書化していくことは，専門的かつ文化的な問題の物語がもたらす弱体化への影響と，その人の身体に刻まれてしまう病名に向かって，抵抗することになるのです。

この手紙を送った後の数週間，オスカーは，私のオフィスにキャンペーンの手紙をもってきて，私に声を出して読んで聞かせてほしいと頼みました（彼の視力は，事故のため，弱くなっていたのです）。私は喜んで，読み上げました。私の音読に，オスカーの泣き声，笑い声が加わり，「自分はいかに運がよいか」[★22]と私に伝えてくれました。手紙は，より多くのオルタナティヴ・ストーリーを彼が思い出すことを助けました。そして彼は，1年以上にわたって，精神科医が彼に処方していた治療薬から離れる決意もしたのです。私たちは，友だちや家族がオスカーに書いた手紙を読み上げるよう，何人かをセッションに同席するように招待しました（後述するキャンペーンの心理療法セッションについての検討を参照）。

　文書化された手紙に記録されたように，オスカーは，たいへん多くの人生に影響を及ぼしていたのでした。驚くにはあたらないことですが，彼の関心を分かち合うコミュニティは，自分たちの支援と愛情をもって手紙を書くことによって，彼に報いる機会を歓迎しました。彼の不安に抵抗する支援チームは，ヨーロッパ，イギリス，北米を含み，地球上のさまざまな場所から書いてきたのです。

　数か月後，オスカーは，長く待ち望んでいたマクシーンとのフランスでの旅行先から，私に手紙を書いてきました。彼は以前，フランスへの旅は「自分の健康への復帰」とみなすことができるであろうと述べていたのです。オスカーが絵はがきに，マクシーンが観光に出かけている間，自分は1人で座って，エスプレッソを飲んでいることを書いて来たのです。「もはや不安の虜ではないという，自分の幸運の星について考えています」と彼は書きました。現在の唯一の問題は，「彼が取り戻した自信のすべてに遅れずについていくこと」であると述べました。しかし，もどってきた自信は，彼が対処すべき問題であり，「そのことに完全な責任」を取るつもりである，と述べたのです。

　関心を分かち合うコミュニティを募ることなしに，オスカーは，自分のすべての能力／資質，そして，問題が見て見ぬふりをするように仕向け，思い出せないようにさせた，長い人生の中での彼の貢献を思い出して，立ち直ることはなかったかもしれません。

　手紙を書くキャンペーンを，問題の文化と専門家の虚報に対抗する試みと見ることもできます。また，それは，問題が染み込んだ物語に一致していない，その人の

★22　現在では，手紙を書いてくれた人をセッションに招き，語り直しの行為として，自分たちの手紙を読んでもらうことが，手紙を書くキャンペーンでは日常の実践となっています。

「物語」について，その人，家族，コミュニティに情報を提供するのです。このキャンペーンは，再定義の儀式（White, 1995b）として見るだけでなく，問題の文脈に当てはめられた支配的な物語を弱体化するための主張や反抗のための奮闘と見ることもできます。

　コミュニティの手紙を書くキャンペーンの背後にある論理も，組織の構造内で増大している問題の既定のアイデンティティに対応する方法を見つけるための，ひとつの試みなのです。しばしば，（希望から切り離されたり，忘れ去られた自分自身の経験のために）病院／施設／養護施設内の人と，「病気」のアイデンティティの外側に生存する関係性のアイデンティティの間には，緊張が存在します。これは，探求する価値のある緊張です。私が実践するナラティヴ・セラピーの一部は，この緊張内で拮抗する力をつくることにかかっています。その力とは，クライエントが問題によって抑圧を受け，好ましい，そしてオルタナティヴな記憶を思い出すことができないとき，クライエントの物語を支援し，リ・メンバーし，愛情を示す他の人たちのコミュニティを含めることによって可能になります。このような希望の物語は，苦しんでいる人を定義する専門的かつ文化的な記述の外側で生きのび，変化は常に可能であるという信念のもとに立ち上がるのです（Smith & Nylund, 1997）。

手紙を書くキャンペーンの構造

　手紙を書くという試みは，さまざまな形を取ることがありますが，基本的なキャンペーンとしては次のような形式をとります（Madigan, 1999, 2004, 2008）。

1．その人がどのような人であるかについて，オルタナティヴな説明が問いかけられ，蘇生され，再回想されたときに，ナラティヴのインタビューからこのキャンペーンが浮かび上がってきます。問題が自分たちを定義しているものとは異なった方法で，自分たちを見ている人々が他にいるかどうか，考えてみるようにうながされます。そして，そのような異なる説明が語られるのです。私は，次のような質問をします。「私が，○○さんにあなたについてインタビューしたとすれば，問題が私に教えてくれなかったあなたのことについて，○○さんは何と言ってくれると，思いますか？」　あるいは，「あなたの友人があなたについて私に語ってくれることは，たとえ，問題があなたについて語ったこととは矛盾としてい

ても，正確な語りだと，あなたは思いますか？」　あるいは，「あなたについての
だれの描写が好きですか？　そして，それはなぜでしょう？」
2．クライエントと私はともに（クライエントの家族／パートナー，友人，セラピ
スト，当事者などのいずれかが出席しているときには一緒になって），その人が
問題に支配されているため思い出すのを忘れてしまっているような，クライエン
トについてのあらゆる可能な描写すべてについて，会話を始めます。私たちは，
クライエントがどのような人であり，どのような人になりたいだろうか，そして，
問題が人生を乗っ取ってしまう前に，クライエントはどのような人であったのだ
ろうかについて，対話をするのです。私たちは，問題が文脈を制約してしまった
ために，クライエントが忘れてしまったかもしれない，その人自身の，忘れられ
ているオルタナティヴな生きた経験を，一緒に思い出していきます。
3．その後に，クライエントの人生の中で，このようなオルタナティヴな描写を支
援してくれそうな人をすべてリストにあげていきます。ひとたびこのリストが完
成するや，支援と招聘の手紙を書いていきます。
4．金銭面が問題となる場合，私のエールタウン・ファミリーセラピーでは，実施
されるキャンペーンのために封筒と切手を利用できます。
5．プライバシーが問題となる場合は，返信先住所にエールタウン・ファミリーセ
ラピーを利用します。
6．関心を分かち合うコミュニティからの返信者には，できるだけセッションに参
加してらうように希望します。返信者が次のセッションに来てくれるようであれ
ば，クライエントに向けてその手紙を読んでもらうことをお願いするでしょう。
7．クライエントは，自分自身について「リサーチ（再調査）」していく方法のひ
とつとして，手紙の束を読むようにうながされます。

　心理療法において，手紙を読み，証人となっていくための一般的な構造は，次の
ようなものです。

1．キャンペーンに書いてくれたすべての著者に，（地理的に可能であれば）セッ
ションに参加するように招き，そのクライエントについて筆にした手紙を，順に
声を出して読むように依頼します。参加者は通常，クライエント，私自身，そし
てコミュニティからの他の著者ですが，時に，当事者としてセラピーチームを含
むこともあります。

第**4**章 セラピーの経過

2．それぞれの差出人が手紙を音読した後で，クライエントは，手紙の差出人からの手紙を読み返すようにうながされます。そのため，差出人とクライエントの両方が，話すことと聞くことを異なる立場から，何が語られたのか，何が書かれているかについて，しっかりと耳を傾けることができます。
3．それぞれの手紙が差出人によって読まれ，クライエントとそのことについて話し合った後，（黙って座って聞いている）セッションに参加している他のコミュニティは，この手紙がそれぞれの個人的な人生の中で，どのようなことを呼び起こしたのかについて，簡単に回想するようにうながします。
4．このプロセスは，すべての手紙が読まれ，再読され，応答され，リフレクションされるまで，続けられます[★23]。
5．それから，（いつも専門家であるとは限りませんが）[★24]リフレクティングチームのメンバー[★25]は，クライエントとそのコミュニティに短い手紙を書き，読み上げます（Andersen, 1987）。クライエントとそのコミュニティによって提供された，クライエントに対する逆の見方，分かち合うことのできた希望，個人的に心が動かされた手紙の内容について，再考していきます。
6．すべての手紙をコピーし，参加者全員に手渡します。
7．それから，クライエント，関心を分かち合うコミュニティ，リフレクティングチームなど，セッションに参加したすべての人に向けて，私が治療的な手紙を書くことによって，セッションをフォローアップしていきます。

 ## 手紙を書くキャンペーンの貢献者

多くの問題の影響は，しばしば自分を取り巻く支援システムから人々を引き離すようになり，孤立，分離，ひきこもりに向かうよう強制することになりがちです。

[★23] マイケル・ホワイトの定義的祝祭を参照のこと（White, 1995b）。
[★24] いくつかのキャンペーンでは，当事者としてセッションに参加するように，以前のクライエントの当事者または，アンチ拒食症／過食症リーグのメンバーに依頼したこともありました。
[★25] 1990年オスロで行われた，カナダとの国際アルティメット・フリスビー大会に参加した後，ノルウェーの精神科医トム・アンデルセンは，ノルウェー・クリステンセンにある彼のサマーホームに，自分の家族と4日間の休暇に出かけるのに，私も招待してくれました。彼の最近のリフレクティングチームの実践について，そしてアートについての彼の考えや，心理療法における聞くことの重要性について，昼夜を問わず，私は彼に質問しました。

同様に，問題や専門家のシステムは，希望のなさや，怒り，絶望の後押しをしてしまい，もがき苦しんでいる人から，援助者を遠ざけるようにしてしまうかもしれないのです。

　私たちの経験では，ひとたびキャンペーンに貢献するように招待を受け取ると，1回以上手紙を書く必要があると，感じる人も多いようです（3，4通の手紙は珍しくありません）。貢献者の中には，その人を支援するプロセスから「仲間はずれ」にされた経験について，述べる人も多くいました。キャンペーンの貢献者が，クライエントの人生における問題の支配の元に演じてしまった役割をめぐって，「非難され」「罪の意識」を感じていると報告してくれるときがあります。自分自身についてのばつの悪い感情の多くが，さまざまな専門家のディスコースや自助グループの文献に沿って，助長されたのだと，貢献者たちの報告は示唆してくれます。仲間はずれになることは，人々に「不能」であるとか「無用」であるという考えを，しばしば残していってしまうのです（Madigan, 2004）。

　手紙を書くキャンペーンの著者たちは，自分たちの貢献が，自分が「役に立ち」「チームの一部になった」と感じるのを助けたくれた，と述べています。加えて，ふたたび思い出す文章を書いていくことは，家族や他の支援者に，自分自身の人生における問題の否定的な支配から抜けだす機会を提供し，再生や希望に向かうオルタナティヴで能動的な手段をもたらしてくれるのです。22歳になる甥のために，アンチうつキャンペーンに参加してくれた1人の老人は，「手紙を書くキャンペーンは，甥が勝利を引き寄せことができるよう，私がベンチから出て，問題に対抗する貴重な得点を入れさせてくれました。甥を助けるために，私自身が助かったんです」と語ってくれました。

　治療的な手紙を書くキャンペーンは，問題が分離させてしまうような，クライエントの生きた経験をめぐる代わりとなる説明を，ふたたび思い出していく役割を演じるのです。このキャンペーンは，問題が切り離してしまった，メンバーシップをもっていたグループ（たとえば，家族，友人，学校，スポーツ，チーム，音楽，絵画など）と，再びめぐり合うように，その人を勇気づけるのです。治療的な手紙を書くキャンペーンは，問題のライフスタイルである「除外作用」と，心理的なディスコースが人の人生でしばしばつくり上げていく「孤立作用」に対しての，対抗手段として設計されています。手紙は，リ・メンバーし，ふたたび思い出し，意味づけをするような，好ましい対話的文脈を形成するのです。次に，このようなキャンペーンの実例を紹介します。

ピーターとの旅

　成人精神科の入院病棟にあるソーシャルワークの部門から，38歳になる，白人の異性愛者，既婚，ミドルクラスの男性で，地元の映画産業で働いているピーターと会ってもらえるか，という依頼がありました。この特別な精神科病棟は，以前にも私にクライエントや家族を紹介してくれたことがありました。紹介してくれたソーシャルワーカーは，私がバンクーバーで，フィルムやテレビジョン産業の人員に責任をもつ，主要なセラピストであることも知っていました。そのため，ソーシャルワーカーの視点からは，ピーターと私には潜在的によい治療的適合性があるように見えたのでした。

　ピーターは「慢性的なうつ」状態にあり，変化の可能性は極小であると病院の専門家は私に説明してくれました。この悲観的見解は，最近病棟で彼が自殺を試みた結果であり，また男性看護助手を押したために，物理的に抑制が必要となった結果でもありました。健康や前進を目標とする病院の計画には，数多くの薬物治療とともに，グループや個人を対象とする認知行動療法が含まれていました。このような試みにもかかわらず，病院のスタッフは，「どれも効果があるようには見えませんでした」と私に語ってくれました。6か月の入院生活の後で，「変化をもたらすことは不可能だ」とスタッフは思い始めているとも，伝えてくれました。

　ピーターは，4か月の間に合計9回私と面談しました。最初の6回の面談の後に，彼は病院から自宅にもどることができました。すべての心理療法のセッションは，ナラティヴ・リフレクティングチームが含まれていました（Madigan 1991a）。5回目のセッションで，手紙を書くキャンペーンに参加しているボランティア（家族のメンバー，長年の友人，彼と別れた元パートナーのケイトランド）が，ピーターの前で手紙を読み上げるライブを演じるために，セッションに招かれました。

　最初の面談で，ピーターは，11か月前に，彼の3歳になる娘（母親は元パートナーのケイトランド）が溺死するという悲惨な体験をしたことを話してくれました。最初は，「つらさと怒り」だけを感じていましたが，やがて「人生の本当の意味」を「切り落とし」てしまい，「たいせつな人からの支援を断るようになった」と，彼は述べました。

　ピーターは，「世界から離れて自分をバリケードで囲む」ことによって娘の死に応え，「自分自身を責めた」のだと語りました。その後すぐ，彼は「1人になるた

めに」結婚生活に別れを告げたのです。とても短い期間に，ピーターは彼自身を気遣ってくれるすべての人から，実質的に自分自身を切り離してしまいました。最終的には，隣人が「ガレージで車のエンジンをかけている」彼を見つけ，病棟に送られたのでした。

彼が「続けられない」と名づけた問題が，彼の日々の生活を支配してしまいました。彼は，「日夜を問わず悪夢に取り憑かれ」，娘のマーラがなくなった以前の「自分の生活をほとんど覚えていない」のだと，私たちに教えてくれました。「絶望的になり」「マーラの声の響き」すら思い出すことができないと，彼は語りました。

以下に簡単に，ピーターと私が向き合った，異なる見解を探すための治療的な質問のいくつかを以下に示します。

■絶望と交わした会話があなたを助けようとしてくれたことは，「希望を手放す」ことが正解であり，唯一の答えなのだと，あなたに信じ込ませようとしたことだと，あなたは思いますか？
■コミュニティは，3歳の娘を失った父親をどのように見るであろうと，あなたは思いますか？
■みながあなたに，「いつか乗り越えられる」と言い続けるのはもっともなことだと，あなたは感じますか？
■このような人々は，悲嘆に暮れる父親にとっての効果的な時間割があると信じていると，あなたは思いますか？
■現在，絶望と落胆によって遮断されてしまっていますが，あなたが思い出すことのできる過去にもっていた希望が存在する場所があると思いますか？
■この希望は，どのようにしたら存在できるでしょうか？
■死があなたを捕える前に，隣人のデイヴがガレージからあなたを救い出した事実の中に，あなたは希望を見いだすでしょうか？
■マーラの死をめぐって自分を責めることは当然の告発であると，あなたは感じますか？　何が，この告発を支援しているのでしょうか？
■病院があなたを抑うつであると診断したことはあたっているでしょうか，それとも，それは，「どのように生き続けるか」がわからないという，あなたの経験をめぐる描写であると思いますか？
■なぜ病院は，悲嘆に暮れる父親に，それほど多くの薬を投与したと思いますか？
■あなたの人生やコミュニティの人々や病院のスタッフも含めて，マーラの死を

めぐって，あなたを責めていると思われる人がいるでしょうか？
■ あなたが私に説明してくれたこの深い悲しみは，他のだれかと分かち合えるような悲しみだったでしょうか？
■ あなたの日々の生活の中に，絶望の人生を促進してしまうような人がいたり，そのような考え方があると思いますか？
■ 自分の人生をふり返ってみて，あなたがそこにもどってくるときまで，あなたの希望を保持し続けてくれる，ずっと守っていてくれるだろう人が，だれかいますか？
■ あなたの人生に希望が再発見されることを，ほんのわずかな間でも想像できたならば，あなたのもっているどのような資質が，その希望を持続させることができるでしょうか？
■ 自分の内面での非難や絶望との会話の中で，異議を唱えたことがかつてありましたか？
■ マーラに寄せる愛情が，多少なりとも，あなた自身の人生に希望を復元する手助けとなるでしょうか？

3回のセッションの後で，ピーターとチーム，そして私は，彼の関心を分かち合うコミュニティに向けて手紙の下書きを書いたのです（書類4.5を参照）。彼は，この手紙を送る十数名ほどの人を選びました。

ピーターと参加してくれた8名の関心を分かち合うコミュニティのメンバーとの，リフレクションと朗読は，私にとっても，本当に深い意味をもつものでした。私たちの手紙を書くキャンペーンの会合は，時に，2時間から3時間続くことがあります。そのため，私たちは，一日の最後に会合を組みました。関心を分かち合うコミュニティによって記述された文章は，ピーターの希望に寄せる期待，自分がだれであるかを受け入れること，自分のこれからの人生を受け入れることに対して，影響を与えたのだ，と言えばここでは十分でしょう。

4週間後，ピーターは内服薬と心配から解放されて，前向きな足取りで病院を退院したのでした。その後ピーターとマーラの母親ケイトランドは，自分たちの結婚をやり直すために，私のセラピーを受け始めました。2人は数通の手紙をもってきました。2人は，自分たちの結婚を一緒に再建することは可能だと，予期できたのです。希望は，すばらしい薬なのです。

他にも続けて紹介したい，すばらしいナラティヴ・セラピーの実践が多くありま

書類4.5　ピーターの友人と家族に送付された手紙

　ピーターの友人と家族へ

　私は，ピーターとともに取り組んでいる家族療法のセラピストで，スティーヴン・マディガンといいます。マーラの悲しい死の後で，「どのようにして世界に直面していいかわからなかった」と，ピーターは私に教えてくれました。最近まで「絶望」の感覚は，彼をもう少しで殺してしまうところまで，「彼の人生を乗っ取って」いたのです。この深刻な喪失が浸食を続けるもうひとつの側面は，マーラの死より以前の「自分の人生の多くの部分を思い出すことができない」ことでした。またピーターは，「心の片隅で」「事故の当日，町にはいなかった」ことを理解しているにもかかわらず，マーラの死について，「奇妙なかたちで責任を感じて」いるのでした。ピーターは，「自分の人生を何とか続けていくべきである」という「強いメッセージがある」と信じています。ピーターは，「人はそれぞれ違う」ので，この姿勢は「困ったもの」であるとわかったと語ってくれました。そして，「乗り越えることはけっしてできないかもしれないけど，最終的にはそれとともに生きていくことを学ぶことができそうだ」と信じているということです。

　私たちは，ピーターを支援するために，(a) みなさんの人生におけるピーターとの記憶，(b) どのようなことを分かち合ったのか，(c) マーラはみなさんにとってどのような子どもだったのか，(d) ピーターが悲しみに暮れている間，ピーターをどのように支援するつもりだったのか，(e) みなさんの人生において，ピーターはみなさんに何を与えることができたのか，(f) ピーターが病院を退院した後で，彼とともに過ごすみなさんの生活は，どのようなものになると思うか，などを含めた手紙を，みなさんに書いていただきたく，この手紙を書くしだいです。

　御協力に感謝いたします。

ピーター，スティーヴン，チームメンバー

す。この章でもっと紐解き，関心を向けることができたらと思う多くの人たちがいます。しかし，紙面の都合でそれは許されないようです。

 ## 当事者リーグと共同研究

　1980年代の初め，デイヴィッド・エプストンとマイケル・ホワイトは，治療的な

第**4**章　セラピーの経過

手紙を書くことを含む心理療法のアプローチを開発しました★26★27。『治療手段としての物語（Narrative Means to Therapeutic Ends）』（邦題は「物語としての家族」）という2人の著作の中で，少なくとも半分は，治療的な手紙の利用を通して，自分たちの実践を説明しています。治療的な手紙は，他のシステムの中でいたるところに山積みになっているファイルに対する，対抗文書として見ることができます。ホワイトとエプストンは，「近代文書の増加とその地位向上は，治療手段の適正さをめぐる判断に際して，いっそう文書に依存するようになっている事実に反映され」ており，専門的分野においては，文書はいくつかの目的を果たすものとみなされるが，「それは，文書における当事者と書き手の『自己』を少しも示すことはない」と書いています（White & Epston, 1990, p.188）。

文書やファイルの歴史についての情報の多くは，ミシェル・フーコーや心理学者ロム・ハレの著作から収集されたものです（Davies & Harre, 1990）。精神医学をめぐる思考の中では，クライエントのドキュメント（ファイル）内で，「ファイルが物を言う」こと，そして時間とともに，ファイルがどのように1人歩きをするようになるかについてを明らかにするよう，ハレは力を注いできました。ハレは，「ファイルは，すぐにその対象範囲の外側にもち出され，社会の中で存在と軌跡をもつようになる」と述べています（Davies & Harre, 1990, p.159）。

エプストンとホワイトは，セッションの後で，定期的にクライエントに手紙を送っていました。2人は，従属的な物語の地位を確保し，前向きな評価と生き残ったことを要約し，再著述するセッションを通して，クライエントがつかんだ知識やオルタナティヴ・ストーリーについて，質問するために，手紙を書いたのです★28。

デイヴィッド・エプストンは，手紙を書く実践をさらに発展させました。彼は自分の手紙と，クライエントが返してくれた手紙とを，特定の問題が蔓延するライフスタイルの領域内に依然として捕らえられている他のクライエントに，流布させ始めたのです（Epston & White, 1990）。彼は，アーカイブとよぶものの中に，クライエントの知恵を収集したのです。アーカイブには，かんしゃくを手なずけること，

★26　2人の代表的な著作『治療手段としての物語』の最初の題名は，『治療手段としての文書』でしたので，手紙を書くことは，2人の心理療法の実践の一部として統合されていました。
★27　治療的な手紙を書くことに関しての詳細は，ホワイトとエプストンの著作（White & Epston, 1990）とダリッチセンターからの出版物を参照してください。
★28　1995年に，私がマイケルとデイヴィッドと話をしたときに，2人は，そのような手紙に対して，クライエントに非公式な調査を行ったと教えてくれました。クライエントはそれぞれの手紙が，平均して3回のセッションの価値があると報告してくれたのです。

夜驚，登校拒否，夜尿症，いじめ，ぜんそく，そして拒食や過食など，長く継続する一連の問題に対して豊富な解決方法を提示するような，さまざまなオーディオテープ，手紙，アート作品が含まれます。このアーカイブは，クライエントの知識を，専門的な内部の知識として再定義し，流布するようにしたのです。

エプストンは，個々のセッションで一人ひとりのクライエントと会う代わりに，クライエントから得た問題解決の知識を，他のクライエントと分かち合うことができることに気づきました。このようなクライエントは，（その当時）けっして顔を合わせて会うことはなくとも，共通の問題に対する共通の経験や知恵の豊かな蓄積者として，連絡を取るようにしていました。エプストンは，コンサルテーションや情報共有，相互支援を目的として，クライエントのネットワークを一緒に継ぎ合わせていくことができたのです★29。彼は，このようなクライエントのネットワークを，「リーグ」とよびました。リーグが育つにしたがって，内部のコンサルタントの財産にアクセスする準備ができたと，実感しました。彼のクライエントは，彼の同僚になり，コンサルタントになったのです。アーカイブは，現在，世界中に住む人々とともに，エプストンによって共有された広大な献金箱になっています。

 アンチ拒食症／過食症リーグ

1990年代半ばに私は，デイヴィッド・エプストンのリーグのアイデア★30を拡大し，拒食症や過食症に苦しんでいる女性たち，あるいはみずからの人生を再発見しようとしている女性たちのグループ（そして彼女たちの関心を分かち合うコミュニティ）と一緒に，バンクーバー・アンチ拒食症／過食症リーグ★31を立ち上げました。

★29 デジタル時代とともに，デイヴィッド・エプストンは，現在，内部の知識を世界中に発信することができるようになり，彼は日々それに取り組んでいます（Epston, 2009を参照）。
★30 デイヴィッド・エプストンのアンチ拒食症／過食症の考えが，バンクーバー・アンチ拒食症／過食症リーグの基礎となっています。彼はまた，リーグが形成されるときに，アイデアと支援を提供することで，統合的な役割を演じてくれました。デイヴィッドは，私たちのリーグのメンバーに会って共同研究をするために，ニュージーランドからカナダのバンクーバーまで何回も訪ねてくれました。マイケル・ホワイトも過程を見守ってくれ，心理療法，拒食症，身体の文化に関する彼の考えや質問，そしてさまざまなポスト構造的な文章を定期的に送ってくれました。
★31 一般的に，リーグという言葉は，思想的で，観念的な位置づけを説明するために「アンチリーグ」と使われます（たとえば，アンチうつリーグ，アンチ不安リーグ）。そうすることで，リーグのメンバーは，共同で以前には内在化されていた問題のディスコースを，外在化する役目を務めます。

もちろん，今までにない違いは，私たちはお互いに，グループとして，そして直接に顔を合わせたことでした。
　はじまりから，このリーグは率直な「内部の」声を聞くべく明確な指示を提供しており[★32]，公的な教育や政治的な行動主義の実践に向かってすばやく動き始めました（Vancouver Anti-Anorexia/Bulimia League, 1998）。アンチ拒食症／過食症リーグは，次のような目的のために，アンチ言語を利用します。

- 拒食症／過食症に乗っ取られてしまった女性を，その問題から分離するような文脈を構築すること。
- 人の身体と他者に対する関係を問題とはみなさず，問題が問題であるとみること（レッテルを貼り，病的なものとみなし，ひとくくりにしてしまう描写の影響に立ち向かうこと）。
- 人々が一緒になって，問題に含まれる複雑さを打ち負かすことができるようにすること。
- 拒食症／過食症の女性を対象化する代わりに，拒食症／過食症自体を対象化するような文化的実践を探し出すこと。
- 科学的な分類という個別化の技術に挑戦して問題の対象化を関係的に外在化し，より総括的な問題の描写をめざして，幅広い文化的で関係的な文脈に注目すること。
- 自分たちの人生や人間関係に問題がもたらす破壊的な効果の影響を描写して，拒食症／過食症によって乗っ取られた人を勇気づけるような質問を導入するために，関係的な外在化を進めること。
- 一般的な社会規範に挑戦することを通して，女性を病理学的に「物体化」し，対象化する行為を脱構築するために，関係的に外在化すること。
- 関係的に外在化し，そのことで複数の描写の可能性を認め，人の過去，現在，そして将来に向けた代わりのヴァージョンを生み出すような語り直しを認めること。

[★32] 私は，このリーグのメンバーと一緒になって，多くのカンファレンスでワークショップを行ないました。多くの場合，リーグのメンバーのセラピストは，聴衆の中の専門家として，以前の，または現在のクライエントに耳を傾けました。人の「ステータス」が患者からコンサルタントに昇格される機会を提供していくことこそ，ナラティヴ・セラピーにおいて，第一義的なことなのです。

バンクーバーリーグの目的は，精神医療における伝統的な治療の領域内に横たわる，同意しかねるような観念的，財政的なギャップを乗り越えていくことです（Madigan & Law, 1998）。リーグは，独立と自給自足の考えを推進しました。この活動の場は，2つの要素から構成されています。(a) 専門的な，そしてコミュニティの責任を求めることを通じての予防教育，(b) 病院とコミュニティの精神科の間で捕まってしまった女性のための，代わりとなる，因習にとらわれない支援システム，です。

　定期的な会合を通じて，リーグのメンバー，家族，恋人，友人たちは，拒食症や過食症の問題に向かって，直接的に行動を起こすアプローチをとりました★33。たとえば，メディア観察委員会の発展を通して，リーグは幅の広い雑誌，新聞，そして会社の代表に手紙を書くことによって，女性の身体を攻撃するような，拒食症／過食症を促進する活動を公的に糾弾していきました。このように専門的，教育的，そして消費者のシステムに向けられている，アンチ拒食症／過食症の監視を通じて，リーグは規範的な視点を取り戻すことができたのです。学校の活動委員会は，小中高校の生徒に向けてアンチ拒食症／過食症のプログラムを開発しました。しかし現在，日々の食事や身体の規格に対する関心は，すでに4歳の頃から，子どもたちの話題になっていることを，この委員会は発見したのです。リーグのTシャツは，「身体よりあなたのほうがもっとたいせつです」というフレーズを背中に飾り，リーグの名前とロゴを全面にプリントしてあります（これは，いつも人気商品となっています）。またリーグは，拒食症／過食症によって亡くなったリーグの友人に敬意を払うために，毎年ろうそくを灯して徹夜の祈りを捧げる日を設けています。

　その哲学において急進的なバンクーバー・アンチ拒食症／過食症リーグの使命は，「摂食障害」をもつ女性を，自立できず，周縁化された者であると物知り顔に表現するような専門家や消費システムに，説明責任をもたせることでした。依存や社会的な周縁化は，病的なものとみなす分類や，長期にわたる入院，財政的支援の不足，絶望，機能不全，非難のメッセージなどの実践を通じて起こるものなのです。

　リーグの課題は，専門家とコミュニティの両方から提起されている，女性の身体に対しての戦いに勝つことです。拒食症と過食症から人生を取り戻す過程を通じて，リーグのメンバーは自分たちがいわゆる摂食障害に唯一責任を担っているという，

★33　1995年のニューズウィーク誌のナラティヴ・セラピーに関する記事で，リーグの活動が特集されたことは，メンバーにはとても嬉しいことでした。

一般的な誤解を受け入れることを拒否しました。リーグのメンバーは，グループセラピーの患者から，コミュニティの活動家や内部のコンサルタントへと，重大な転換を遂げ始めたのです。コミュニティレベルにおいて支援することの意味は，他の女性や家族を支援し，そして同時に自分たち自身も支援することになります。

　アンチ拒食症の心理療法的リフレクティングチームのコンサルテーションに関しては，リーグのメンバー，または他の心理療法家を活用していくという選択肢が与えられるのであれば，私は可能な場合はいつでもリーグのメンバーに協力してもらうことを好みます。食事に問題を抱えている新しいクライエントは，メンバーの思いやりにあふれた直接的なリフレクションに，常に心を動かされます。訓練を受けている心理療法家に対するコンサルタントとして，そして，リフレクティングチームのメンバーとして，以前のクライエントやリーグのメンバーに支払いをするのは，私たちにとっては日常茶飯事のことなのです。

アンチ拒食症の共同研究

　心理療法家の訓練の過程で拒食症と過食症の問題に取り組む際に，何を知っている必要があるかということについて，リーグのメンバーの考えを広めるという明確な目的で，メンバーが作成したビデオテープからの抜粋を，以下に示します。このインタビューは，共同研究として，内部の知識を利用するナラティヴの実践を表したものです。

マディガン：拒食症や過食症に乗っ取られてしまった人に取り組むときに，心理療法家としては何を知っている必要があるでしょうか？
キャサリン：そうですね。拒食症や過食症は，多くの異なるレベルで扱われるべきで，ただ個人に焦点を当てることはできないのだと，セラピストが理解しているのは重要なことだと思います。その人たちに何が起こっているのか，家族に何が起こっているのか，環境または社会で何が起こっているか，のすべてが重要で，すべてが一緒くたになっているんです。あらゆるレベルにおいて，そのことに対応しなければいけないんです。そうでなければ，問題の一部を扱っているに過ぎません。そして，そうしなければ，それはすぐにまたもどってきてしまうと思うんです。

マディガン：拒食症や過食症から逃れるために，専門家たちがしたことで，助けにならなかったことを何か見つけたでしょうか？

キャサリン：ええ，そのような人たちが過食症の人としてあなたを見ると，あなたも自分自身を，完全にそう見始めるのです。あなたの拒食とか，あなたの過食として認識し始めてしまうと，あなたは，自分自身を失い始めるのです。自分自身に別の側面があるということを否定してしまいます。自分の摂食障害について考えるのです。そして，みなが「あなたは過食だ」「おまえは拒食だ」とたっぷり言ってくれるので，あなたがした悪いことはすべて，過食，または拒食のあなた，のせいになってしまいます。このやり方は本当に，その人たちの多くを否定し，その人たちの「人となり」を否定してしまうのです。拒食症や過食症に一度でも苦しめられたら，それは，自分の人生の一側面だけなんだと，言うことができるんです。本当に自身自身に，内面にいる自分に，外に出る必要のある自分にしがみつこうともがいているときに，みながだた拒食症や過食症という行動だけに焦点を当ててしまうと，自分と自分自身を押し倒してしまうので，本当に苦しいと感じます。まわりの人や専門家がそのようなことをする度に，自分はだんだん小さくなってしまうのです。

マディガン：どのようなことが，助けになると気づきましたか？

キャサリン：自分自身を過食症から分離することが，大きいと思います。それを，自分のひとつの側面としてみることができること，ただそれだけなんです。そして，自分の声を取り戻すこと，自分の声を自分自身に返し，過食症を押し返すこと，または，過食症をそれが属している場所に戻すこと。これをどのように言ったらいいのでしょうね。たぶん，それから自分自身を引き離す感覚をもてるようにすることだけだと思います。わかると思いますが，自分の声が大きくなるのを認められれば，過食症の声は小さくなるんです。

マディガン：過食症の戦術で，特別に酷いもので目立ったものはありますか？

キャサリン：そう，あります。それは，隠してしまうことです。秘密にしておくことが，私とそれにとって，生き延びるための唯一の方法であると，過食症が言いました。そして，ただ外の人にそれを秘密にしなければならなかっただけでなく，自分のまわりにいる親しい人にも秘密にしておくように主張したんです。このことを通して，過食症は，私を拘束していきました。私は手を伸ばすことができず，人と話すことができなくなったんです。それは，過食症が自分の親友となるからです。それが，私の気持ちを改善してくれる唯一のことなんです。無茶食いする

ことは，激情を追放して楽になることなんです。それが，すべてになってしまったんです。万能の親友，対処メカニズム，そして，それが私を捕らえ続けて，私自身や私のまわりの人々を疑い続けるようにしたんです。

マディガン：過食症の秘密順守のおきてと戦うために，何か思いつくことはありますか？

キャサリン：私のまわりにそれが秘密の締め付けを張りめぐらそうとしていると感じたときに，私は，本当に積極的にそのことについて考え，「私はいったい何をしているの？」というんです。私は自分自身を孤立させているの？　過食症は私を引きこもりにさせているの？　それから，音量を下げて，「いや，私は，それに自由にはさせるつもりはないの」と続けるんです。私は，それが，自分とは分離している何かであると，積極的に見るようにするんです。その実体を見きわめると，それは，虐待的なパートナーなんです。それは，ただ私に対して本当に虐待的なんです。虐待に対して「ノー」と言うことによって，まわりに居てくれる人たち，本当にいつもそこにいてくれる人たちに手をのばそうとすることが，その支配を衰えさえる大きな助けになるんです。過食症は私を虜にし，孤立させ，自尊の感覚を否定したんです。そして，私がよい人間であること，大事にされる価値があること，人々がわかち合いたいと思っていること，私の人生にかかわりたいと思っている，という感覚を否定したんです。

マディガン：過食症を虐待的関係にたとえているのは，興味深いと思いました。あなたのこの考えについて，もっと教えてもらえませんか？

キャサリン：一度私は自分の身体に向けて手紙を書いていたんです。「虐待のすべてを悪いと思っています」など，と書きました。そのとき本当に，虐待的な過食症がどのようなものであるかを私は理解し始めたんです。そして，まさしく虐待的なパートナーのように，それがふるまっていることを，です。それは，私が最も傷つきやすい瞬間に私を攻撃して，私を押さえ込もうとするんです。私が悪いのだと，語りかけるんです。そして，だれも私を好きではないし，過食症はいつも頼りにできるけれど，ほかのだれも信用できないと，語りかけます。本当に大事にしているから，本当にすばらしい何かをしたいから，過食症は私にこうしているんだと，私に語りかけるんです。おわかりと思いますが，それは，自己の感覚や自尊心のすべてを破壊するための，あらゆる狡猾な方法を知っているんです。それは，人の心をかき乱し続けて，それから，ゆっくりと身体的にも精神的にも虐待していくんです。過食症は「おまえをたいせつにしているんだ」「だれも，

俺がするようにおまえを愛してなんかくれないんだ」といい続けます。それが，私の心に根強く植え付けてしまったものなんです。だれかに失望させられたとき，たとえほんの少しでも，「そうね。あなた（過食症）は正しいのね」と言ってしまったんです。自分はくだらない存在なのだ，だからこのようなことが起こっているんだ，やけ食いをして，それが，短い間は私の気分をよくしてくれました。自分自身を満タンにして，吐いて怒りを取り除こうとしたんですね。それは，短い間，ほんの短い間だけは助けになりましたが，悲惨な結果をもたらしたんです。

マディガン：過食症の虐待からどのようにして自由になったんですか？

キャサリン：それは，さまざまなことだったと思います。最初に，私が本当に理解しなければいけなかったこと，それが虐待的な関係だということでした。虐待的な関係について理解し始めると，助けを呼ばない限り，どこにも行かないのだとわかるようになりました。そうですよね（笑）。だから，本当にそれを見つめなければいけなかったんです。私をそれにしがみつかせていた，知的な，または感情的なものは，何もかも手放してしまわなければならなかったんです。それを自分自身から分離したものとして，虐待的なパートナーとの関連の中の自分を見つめたんです。そして，何もよくはなることはけっしてないと，理解しました。自分がそれをコントロールすることなんてできないこと，そして，それはけっして私を愛しているわけではないことが，わかったんです。それが，本当は私を憎んでいること，自分の目的をもっていること，自分の計略をもっていることがわかり，そしてそれは私を破滅させることだったんです。そして，私はそのことを本当に見つめる必要がありました。それが私の人生に居座るためについていたすべての嘘を，解き放つ必要があったのです。ちょうど，虐待的なパートナーの元を離れようとするときには手を差し伸べなくてはならないように，粘り強い，よい人たちがそばにいることを見つけたんです。よい人たち，リーグの人たち，前向きな人たちが，そこにいるのだと私に気づいてもらおうと一生懸命になっていることに。その人たちは，過食症というパートナーよりも，ものすごくいい人たちだったんです。少しずつ，ただ信頼して気づくと，そう，その人たちはそこに居たのです。今では，私のことを本当によく理解してくれています。

マディガン：どのようにして，虐待関係を終結させていったのですか？

キャサリン：ただ，過食症を疲れさせて，放り出しただけです。

第 4 章　セラピーの経過

　このリーグの「拒食症と過食症についてすべての心理療法士が知っておくべきであるが，尋ねるのはおそろしいこと」というDVD★34を上映するときに，専門家たちや一般の人たちが見ている部屋で，喝采と関心，涙が沸き起こるのは，不思議なことでしょうか？　私は，その当時，バンクーバー内の入院摂食障害プログラムの所長をしていた精神科医のエリオット・ゴールドナー医師（私の旧友でもあります）に，リーグの継続的な共同研究プロジェクトの引用を読んだ後の感想を求めました。ゴールドナー医師は次のように書いてくれました。

> リーグの記述は強力な事実を際立たせている。すなわち，拒食症や過食症に苦しんでいる人々は，けっして過小評価することのできない知恵や専門的知識を有しているということである。この研究は，一つひとつの体験から集められたものであり，一般的な社会生活における時間的枠組みや学問的な目くらまし，そして，政治的あるいは財政的な動機に左右されるものではない。この人たちの洞察を無視することは，愚かなことであろう。精神医学や心理療法の実践は，依然としてこのような注意深い，綿密な研究を無視してしまうことが往々にしてあり，技術や科学主義が提供する即効薬や電撃的な解決方法を好むのである。
>
> （Madigan & Epston, 1995, p.56）

　ビデオを見るのではなく，人々の言葉に聞き入ったとき，私に聞こえてきたのは，次のようなことです。

■ コラボレーションは，拒食症や過食症と闘うときの助けとなる。バンクーバー・アンチ拒食症／過食症リーグのような場は，そのようなコラボレーションを提供することができる。
■ アンチ拒食症／過食症の行動は，個人や社会にとって，摂食障害と戦う助けとなるが，（「心理療法」あるいは「取り組み努力」で特徴づけられる）無行動は助けとはならない。
■ 拒食症や過食症と闘っている人々へのエンパワーメントは，摂食障害と戦っていく上で，助けとなる。このようなエンパワーメントは，敬意によって，そして，

★34　Narrativetherapy.tv で，バンクーバー・アンチ拒食症／過食症リーグのメンバーによるコンサルテーションの豊富なインタビュービデオを見ることができます。

人と問題を分離することによって支えられる。拒食症と過食症は，虐待的なパートナーの悪徳な支配によって人を虜にしてしまう。秘密と恥が，問題と人をつなぎ止める接着剤となっているのだ。
■ 他者（対人援助の専門家を含む）は，問題を悪化させるかもしれない。これは，他者がその人についてある種の知識を授け，その人のアイデンティティや自己を制約しようとするときに，しばしばおきてしまう。

　一般に向けた討論会でこのリーグの考えを提示したときは，治療的な可能性をめぐっての社会的な影響力を，私たちは常に考えさせられるのでした。このような共同研究のプロジェクトの知恵からもたらされたものによって，心理療法家は再帰的な説明責任に向かって動かされるものです。心理療法の説明責任の重さは，専門家のディスコースによってではなく，周辺に追いやられた知識を通じてこそ価値を与えられ，媒介されるべきであると，私たちは論じるのです（Madigan & Epston, 1995）。
　リーグは，1人のクライエントから別のクライエントに，クライエントの知恵を分配することを可能にしました。それだけではなく，この人々は問題を支援してしまっている文化的な，そして専門的な制度に反対して，しばしば強い声をあげました。リーグの使命は現在，心理学者／心理療法家とクライエントの間にくさびを打ち込んでいる差異や距離，そして地位という固定化した二分法をほどいていくことです。リーグは，透明性という考えとリフレクティングチームの考えをコミュニティまで広げるための，別のステップとして見ることができます（Epston, 1994; Madigan, 1991a）。
　バンクーバー・アンチ拒食症／過食症リーグは，いささか異なる自立的な癒しを奨励していますし，自分たちの想像の翼に何が隠されているかを取り出し，じっくりと考察するよう，人々を勇気づけています。リーグのメンバーは，自分たちの考えが，心理療法における未開拓の氷山の一角に過ぎないことに気づいているのです。

　　　本章の一部は，著者が治療的会話カンファレンスにおけるワークショップで利用したものから抜粋，あるいは変更したものです。また次の文献も，Bruner Mazel 社の許可を得て引用しています。

　　Madigan, S. (2008). Anticipating hope within conversational domains of despair. In I. McCarthy & J. Sheehan (Eds.), *Hope and despair in narrative and family therapy* (pp.104-112). London, England: Burner Mazel.

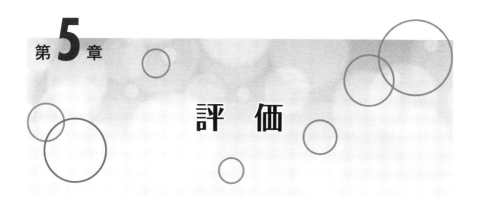

第5章 評価

　事実に対して論争の余地がなくなったまさにその瞬間，つまり皇帝が何も身にまとっていないと言うのを禁じられたとき，知識人は拒絶され，しいたげられたのである。
　　　　　　　　　　　　　　　　　　　　　　　　　——Michel Foucault

　マンチェスター大学でディスコース研究室を指揮している心理学者のイアン・パーカーは，ナラティヴ・セラピストにとっての研究のジレンマを，次の文章にうまく要約しています。

　　私たちが「メンタルヘルス」の概念に取り組むとき，当然のことながら，常に私たちの心の中に存在する疑問がある——それは，私たちが調べようとしている「メンタルヘルス」とは何なのか，いうことである。この「メンタルヘルス」という2つの単語からなる言葉は，対句である「精神疾患」より好ましいと思ってしまう。しかし，この重要な研究課題に取り組むための中立的な用語を見つけられるのではないかという誘惑に駆られることはあるものの，質的研究にたずさわる者として，私たちが使うすべての用語は，記号論的に重層の意味をもちうることを知っている。そしてその豊富な意味の中に，自分たちが支持したくないディスコース内で使われるものが常に見つかってしまうのだ。たとえば，人々が苦しむことを示す「病」という概念を避けたいと思い，「病」の代わりに「健康」という言葉を使用したとしても，医学ディスコースから完全に逃れることにはならないのである。そして依然として，私たちの研究対象が内的な精神的状態であるという前提を示している，「精神的」という用語の

141

問題が残るのである。現代のディスコースは，私たちの活動の動機を個人の心の中に位置づける言葉やイメージで満たされている。その結果として，探求の視野の範囲を定めてしまうような「心理的な文化」の中で生きていくようになっているのである。
(Parker, 2008, p.40)

　ナラティヴ・セラピーの理論，実践，そして研究の間に関連や一貫性があるとすれば，文化的活動が解釈を必要とするテクストとしてのみ扱われる限りにおいて，いかなる研究作業も文芸評論家と同種のものとなるでしょう。このことは，研究対象描写の正確さ（または客観性）について重要な疑問を投げかけることになるのです。
　治療的な研究解釈を「フィクション」であると，表現することができるかもしれません。しかしこれは，人々が描写する出来事が起こらなかったという意味ではありません。むしろ解釈は創り出され，変更されうるもので，それは「観察された」人物の第一次的なコミュニケーションを基盤とした，第二次的，さらに第三次的な説明となるのです。そのため，解釈は決定的なものではなく，常に異議を唱えることができるものなのです。
　ナラティヴ・セラピーの観点から，治療的面接のデータに理論を押しつけることはできないので，この不完全さ（もしくは異議の可能性）を排除したり，避けたりする方向性をもつ研究はすべて拒絶するべきであると，私は論じます。たとえばギアーツは，心理学が文化を民話に変え，それらを収集することによって文化を特質に変え，その特質を数え始めたのだと，指摘しました。そしてさらに，心理学は文化を制度に変え，それを分類し始めたのです。そのうえで，それを構造に変え，もて遊び始めた，というのです（Geertz, 1973, p.29）。
　（おそらく民族誌的な研究の方法[*1]によって得られる）日常生活の豊かな内情への，きめの細かい解釈による調査を支持して，主要な心理学理論を排することは，「生まれながらの」俳優がもつ行動への解釈を最前線に置くことになります。そしてこの解釈が，その人や家族がどのように文化に対応することにしたか，人々の人生がどのように機能しているかを，私たちに少し教えてくれるのです。ごく最近ま

[★1]　民族誌学の実践は，通常，民族誌学者が調査している集団の中で生活するフィールドワークを含みます。民族誌学者は，情報を集めるために，特に知識があるか，または，ふさわしい立場にいる情報提供者とともに働きながら，人々の中でふつうに生活するのです。このフィールドワークは，通常1年以上という長い期間続けられ，それ以上になることもあります。多くの人々が民族誌学は「他の」人々や無名の種族を研究するものであると思いがちですが，多くの民族誌学者は実はなじみの環境で働くのです。

第5章 評価

で，ナラティヴ・セラピーの実践においては多くの研究が実施されてきませんでした。これは，ナラティヴ・セラピストが実体験を定量化しようとする科学や手法を避けていた，ということで部分的に説明されるかもしれません。ところが，ナラティヴ・セラピーの実践成果についての検討のために集められた大量の「証拠」があるのです★2。

「責務」によって（すなわち，このアメリカ心理学会シリーズ本のために一貫した構造を提示するひとつの方法として），私はこの章でいくつかのナラティヴ・セラピーの研究プロジェクトを報告します。以下の研究概要は，ダリッチセンターのウェブサイトから引用したものです★3。

リネット・ヴロマンズ（Vromans, 2008）は，成人の主要な大うつ病性障害にナラティヴ・セラピーが対応する過程と結果について調査しました。最初の研究目的は，ナラティヴ・セラピー論，研究と実践の理論的統合を明瞭に表現することでした。ナラティヴの再帰的過程は，ナラティヴ・セラピーと，その研究および実践を関連づける理論的構成として確認されました。第二の目的は，ナラティヴ・セラピーの過程，特にナラティヴ・セラピーの再帰性と治療的同盟，そしてそれらの治療成果をめぐる関係性を調べることで，この統合を実験的に立証することでした。第三の目的は，提起された理論，研究，そして実践の統合案を立証するために，統計的有意性，臨床的意義，そしてベンチマーク分析を通して，うつ症状と対人関係の結果を評価することによって，ナラティヴ・セラピーの有用性を示す量的証拠を提供することです。この理論的統合を立証するために，経過対成果の試みを，深刻な大うつ病性障害をかかえる47人の成人を対象に8回のナラティヴ・セラピーのセッションの中で評定しました。過程に対する従属変数は，ナラティヴの再帰性（1回目と8回目のセッションで評価）と治療的同盟（1回目，3回目，8回目のセッションで評価）でした。成果における主要な従属変数は，うつ症状と対人相関性です。主要な分析は，治療結果を治療前，治療後，3か月目のフォローアップにおいて評価し，治療前と治療後，治療後とフォローアップにおいての臨床意義の増加，効果の大きさ，治療前後の臨床意義を査定するために，ベンチマーク手法を使

★2 この研究は，デイヴィッド・デンボロウ，インターナショナル・ナラティヴ・セラピー・アンド・コミュニティ・ワーク・ジャーナル，そしてダルウィッチ・センター出版（アデレード，オーストラリア）の援助を通してまとめられました。

★3 2009年11月デンボロウによる「研究，証言とナラティヴ・セラピー」からの転載，およびダルウィッチ・センターのウェブサイト（http://www.dulwichcentre.com.au/narrative-therapy-research.html）から引用（Copyright 2009 Dulwich Centre）。許可を得ての転載。

143

用しました。うつ症状と対人相関性の向上におけるナラティヴ・セラピーの有用性に関して，臨床試験は治療前から治療後において実証的に裏づけられました。うつ症状における変化の絶対値はかなりの大きさが示され（$d = 0.52 - 0.62$），対人相関性においては中間の効果値（$d = 1.10 - 1.36$）を示しました。治療は，治療前段階で軽度から重度のうつ症状のあるクライエントの症状を減らすことに効果的でした。うつ症状の改善が認められたものの，対人関係では効果がなかったクライエントには3か月間のフォローアップセラピーが継続されました。ベンチマーク研究の報告によると，治療後におけるうつ症状の減少と臨床的に有意な改善が認められたクライエントの割合（53％）は，標準的な心理療法による改善に匹敵しています。この研究は，精神的疾患からの回復を推進する方法に焦点をしぼり，ナラティヴ実践の広範な証拠に基づいた枠組みを実践家に提供することで，ナラティヴ・セラピーに対する私たちの理解の裏づけを示唆するものです。

　デイヴィッド・ベサは，シングルシステム研究デザインを使用して，ナラティヴ家族療法を評価しました（Besa, 1994）。彼の研究は，親子間の対立を減少させることをめぐって，ナラティヴ・セラピーの効果を査定するものでした。両親は，治療前，およびいくつかの治療段階において，特定の行動の頻度を計測することにより，子どもの進展を測定しました。治療研究者は，治療パッケージ方策に基づいたシングルケース法を用いて，結果を3つの多層ベースライン法を用いて評価しました。6家族が外在化，影響相対化質問法，ユニークな結果とユニークな説明への認識，ユニークな再描写の生産，ユニークな流布の促進，セッション間の取り組みの分析などを含む，ナラティヴ・セラピーの技法で治療を受けました。ベースラインの率と比較して，6家族のうちの5家族は親子間対立に改善を示しました。そして，対立が88％から98％に及ぶ割合で減少しました。改善は，ナラティヴ・セラピーが適用されたときだけに生じ，それ以外では観察されませんでした。

　ミム・ウェーバー，キエリン・デイビスとリサ・マクフィーは，ナラティヴ・セラピーと摂食障害，およびニューサウスウェールズ（オーストラリア）郊外のグループについて調査しました（Weber, Davis, & McPhie, 2006）。これは，摂食障害とともにうつ症状があると自認している7人の女性を対象とした研究を報告したものです。みずから参加した女性たちは，10週間にわたって，週1回ナラティヴ・セラピーの枠組みに基づいた，さまざまな話題を扱うグループワークに参加しました。グループワーク参加前と参加後に行われた調査を比較すると，うつスコアと摂食障害のリスクの減少が示されました。すべての女性たちが，自己批判の減少と，

日常生活における変化を報告しました。摂食障害の外在化，摂食障害からの解放が女性たちの日常生活に変化をもたらす強い支えとなることを明らかにしたグループワーク後の評価調査によって，これらの結果が裏づけされたのです。暫定的かつ短期ではあるものの，ナラティヴ・セラピーの枠組み内で行われているグループワークが，うつと摂食障害に巻き込まれている女性たちにポジティブな変化をもたらしていることを，この研究結果は示しています。

　フレッド・W・シーモアとデイヴィッド・エプストンは，幼児期の盗みに対応するアプローチについて調査しました（Seymour & Epston, 1989）。幼児期に盗みを働いていた子どもは成人期に犯罪者となることが多いので，幼児期の盗みは，家庭にとっては悲惨な問題であり，コミュニティにおいては大きな負担となりかねません。この論文では，子どもを「盗人」ではなく「正直者」とみなすことについて，子どもの家族も交えて本人の直接的な関与を強調した治療的な「地図」について説明しています。45人の子どもたちに対する治療についての分析は，家族のかかわりが初期行動変化をもたらすことを示しています。さらに，治療セッション完了後の6～12か月後に行うフォローアップの電話調査では，子どもたちの80％がまったく盗みをしなかった，もしくは盗みの割合が実質的に減ったことが判明しました。

　リンジー・ラビノウィッツとレベッカ・ゴールドバーグは，南アフリカの学校でのカリキュラムを通して，中心的な社会心理的ケアとサポートにヒーローものの本を使う介入をめぐる評価を調べました（Rabinowitz & Goldberg, 2009）。この研究は，ヒーローものの本が，ナラティヴ・セラピーの考えに啓発されたジョナサン・モーガンによってつくられた社会心理的サポート（REPSSI）の介入であると，報告しています。これは，南アフリカの学校カリキュラムにおいて，ヒーローものの本による社会心理的サポートを中心に据えることが，2つの重要な結果を生み出しているという論点を支持する暫定的証拠を示しています。

1．ヒーローもののプロセスを経験した学習者は，生活への適応と言語（家庭言語と最初の第二言語）の学習領域で，同じ学習結果をめぐる評価基準によって測定した場合，教育者がヒーローものの本を利用しなかった学習者よりも多くの習得を成し遂げた。
2．教育者が学習成果を向上させるために，ヒーローものの本を利用する方法論を用いた学習者は，ヒーローものの本を利用しなかった学習者に比べて，社会心理的な満足度が高いことが示された。量的および質的データの両方を収集し分析し

た結果,これらの調査結果が裏づけされた。調査結果のどれもが決定的なものではなく,この調査には明らかに限界があるが,最も顕著となる量的調査での発見は次のようなものである。ヒーローものの本を使用したグループでは,3つの学習領域（家庭言語,最初の第二言語,生活への適応）すべてに対する平均値が全体的に77％向上したのに対して,対照群では55％であったことである。ヒーローものの本の使用は純粋に学術的な学習結果を強化する方法論としての可能性を追求したものであったが,介入の付随的なボーナスは学習者の社会心理的な満足度の向上でもあったことを,この発見は示唆している。サンプル数は,西ケープ地方とクワズル・ナタール地方の2か所にまたがり,4つの対照群と4つの介入グループであった。対照群には172人の学習者,介入グループには113人の学習者が含まれていた。

ジェーン・スピーディー（ジーナ・トンプソンらとの共著）は,「人でいっぱいの人生を送る：心理療法『成果』探究としての定義的祝祭」というタイトルの興味深い論文を書きました（Speedy, 2004）。この論文は,現在のヨーロッパと北アメリカにおけるエビデンスに基づく医療の文化と,「心理療法の成果」をめぐる研究の慣例についての疑問を提起しました。アウトサイダー・ウィットネスの実践と定義的祝祭は,ナラティヴ,ポスト構造主義者,フェミニストらの考えに合致したものであり,また政策担当者に影響力をもたらし,将来のサービスを形成する際に等しく効果的な方法であるナラティヴ・セラピーの実践により合致した共同研究プロセスとして提起されています。ナラティヴ・セラピストとそこに相談にくる人々は,国際的ナラティヴ・セラピー結果研究の会話に貢献してほしいという招待を受けることになるのです。

ソニア・バートルドの研究は,「瀬戸際からの生還（Back From the Edge）」プロジェクトの評価に焦点をあてました（Berthold, 2006）。これは,アルンヘム・ランドにある2つのアボリジニのコミュニティ（イルカラとグンヤンガラ）で行われたナラティヴ・セラピー／コラボラティヴ・ナラティヴ実践プロジェクトに対する独立した査定です。プロジェクトの目的は,（a）自殺の思考／行為／傷害,自傷行為,そして自殺そのものを減少させ,（b）個人,家族とコミュニティの復元力,敬意,資源,相互関係性と精神保健を強化し,危険状態が蔓延するのを減少させ,（c）自殺行為によって影響を受けた家族やコミュニティが利用できる支援を増加させることです。プロジェクトは,ダリッチセンターとリレーションシップ・オース

トラリア・ノーザンテリトリーの協力で実施されました。このプロジェクトの詳細については，デンボロウらの論文を参照してください（Denborough et al., 2006）。

　この独立の査定は，このプロジェクトが次の理由のもとに成功であったことを示しています。それは，(a) 人々に自分の強さと夢を思い出させたこと，(b) 個人と集団の自尊心と信頼を増進させ，自殺と自殺念慮に対処するための能力を強化したこと，(c) コミュニティが他の先住民のコミュニティとのつながり（お互いを強め，安らぎをもたらすようなつながり）をつくり上げる機会を生み出したこと，(d) ストーリーに対する観衆を提供し，その反応を伝えていったこと，(e) 自分たちの知識と経験が他の人にとっても価値があることを見いだすのを助けたこと，(f) そのような強さと能力を認め合うためにコミュニティがひとつになったこと，(g) 地元のワーカーが結びつき，このプロセスを支援できるようにしたこと，そして (h) 現在も使われているような資源を残してくれたことです。

　ジョン・ヘンリーとジュリー・ロビンソン（フリンダーズ大学）の協力のもとに，デイヴィッド・デンボロウ（ダリッチセンター）の現在の研究プロジェクトは，彼自身とナゼロ・ヌベ（REPSSI）によって開発された，傷つきやすい子どもたちに対応するためのナラティヴ・セラピーのアプローチである「命の木（Tree of Life）」を調査研究することです。2009年に，難民家族の子どもたちに関する「命の木」の効果を評価するために，研究プロジェクトが南オーストラリアの2つの小学校で実施されました。このデータは分析され，最終結果が2010年中頃に公開されました。

第6章

将来の展望

> 知識とは理解するために形づくられるのではなく,切り取るために形づくられるものである。——Michel Foucault (*The Foucault Reader*)

ナラティヴ・セラピーの将来は,その卓越した歴史と同じように輝き続けることでしょう。ナラティヴ・セラピーは,関係性に基盤をおいた反個人主義的実践において他に類を見ません。多くの,そして絶えず拡がりながら,世界各地で聴衆を引きつけているようです。数多くのセラピスト(さまざまなカウンセリングの分野からの)が,心理学者たちの唱える冷酷な先端分野の描写からの逃げ道として,ナラティヴの理論と実践に向かい始めています。健康維持機構(HMO)が心理学者の実践に課する制限や薬理学の重要視,またエビデンスを基盤とする実践などから,心理学はその生命を取り戻したいと考えているように見えるのです。

私は,すべての人々をナラティヴ・セラピーの世界的なコミュニティに迎え入れたいと思っています。

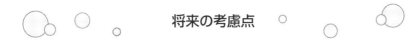

将来の考慮点

マイケル・ホワイトは,「戦争,疾病,強制退去,そして経済的混乱による災難を被っている世界の大部分の地域において,子どもたちは生命をおびやかされそうな苦難とトラウマに直面して,過酷なまでに傷つきやすい状態に置かれている」と述べました(White, 2005, p.24)。どこであろうと,トラウマを体験した若い人々と

取り組むときの治療の中心的な課題は，子どもたちを再び心的外傷にさらさないために，心理的，精神的，そして感情的にもその安全性を確保することにあると，ホワイトは主張しています。そして，ナラティヴ・セラピーの実践的枠組みの中で述べられているように，子どもたちが安全に過ごせるための「代わりとなるアイデンティティの領域」を子どもたちに提供することは，従属的ストーリーラインを促進させ，展開させることを通してこそ達成できるのです。トラウマ体験について，子どもがユニークで，安全な話し方を見いだし始めるのは，この安全で揺るがない場所の中においてなのです。

心的外傷を経験している人々（子ども，大人，家族，そしてコミュニティ）に対するナラティヴ・セラピーの活動は，心的外傷を治療している多くの理論的な実践方法でも行うように，人々がその心的外傷の経験を直接（それも，一刻も早く）話すことを求めていません。しかし，これは語り直していくことに重要性が置かれないということを意味してはいません。ナラティヴ・セラピーの考えでは，これらの心的外傷となる経験について話ができない（または，自分たちの経験を表現できるほど安全であると感じていない）人々を，心理的メカニズム（たとえば，否定または抑制）の影響下に苦悩している人とみなすことはしません。さらにまた，心的外傷後ストレス障害[★1]をめぐって，新規に確定された診断名は，探究されることも，考慮されることもないままなのです。

この実践に必須の要素は，子ども，または大人に，例外についての明確な描写を可能にし，それによって非難，罪や恥の意識から個人的な免責を提供できることです。また，さまざまな安全性の要因[★2]を考慮せずに，トラウマの明細のストーリーを無理に取り出すことは，子どもにトラウマを再体験させ，子どもたちを新たな不安や傷つきやすさにさらすことにしかならないでしょう。

理解の行き届いた治療的な姿勢で，心的外傷について安全に語る方法と，心的外

[★1] 2007年に，親しい友人で，カナダの優れたHIVとエイズ疫学者であるエド・ミルズ医師に，彼の数え切れない活動のひとつであるウガンダのカンパラとマベレ，そしてさらに北にある強制退去者のキャンプを訪れる旅に，私は招待されました。この旅行期間中，心的外傷として知られる北アメリカの心理学的概念の話題について，数えきれないほどの議論（そして，しばしばすべての「西洋からの援助者」に向けた穏やかな嘲笑）に遭遇しました。現地での返事は，常に「あなたが話している『（郵便）ポスト』」（訳注：心的外傷後ストレス障害「ポスト・トラウマティック・ストレスデスオーダー」の「ポスト」のこと）は，どこにあるのですか？」というものです。これが，ウガンダにおいて理解されていることであり，西洋ではまったく誤解されていることなのです。

[★2] これらは，子どもや大人のスキル，知識，そして能力について幅の広い議論が含まれるのです。たとえば，好ましくない状況の中で支援を見いだすスキル，孤立の壁を破るために他の人とつながる方法を見いだすスキル，心的外傷を再生産する状況に巻き込まれたり，その一部となることを拒否するスキルについての議論なのです。

傷をめぐる子どもの反応に対応する方法を見つけ出すことは，心的外傷についての有効な表現と，子どもやその子の関係性に対する新たな希望の表現を生み出すことにつながります。西洋思想を基盤とする心理学が，他の文化における体験に代わって口をきくという道にはまり込んでしまった（そして，発展途上国で心的外傷を「治療」し始めている）ので，マイケル・ホワイトの考えは重大な鍵を握るものとなります。すなわち，1991年にジャスト・セラピーの一員であるタイマリー・キウィ・タマセセが語った，世界の植民地化の最後の要塞が心理学である，という声明が思い出されます。

過去数年間，南オーストラリアのアデレードにあるダリッチセンター財団のシェリル・ホワイトとデーヴィッド・デンボロウは，心的外傷の中に生きている子どもたち，家族，そしてコミュニティとともに，ナラティヴ・セラピーの仕事を続けています。彼らの仕事は戦争で引き裂かれた国にまで広げられています。この新しい任務は共同体ナラティヴ実践とよばれています。

共同体ナラティヴ実践は，世界の異なった地域の同僚と共同で考案されたものですが，深刻な苦難を体験したことのある個人，グループ，そしてコミュニティとの共同作業が含まれます。（マイケル・ホワイトとデイヴィッド・エプストンによって開発された）心理外傷に対応するナラティヴ・セラピーの原則と実践の採用を出発点として，異文化間のパートナーシップは，多様な範囲での共同体ナラティヴ方法論の発展に結びつきました。これらには以下のことが含まれます。

■共同体の年代記
■歴史のマッピング
■共同体のナラティヴ文書
■メッセージを交わすことを通して個人／コミュニティを結ぶストーリーライン
■日々の暮らしの歌
■社会的，心理的抵抗のためのナラティヴのチェックリスト
■命の木——傷つきやすい子どもたちとの作業に対する共同体ナラティヴ・アプローチ
■命のチーム——若者向けのスポーツの機会の提供
■命の凧——移民／難民コミュニティにおける世代間関係の強化

共同体実践チームは，性的暴行を受けた体験のある受刑者，オーストラリアのア

ボリジニ・コミュニティ，南アフリカの傷つきやすい子どもたち，そしてルワンダの大量虐殺の生存者等と協力して活動してきました。共同体ナラティヴ実践は，深刻な心的外傷と困難を体験した子どもや大人と取り組むにあたって，文化に敬意を払い，共鳴性をもつので，それゆえに効果的なのです。現在までに，共同体ナラティヴ実践のチームは，オーストラリア，ルワンダ，イスラエル，ロシア，東ティモール，ウガンダ，ボスニア，パレスチナなどで活動してきました。

　倫理性と社会正義，反個人主義を重視し，文化的アイデンティティを成形するうえで，より広い社会的かつ政治的文脈を尊重する実践に留意した結果として，ナラティヴ・セラピーは急速に世界中に拡大しています。南アフリカ，サハラ以南のアフリカ，中国，日本，メキシコ，ロシア，インドのような場所で，ナラティヴ・セラピーは多数の心理療法家の支持を得ています。現在，ナラティヴ・セラピーをめぐって，最も急速な増加と関心の高まりを見せている場所は，香港，シンガポール，ブラジル，そして韓国といった国々です。

　カナダとスカンジナビアの国々には，今日世界で最高の社会サポート・ネットワークがあり，これらの国に長年にわたって大規模なナラティヴ・セラピーの伝統があったことは，納得できることでしょう。アイルランドやフランスのような国は，ナラティヴ実践の利点を発見し，いくつかの学習施設が設立されたところです。

　アメリカにおける浸透は，ボストン，マイアミ，ミネアポリス，ニューヨーク，サンフランシスコ，シアトルに長年ナラティヴ・セラピーのコミュニティがあるにもかかわらず，依然としてゆっくりしたものにとどまっています。この低い成長率は，心理学の実践が（その機関を通して）政治的に右派に揺れている結果なのかもしれません（しかし，健康管理の領域における最近の傾向をみると，私の読みがまちがっていることを期待しますが）。アメリカの同僚からのものを読んだり，聞いたりすると，メンタルヘルスの領域における右傾化は，ほとんどの心理学的支援を絶望の崖っぷちに追いやり，アメリカの友人であるビル・マドソンが「制度化された機能不全」とよぶものに向かってように見えるのです。結果として，支援を司る対人援助組織自体が（必然的に）多大な援助を必要としており，他者を支援するという使命を維持することがよりむずかしくなっているのでしょう。

　アメリカではメンタルヘルス政策の担当にどの国よりも多くの会計士が配属されました（次は，心理学者がアメリカの通貨政策の担当に配属されるかのだろうかと，私は想像したくなったほどです）。大きな力をもつ健康維持機構（HMO）のために，管財人たちは明らかに命じられたことを実行しているのです。すなわち，金を儲け

ることです。

　アメリカにおいて，公共メンタルヘルスの顧客／システムの「背後」で金を儲けるという，その考え自体はまさに非倫理的に見えますが，自由市場経済においては，これらの管理者はニューヨーク株式取引所に自分たちの会社を情報通だけが知る投資先として広告する権利があるので，そうしているわけです。忘れるといけないので述べておきますが，メンタルヘルスHMOの資本は，株主の最大の利益を捻出するために運用され（それを実践するよう，法的に縛られて）いるのです。したがって，メンタルヘルスの資本は，株主の利益を増加させるためにできることはすべて実行するという，株主合意を満たすための方法として，クライエントにより少ない心理療法のサービスを提供するような事業計画に乗り出したのです。

　アメリカの精神的な苦悩を，人々にHMOが要求する「精神障害の診断と統計の手引き」による診断名を支援しつつ安価な化学錠剤で「治す」製薬業界は，このメンタルヘルスの「ケアの少ない」投資計画を強調し，その路線に沿って活動しています。十分な研究や考察なしに，HMOと巨大な薬理学との結婚は，メンタルヘルス業界におけるまたとないビジネス機会となっているのです。さらに，その粗削りの倫理と，苦しみ傷つきやすい状態に置かれている人々に対応するには法外な費用がかかるという事実にもかかわらず，HMOは組織として何をしたいかについては率直なものです。そのため，心理学的資本主義の適用と，クライエント（および心理学者，メンタルヘルスワーカーとソーシャルワーカー）に対する搾取に関して人々がどう感じようとも，これは疑いもなく大きな報酬をともなうビジネスモデルであることが立証されつつあるので，結果として，このモデルが存在し続けるのは明白なことでしょう。

　強力な心理学的資本主義の計画が定着している中，ポスト構造主義の歴史と反個人主義性を使命とするナラティヴ・セラピー実践が，なぜアメリカの役員会議室で受け入れられないかを理解することは，むずかしいことではありません。しかし，これらの企業のメンタルヘルスに対する態度にもかかわらず，アメリカ生まれのナラティヴ・セラピスト，（ほとんどすべての）メンタルヘルス研究の大学院，多くの都市の大きな機関では，クライエントに最も役立つ手段としてナラティヴのアイデアを取り入れ，できる限りのことを，これまで以上に実行するようになってきています。西洋の心理学界に知られている，実に過酷な企業の労働条件にもかかわらず，これらのアメリカの専門家たちは，とどまることを知らぬ献身によって，これを成し遂げる方法を模索しているのです。

デイヴィッド・エプストンの最近のおもな活動は，当事者とその知識の共同研究に関する共同研究（二次的な共同研究）です。この実践モデルには，ポスト構造主義の思想（そして，ナラティヴ・セラピーの範囲内で，豊富な歴史的伝統をもつ当事者とともに活動する方法）との調和した一致があります。さらに多くの当事者リーグとの共同研究が始まっており，これが私たちの将来の活動の中心となるでしょう。エプストンは，現在，彼の共同研究の考えを多くの異なる領域に取り入れて，この活動の広範囲な可能性について探究しています（Epston, 1998; 2009）。彼の，ジュリーという名のクライエントとの最近の共同研究の短い抜粋（逐語録）を次に示します。ここでは，エプストンが，セラピーのセッションの間に彼女に尋ねた質問を再訪し，彼女の知識をめぐってさらなる説明と，そのときの質問の理解について探求しています。

デイヴィッド：ジュリー，拒食症は，あなたには自分の人生を送る価値もないし，そんなことは許されないのだと，そのときまで主張していたのでしょうか？
ジュリー：この質問が，焦点を私自身から拒食症に移したので，私は興味を抱きました。この質問は，価値もないし許されないという私の感情が，『私であること』の必須で基本的な特性を必ずしも示しているわけではなく，まったく違う何かかもしれないという可能性をもたらしたのです。主張の主体として摂食障害を考えれば，自分に価値はないという疑いを超えて，私が「知る」力をもっているという議論は挑戦的でしたし，それは概念的に大変動を起こし，結果的に私の考えに変化をもたらしました。価値がないという感情が主張による結果とは見えず，反駁のできない「事実」として自分の中で経験されていたのだと私が理解したとき，摂食障害（A/B : Anorexia / Bulimia）の説得の威力は明白になりました。ここで「事実」というのは，浸入したことに気づかれないように，私の体と心の全細胞に融合するカメレオンのような能力のことです。この浸入に気づかずにいると，生活における小さなしぐさまでの一つひとつが，私に謝罪を要求しているように感じるのです。自分に価値がないにもかかわらず依然として生きていることに対して，そして絶対に十分とはいえない謝罪を，です。生きることや愛情に受け入れられたいという，切実な欲求と思われるものに依然としてしがみついて，本当に申しわけなく感じながら生きていることは，苦痛に満ちたあり方でした。いちばんの謝罪として，自分の人生を放棄するように運命づけられているのだと，そしてそのため，生きていることのどんな小さな兆候も，罰されるべき逸脱とし

てしかみなされないのだという圧力を体験していたのです。

デイヴィッド：ジュリー，拒食症の道義に反した考え方に沿って，自分に残された唯一の道徳的な行為として，自分自身を処刑するよう煽動されたのですか？

ジュリー：私は自分に向けられた挑戦に慣れてきてはいましたが，このデイヴィッドの質問と，その質問が喚起した思いや感情の深さを思うとき，この質問は本当にショックでした。その質問は，恥ずかしくて葬り去っていた，私の生命の中にある核心の体験にまで，私を連れて行ったのです。この対話が，その体験を掘り起こして，声に出すことを励ましてくれなければ，それはずっと葬り去られたままだったのかもしれないのです。涙のように流れ出る言葉を見つけ出し，忘れていた声をついに発見することができたときの悲しみと安堵の涙，新しい，思いもよらなかった方法で自分の生命を見いだし，再体験し，語ることのできる興奮と認識，そしてその悲しみを表現する言葉の滝，答えに到達する道を探し回って費やした時間や方法を語るとりとめのない言葉，迷っていたバラが開花しようとしているかのような，絡まった言葉，ためらい，そんなすべてです。初めて語られる自由を得た言葉。おずおずしないで話すことができたと言いたいのですが，A/b'sについての会話の初期には，A/Bのすべての規則に背いて，その怒りを招いているかのように感じていました。話すことに気がとがめて，不正直で，その資格がなかったと，私は感じていました。私はさらけ出されてしまうと感じて，謝罪し続けましたが，デイヴィッドはいつも元気づけ，励ましながら，寛大で忍耐強くいてくれました。私は，今までに摂食障害の体験について，尋ねられたことはありませんでした。今，だれかが尋ねてくれて，そのうえ聞いてくれたのです。私は，自分の人生を変えることになったこの事実を，過小評価することはできないでしょう。

　ナラティヴ・セラピーのアイデアを発展させる　

アメリカ・マサチューセッツ州ケンブリッジに住む，私の長年の友人ビル・マドソンは，多くのメンタルヘルスの組織とともに積極的にナラティヴの実践方法で活動しているが，将来への構想をもったナラティヴ・セラピストの1人です。公共メンタルヘルスに携わるクリニックや児童保護および福祉機関などの組織は，真に人々をを支援したいと強く望んでいるのです。ビルは，組織の事務作業，スタッフ

のスーパービジョン,方針決定,組織全体協議や会議などに,ナラティヴの考えを取り入れる方法を開発しました。俗にいうベストプラクティス・モデルとかエビデンスに基づく研究といった無意味な状況から抜け出せずにいる心理学的実践と戦うために,彼は新しいセラピスト／ワーカーの言語も開発しました。彼は最近『多重のストレスを抱えた家族とのコラボラティヴ・セラピー（Collaborative Therapy With Multi-Stressed Families)』の第二版を出版しました（Madsen, 2007)。私は,この本をすべての社会福祉事業従事者に強く推薦します。

また,ナラティヴ・セラピストであり,著者でもあるジョン・ウインズレイドの現行の理論的な著作を,私は評価しています（Winslade, 2009)。彼はナラティヴ実践にポスト構造主義者であるフランス哲学者ジル・ドゥルーズの研究を融合させる,興味のある事例について考察しています。特にフーコーの力の概念を基にして,ドゥルーズがどのように力の動線を用いて図式的に力関係を表現しているかについて,興味を示しています。ドゥルーズは好ましい人生とライフスタイルに向けられるナラティヴ・セラピーの質問につながる,「生成の」哲学者である,とウインズレイドは説明しています。ドゥルーズは,「人はどのように生きることができるか？」というシンプルな質問を,創造的な可能性に焦点をあてて問いかけるのです。

私が注目している研究に,カナダ,ブリティッシュ・コロンビア,バンクーバーのデボン・マクファーランドと,デイヴィッド・ナイランド[★3]（カナダ,マニトバ,ウィニペグ）とジュリー・ティルセン（カリフォルニア,サクラメント）の,性転換手術を受けた人たちとの取り組みがあります。アイデンティティとジェンダー,それに人間性に関して二元論的な描写に反対する,精神療法についての議論の最前線を,彼らの実践的なアイデアと記述から読み取れるのです。

私の同僚であり,良き友であるヴィッキー・レイノルズ[★4]は,労働者団結グループ（特に,劣悪な条件の元に生活を強いられている被差別集団の人々と活動し,自分たちも差別の対象となっている労働者との）実践を打ち立てました。彼女のグループワークは倫理活動家のセンター中で,治療的実践調和をつくり上げることを目的としています。ヴィッキーの活動は生成的に拡大,発展しており,私はこの団結作業の拡大の目撃者となりたいと思っています。

[★3] デイヴィッド・ナイランドは2007年からナラティヴ・セラピー・バンクーバー校の講師を勤めています。

[★4] ヴィッキー・レイノルズは2005年以降ナラティヴ・セラピー・バンクーバー校の講師です。

私の長年の協力者で良き友であるイアン・ロウは，ナラティヴ・セラピー論を広げた対話的治療法の中で新しい活動をしています。イアンの最新のプロジェクトは，われわれをポスト構造主義とミシェル・フーコーの仕事へのより深い探索へと駆り立てることでしょう。ラトリッジ社からの著書の出版を楽しみにします。

オーストラリアのアラン・ジェンキンスは，精神的外傷と虐待を対象とした活動にナラティヴ実践の倫理招待モデルを導入し，拡大しています。彼の最新の本は『倫理的になる：虐待した男性たちに寄り添った政治的な旅路（*Becoming Ethical: A Parallel Political Journey With Men Who Have Abused*）』（Jenkins, 2009）は，何度も読み返す価値があります。同じ領域の，もっと最近の心を動かされる活動は，ニュージーランドのジョネラ・バード，カナダのダンカンにおけるアラン・ウェイド★5，カナダ，ヴィクトリアのキャシー・リチャードソンらによるものです。

世界中に散らばるますます多くのナラティヴ・セラピストに出会うと，私はナラティヴ・セラピーという手法の範囲内で，より創造的な探究へ進みたいという思いにかられます。セラピーにおけるトレーニングが，創造力，見習い訓練，創作，技術開発と厳密な研究をめぐるものであったときの，革新的な過去への復帰の端緒に立つ可能性を思うので，デイヴィッド・エプストンとナラティヴ・セラピー・バンクーバー校の講師は興奮してしまうのです。

ナラティヴ・セラピー・バンクーバー校は，2010年秋にナラティヴ・セラピーに関する，カナダ・アメリカ間での新しい研究プログラムを開始します（http://www.therapeuticconversations.com）。このコースでのティーチングと細心に設計されたナラティヴ・セラピー研究プログラムは「共鳴する実習」（reverberating apprenticeships, Epstonとの私信, 2009）とわれわれが呼んでいる会話訓練をさらに促進することでしょう。これらの共鳴する実習は，われわれの養成訓練とスーパービジョンプログラムのあらゆる段階で起こるもので，当事者講師，ライヴセッショントレーニング，読書グループや民族誌的グループ共同研究活動（Tyler, 1990）等も含んでいます。ナラティヴ・セラピー・バンクーバー校は，われわれの教育と現在行われている臨床実践に，より多くのナラティヴの独創性をもたらすトレーニングの共同方法として，この共鳴する実習を目論んでいます。われわれの責務は，ダイナミックで自信に満ちた，創造的な専門家を養成するべく，セラピスト

★5 アラン・ウェイドとジャネラ・バードとの虐待と精神的外傷についてのみごとなライヴインタビューは，http://www.therapeuticconversations.com を参照してください。

たちを奥深い精密さと陰影を投影させた中で訓練することなのです。

　われわれは，ナラティヴ・セラピーにおいて可能と思われる創造的な氷山の，ほんの一角をかすめただけにすぎません。ナラティヴの独創性の姿勢を取り入れることは，われわれのセラピー活動本来の，共同的で創造的な精神へと，ナラティヴ・セラピストを回帰させることなのです。ダリッチセンター出版の出版物である『厳選論文集（Collected and Selected Papers）』にもどり，さらに，当事者民族誌学の方向へと前進するのです（そして，ポスト構造的思考の政策に沿った治療的な質問を考え出すために夜ふかしすることなのです）。ナラティヴ・セラピーの独創性はナラティヴ・セラピーを手法として見る方へと展開し，地図作成技術者の固定化したガイドラインから脱皮しようとしています。

　ナラティヴ・セラピーは，当事者知識という刺激的なアイデアへと歩み続けています。これは専門家の知識という，ナラティヴ実践知識の進歩の中で推奨されるディスコースとは区別され，個別でユニークなディスコース（Madigan & Epston, 1995）としてみなされます。1990年代に私やデイヴィッド・エプストンやローレイン・グレヴィス，そしてバンクーバー・アンチ拒食症／過食症リーグの（多くの）メンバーがコミュニティ集会を組織して，当事者文書を作成したとき，われわれは単にそれが最も賢明な行為であると思いました。女性たちが死亡し，橋から飛び降り，あるいは孤立した病室で苦悩していたときに，私たち全員の努力を共有化することこそが，最高の治療的方針であると考えたからです。リーグと当事者知識の収集は，問題が好む孤立に抵抗して行われました。それは，単純にして充分なものした。知識の収集は今もなお続いています。

　関心を分かち合うコミュニティは，人々が拒食症と過食症の断末魔の苦しみから自身の命を取り戻し，そして，関心を分かち合うコミュニティ内の彼らの永続するつながりを通して健康（そして，好ましい人生）へと支援するようになっていきました。問題アイデンティティが変身して，知識化されたコンサルタント・アイデンティティに変わったのは，これらの集会（そして，ひとつには，これらの集会のためにあとに続いた行動）においてでした。カナダ・ブリティッシュコロンビア・バンクーバーのアーロン・モンローとショーン・スピアは，現在関心を分かち合うコミュニティと当事者知識文書のコミュニティを展開し，それらは政策を形づくり，プログラム研究開発金を獲得しています。彼らのナラティヴ・セラピー活動はカナダの最も貧しい都市地区の最前線にあります。そして，ホームレス，精神保健問題，薬とアルコール使用で苦悩している多様な人々とのナラティヴ的な活動となってい

ます (Waldegrave, 1996)。

アーロンとショーンのコミュニティの感化を受けた当事者「シェルターの人々」★6 の会合 (Speer との私信, 2010) は,非常に感動的であるだけでなく,シェルターのプログラムや注射針交換プログラムなどの新しい補助金提案を書くときに使われる主要な言語と知識として使用されました。シェルター規則,倫理ガイドライン,当事者の薬物使用,専門家の行為,スタッフ・ミーティング,家族とコミュニティ関係,仕事プログラム,その他の問題に対処するとき,この当事者知識が使われました。当事者の会合が,彼らの知識を実際の活動の中に位置づけたのです。このことは,このような知識を形成した,いわゆる慢性のアイデンティティに閉じ込められた人々の感情を高ぶらせ,初めは彼らを慢性病患者と名づけた専門家グループの中にも変化を吹き込むことが期待されています。

2009年のデイヴィッド・エプストンと私の最近の長期にわたる訪問の間,私たちは自分たちの活動における批判的民族誌学のもつ意味について話すことに大部分の時間を費やしました。批判的民族誌学の領域は,ナラティヴ・セラピー実践にとってけっして新しいものではなく,当事者共同作業におけるナラティヴの実践に詳細に研究された規律と方法論を提供してくれるものです。ナラティヴ・セラピーにおける重要な民族誌的治療は,クライエントの声とクライエントの当事者知識を妨害し,知られぬままに置き去りにしてきた境界や沈黙を,専門家が突き抜けることを可能にするような特典や技法を用いるものです。

批判的民族誌学は,主題(あるいは,治療的なプロセス)の馴化に抵抗するという意味で,ナラティヴの実践家にとって重要なものです。馴化に抵抗することによって,「何であるか」と尋ねることから「何が可能か」(Madison, 2005) と尋ねる方向に私たちを動かしてくれます。つまりナラティヴ・エスノグラフィー・セラピーの実践は,言語の中立性と権力と支配による思い込みの両者に揺さぶりをかけることで,現状維持を崩壊させることができるのです。

現在進行中のナラティヴ実践の将来は,毎日のセラピーの場でわれわれに会いに来てくれる人々との,名ばかりではない,真正の方法で共同作業をしていきたいという継続的な願望を基盤とするように思われます。これは,われわれがクライエントの中に見る同僚としての価値に対するいっそうの投資をうみ出し,われわれが共

★6 ショーン・スピアは,「ホームレス」というアイデンティティと,この名前から当然と考えられるようなあらゆる害や不都合から人を切り離すために,「シェルターの人々」という用語を創り出して,心理的にも地理的にも名前を変えて再配置する方法をとりました。

同発表し，共同著作し，ごくふつうの実践として共同研究することになるでしょう。さらに，活気のある共同作業は，私たちがともに活動する当事者知識文化に精密な解釈や探求，そして一般の人々からの評価をもたらすことを意味するでしょう。文化とは，難民や性転換した人，子どもたちの世話をして家にいる両親，注意欠陥障害やアスペルガー症候群と診断された子どもたち，また家のない人々，家出をした若者，そして，薬物使用に苦悩する人々，摂食障害，職業的不安，郊外生活の不安，結婚生活の浮き沈みなどのすべてを含むものであり，単にその文化の中に暮らすことの，幅広い体験のすべてを含むものなのです。

第7章 まとめ

　ポスト構造主義の思考とナラティヴ・セラピーは，治療に関して，言葉で表現しうる最も強力な疑問を呈するものです。心理学の領域において，いかなる声が正当なものとして認められていようとも，ナラティヴ・セラピーは，ポスト構造主義，反個人主義，社会正義，および批判的民族誌学等のあらゆる形式における考察の方向へと，心理学の分野を押し進めていくことでしょう。そうする中でナラティヴ・セラピーは，セラピーやスーパービジョン，リサーチの分野で，実践をめぐって「正常」とされている既成概念に揺さぶりをかけ続けることになります。

　1991年のある日，マイケル・ホワイトは南オーストラリア，アデレードの上空で自分の飛行機を操縦していました。上昇気流に乗るだけで鳥のように大空高く舞い上がるという，手際のよい操縦の腕を私に披露してみせた後で，マイケルは振り向いて私にこう言いました。「スティーヴン，知ってるかい？　僕たちの仕事の相手になる人たちは，いつだって自分で認めるよりもずっとおもしろい人たちなんだよ」。人々の実際の人生は，その人々によって語られた物語よりももっと興味深いものであると，セラピストが理解する必要のあることを，マイケルは言おうとしていたのでしょうか。そしてきっと，このように理解していくという単純な実践こそが，セラピストの第一義的な職務ではないでしょうか。すなわち，人々が自分の人生を，もっと豊かで深く，そして意味深い「代わりの物語」という形で，くり返し思いだし，取り戻し，あるいは再発見することができるように，です。

　マイケル・ホワイトの死後，私は彼をナラティヴ・セラピーとは何よりもまずアプリシエーション（好意的理解）のセラピーであることを，永遠に思い出させる存在として考えています。それは人々の人生経験，ノウハウ，技術や能力などを，特

別な会話を通して正しく理解することを意味するのです。ナラティヴ・セラピーのマイケル版というのは，相手を完璧に称賛することにほかありません。これが，友人やセラピストやクライエントのすべてに残した，彼の実践の遺産なのです。

　マイケルはまた，反個人主義というシンプルな考えに，心底から傾倒していました。マイケルにとって，ある人の人生経験を，その人間関係や文脈を理解することなしに，セラピーの中でその人の苦闘に対応するのは，実に完璧にばかげたことだったのです。マイケルにとって，個人主義的な思想に位置する心理学の基盤とは，現実から離脱し分断された形での「事実」を示すものでしかなく，それは人間の経験に存在する驚異や輝きを説明することはできないものでした。

　セラピーの中で実践される個人主義というものは，そのさまざまな形においても，一般的な意味においても，実にマイケルを悲しませるものでした。マイケルは個人主義を理論的な論点とは考えず，セラピーにおける個人主義の実践が私たちのコミュニティの中で（すなわちセラピストとクライエントの生活や関係性において），長年にわたって負の疲労困憊感を生み出してきたと考えていました。

　たびたびのことですが，私はセラピーの場で，薬による「治療」やファイルに誤った記述をされたこと，まちがった診断をされたこと[★1]，「的はずれな」治療的会話に引きずり込まれたことなどの過去の体験が，いかに役に立たなかったかを告げられたことがあります。そのときの治療的関係について深刻な悲しみを語る人もいましたし，心理的な「治療」についていかに手厳しくなったかを語る人もいました。

　人々が自分の否定的な治療の体験を語ることは，多くの人には驚きに値しないかもしれません。しかし，クライエント側からの申し立てや抗議にもかかわらず，セラピーにおける治療実践の主流は変わっていないのです。クライエント側からの警告は，職業的な専門家たちがクライエントの声に対してかなり耳が遠くなっているということを示しているのです。このセラピー界における進行中かつ酷評されている難聴という現象は，嘆かわしいことであると同時に，好奇心をそそられることでもあります。聞くべき場所で職業的な難聴が存在することへの課題は，自明のことなのです。好奇心をそそられる点は，私が会ったり指導したりする多くの心理学者たちも，セラピーにおける自分たちの経験をだれも聞いてくれないことに対して，

★1　ここで明白にしておきたいのですが，私はセラピストの実践者としてDSMに基づいた診断をくだしたことは一度もありません。これは一部にはカナダにおけるメンタルヘルスの体制のせいもあり，キャリアの初期にナラティヴ・セラピストとしての訓練を受けたためでもあります。

第 7 章 まとめ

同様の意見を口にすることです。

　心理学者たちは，クライエントを（現在行われているよりも）「もっとよい方法で」治療することができないことに，いかにフラストレーションを感じているかを述べています（そして書いています）。こんにち，多くの心理学者たちは，資格を取得するためにあれほど努力したにもかかわらず，自分たちの「支援の技術」を十分に実践することができない状況に陥る不毛を嘆いているのです。たとえば支払いを受けるために（その診断を信じていようがいまいが）診断を下すよう命じられることや，クライエントに提供できるセラピーの回数を制限する圧力について不満を述べています。

　もしクライエントとセラピストがともに，相手の治療的体験が異なったものであること（もっと深くて親密な，そしてたぶんもう少し有益なもの）を望んでいることを表明するならば，それを阻むものを取り除くために，いったい何を協力的に実践していかなくてはならないのだろうか，と私はよく考えるのです。この疑問に対する答えが何であれ，（あなたがどこに住み，どのような特権をもち，だれのために仕事をしようとも）その答えはきっと見つけることができると私は信じています。

　訓練中の心理学者たちには，（救出してくれる）騎兵隊はけっしてやってこないのだ，と私は話しています。なんらかの変化を生みだそうとするときは，（クライエントや支援してくれる同僚を除いては）あなたたちは公式的に単独なのだ，と伝えています。しかし，いったんオフィスのドアを閉じれば，すばらしい，共感に満ちた，そしてとてつもなく興味をそそるような治療的会話を引き起こし，それに参加するのは完全にあなたしだいなのです。なぜなら，支援的関係がもたらす驚くべき力を完全に取り除く方法を，あなたが働く組織はまだ発見することができていないからです。

　それゆえに，治療的実践のテーブルの両側に座る人々にとって，状況は時に嘆かわしく，不愉快なものであるかもしれませんが，主流の心理学における支援の方法論が実際には問題となるようなものであるとしても，それはどうでもよいのだ，ということもできるのです。さらに読み進め，学習を積み，他のセラピストや内部の同僚たちと支援的な共同体をつくり，もっと役に立つ実践を組み込んでいくことで，助けとはならない実践に抵抗していくことができます。

　その第一歩として，当事者としてのクライエントの知識を新奇のものとして（すなわち不平，問題となるもの，あるいは「治療に対する抵抗」としてではなく），認識することが決定的なことになるでしょう。これを推進するひとつの方法は，ク

163

ライエントが問題や文化，セラピーのプロセスについて語ることにオープンな姿勢で聴き入り，それらを位置づけていく態度を明確にした会話を開始していくことです。私たちがいったん実践家として，私たちに会いに来る人々の話を聴き始め，職業的な声や化石と化した理論に耳を傾けることを避け始めれば，自分たちを見つめる見方やセラピーで何を実践するかにいささかの違いが生まれるのではないかと，私は考えるのです。仕事の中に希望や可能性が湧き上がるのであれば，それは自分を成長させるでしょうか，それとも萎縮させるでしょうか。

そして最後に，私は次のように考えています。人的支援の職業に就いている者たちみなが，この「セラピー」とよばれる実践を一生の仕事と考えること，すなわち自分たちは敬愛の仕事に就いていると考えてみてはどうでしょうか。このように考えることは，この仕事をする機会に恵まれたことが，いかに幸運で特典であるかを理解する手助けになるでしょう。そして対人支援が一生の仕事として評価されるならば，私たちが支援する人々に，さらには私たち自身に，もっと敬意を払った実践の方法を編み出すことができるのではないでしょうか。このような対人援助をめぐる新しい治療実践とそれへの深い関与は，いったい何をもたらしてくれるのでしょうか。そして私たちは，そこから先，どこへ新しい一歩を踏み出していくのでしょうか。

用語解説

■アーカイブ（Archive）
この言葉は，フーコーが『知の考古学（The Archaeology of Knowledge and The Discourse on Language)』(Foucault, 1972) で用いた専門用語である。アーカイブとは，ある特定の歴史上の期間や文化が残した，物質的な痕跡のすべての収集物を示す。

■アイデンティティの風景（Landscape of Identity）
アイデンティティの風景に関する質問には，行為の風景の質問に対する応答の中でクライエントが描写した行動や，順序，テーマについてどのような結論を引き出すか，が含まれる。アイデンティティの風景の質問はまた，文化的なアイデンティティ，意図的な解釈や学び，実感といった，密接に関連する領域を明らかにする。

■イデオロギー（Ideology）
イデオロギーとは，思想の科学的な研究と訳される。しかし，ふつうイデオロギーは，世界をどのように捉え，そこでどのように生きるべきかについて人々がもつ，理想的な考え方をさす。たとえば，アメリカ合衆国の政治では，このイデオロギーという用語は民主党と共和党を分け，片方のイデオロギーを信奉する人々はそれに沿って投票することになる。多くの場合，ひとつの文化には複数の政治的イデオロギーが存在し，支持者が多いものや少ないものがある。2つの対立するイデオロギーを越えて，その文化に存在する他のイデオロギーを見分けるのは容易なことではない。そのため，自由党やグリーン党，あるいは平和と自由を唱える党などが選出されることはほとんどない。なぜなら，大部分の有権者は民主党か共和党のイデオロギーからのみ，判断をしがちだからだ。

■オルタナティヴ・ストーリー（Alternative Stories）
セラピーの面談に訪れた人々は，多くの場合，あきれるほど薄っぺらな結論や問題に満ちた物語を語り，セラピストはそれに対応することが多い。ナラティヴ・セラピストは，代りとなる物語を探し出すような会話に興味を示す。その代りとなる物語は，セラピーに訪れた人々がみずからの人生を生きるよりどころと考えられるようなものである。セラピストの関心は，人々が直面する問題の影響から離脱することを支援するような，より好ましいアイデンティティを維持していくための対話を生み出すことにある。

■ **外在化**(Externalizing)
ホワイトとエプストンは，セラピストとクライエントが問題について，前後関係や背景をさらに明確にして話し合うことができた場合に，治療的な進展が促進されるということに気がついた。ナラティヴ・セラピーでは，再描写の可能性やクライエントが問題をめぐるみずからの位置づけを変更する可能性を生み出すために，外在化の手法を取り入れる。描写された問題のアイデンティティは，クライエントのアイデンティティとは分離したものとみなされる。この過程の中で，問題は力関係や知識の文脈の中で切り離された関係性をもつ存在となり，それによってそれまで問題とされていた人物や関係性の外側にあるものとなる。それまではその人やその関係性に起因するもの，さらに定着したものとされていた問題は，定着性や拘束性が低いものと考えられることになる。問題を外在化することは，人々がその人生や関係性を形づくってきた支配的な物語から離れることを可能にする。外在化はナラティヴ・セラピーの必要条件というわけではなく，ナラティヴ実践の領域におけるひとつの選択肢である。

■ **機関**(Institutions)
フーコーは，機関という存在はある特定数の人々が利益を得るような力関係を凍結保存する方法である，と述べている。

■ **規律**(Discipline)
規律とは，社会的身体としての個人の行動を規制する権力のしくみである。これは空間（たとえば建物）や時間（たとえば時間割），あるいは人々の活動や行動（たとえば訓練，姿勢，身体の動き）の編成を管理することによって行われる。さらにそれは複雑な監視体制によって助長される。フーコーは権力が規律ではないことを主張した。規律とは，その中で権力が行使されうる手段のひとつにすぎないのである。

■ **経験**(Experience)
経験とは，ある特定の文化内の，ある特定の時間における知識と規範性の形式，および主観性の形式との間の相関関係によって定義される。

■ **系譜**(Genealogy)
ミシェル・フーコーの唱える系譜の概念とは，主体の位置づけの歴史を意味するものである。それは，歴史を通して人々と社会（ここでは，ナラティヴ・セラピーの質問や，考え方や概念を示す）の発展の足跡を辿ることである。

用語解説

■権力（Power）
権力とは実体ではなく関係性である。権力は抑圧的であるだけではなく，生産的でもある。また権力は単に国家の所有物でもない。権力は政府や国家（これは普遍的な要素ではない）に独占的に位置づけられるようなものではない。そうではなく，権力は社会的な組織を通して行使されるものである。権力は社会的な関係の，もっとも微細なレベルにおいて働くものだ。権力とは社会的な組織のあらゆる段階においてあまねく存在するものである。

■権力／知（Power/Knowledge）
ナラティヴ・セラピーの根底にある特徴は，権力の装置は異なったタイプの知識を生み出すという考えであり，この装置が人々の行動や存在をめぐる情報を収集するのである。このようにして集められた知識は，権力の行使をさらに補強する。DSM（精神疾患の分類と診断の手引）やクライエントのファイルは，社会的な管理方法の手段の例としてあげられる。フーコーの研究は，われわれが知識と考えるものが，実は権力者が受け継いできた強力な概念でしかないかもしれず，これらの知識はわれわれが自分たちの世界をめぐる解釈をゆがめてしまうかもしれない，ということを警告している。

■構造主義（Structuralism）
構造主義は，特定の文化のあらゆる生産物に潜在する根本的な構造を考察し，その生成を深めるためにそれを生み出すさまざまな部品の分析を試みる。構造主義の基盤となる前提は，あらゆる事柄は意味のレベルの下になんらかの構造をもっており，この構造がその事柄の現実をつくり上げている，とする。心理学的な実践のほとんどすべてが構造主義を基盤としている。

■再ストーリー化（Re-Storying）
治療的な再ストーリー化の概念は，変化は常に可能である，という考えを生み出す。そのため，ある個人の過去や現在，あるいは将来をめぐるひとくくりにされた描写は，再構成され，再回想され，構成員を入れ替えて，以前とは違う描写となりうる。

■再著述する会話（Re-Authoring Conversations）
再著述する会話は，人々の生活の中で今起こっていることや起こったこと，どのように起こったのか，そして何を意味するのか，などを解釈する努力を再び活性化することができる。このようにして，会話は人生や歴史と再度劇的な取り組みをすることを支援し，自分の人生や関係性の中にもっと完全に住み着くための選択肢を提供する。人々が行動を起こすための新しい提案，その提案にふさわしい状況の詳細，どのような成果が期待できるかの予想などを生み出すよう，人々を支援するためにこれらの質問は導入される。

■ **自己**(Self)
ポスト構造主義の思想家によって「自己」をめぐる考察に違いはあるが、ここで考察される「自己」とはディスコースによって生成されるものである。ナラティヴ・セラピーの「自己」に対するアプローチはさらに広く一般的に、人とはだれなのか（「人となり」をめぐる支配的な、あるいは個人的な複数の領域など）、心理学的知識をもつ専門家が記述し分類する人とは何か、の描写を越えるものである。

■ **社会構成主義**(Social Constructionism)
社会構成主義は、個人あるいはグループが、社会的現実とみなすものをどのようにしてつくり上げていくかを露わにすることに焦点をあてる。社会的な現象がどのようにつくり出され、組織化され、人々によって伝統化されるかについて考察する。社会的に構築された現実とは、自分たちの解釈や知識のもとに行動する人々によって再生産される、継続的で活力に満ちた過程とみなされる。

■ **主体**(Subject)
主体とは自覚をもち、どう行動するかを選択できる存在である。フーコーは19世紀の現象論的な主体という概念、すなわち個人が世界をどうとらえるかの基盤となり、さらにすべての思想と行動の基盤となる普遍的で時代を超越した主体という概念に、一貫して反対を唱えた。フーコーや他の1960年代の思想家によれば、主体という概念の構想には問題がある。なぜなら、それは現状維持を前提とし、人々をけっして変化することのない、特定のアイデンティティに縛りつけるからである。

■ **身体**(Body)
ナラティヴ・セラピーは、政治的な権力と人間の身体（からだ）との関係に特別の関心をもっており、社会において生産的な身体をつくり上げる訓練の、さまざまな歴史的方法を分析している。身体は、住民を経済的、社会的に管理するための政策の中の一要素となっている。バンクーバー・アンチ拒食症／過食症リーグでは、身体とはこのようなものであると解釈している。

■ **正常さと病理学的な正常化**(Normal and the Pathological Normalization)
現代社会は医学的／病理学的な正常さの概念に基づいた社会であり、規範や法への順応という法的な概念に基づいたものではない。そのため犯罪者は、法に違反したことによって罰せられるというより、その病を「治療される」必要があるのだ。現在の法的機関と医学的機関では、法に基づく体制と病理学的な正常性に基づく体制との間に解決しがたい緊張が存在する。

■脱構築（Deconstruction）

脱構築とは，フランスの哲学者ジャック・デリダが導入した研究法である。脱構築の手法はセラピー，哲学，文芸批評その他の分野で用いられる。脱構築は通常，あらゆるテクスト（物語）は個別の部分から成る全体ではなく，いくつかの一致しない，互いに矛盾する意味を含むものであることを実証しようとするものである。そのため，あらゆるテクストにはひとつ以上の解釈があり得る。そしてテクストそのものが，これらの解釈を密接に結びつけている。これらの相反する解釈を簡略化することはできない。それゆえに，ひとつの解釈はある時点から先へは適用できない。ポール・リカーはデリダの哲学の著名な支持者であり解説者である。リカーは，脱構築とはテクストや伝統の背後にある疑問を掘り返す手段である，と述べている。

■脱中心的治療姿勢（Decentered Therapeutic Posture）

ナラティヴ・セラピーにおける「脱中心的」という用語は，相談に訪れる人々に対するセラピストの取り組み（感情的その他の）の度合いを表現するものではなく，それぞれのクライエントの物語に合致した優先度やクライエントのもつさまざまな知識やスキルをめぐって，セラピストが支援した成果についての形容である。セラピーにおいてはクライエント自身が「第一の著作権」をもつのであり，人々の生活の歴史の中で生み出されてきた知識やスキルが，いちばん重要な考慮の対象となる。

■知的実践（Knowledge Practice）

ある文化内のディスコースにおける「真実」と見なされ，個人とはどうあるべきかの詳細の規範を示すもので，それを元に人々はみずからの人生を形づくるのである。

■ディスコース（Discourse）

本書におけるディスコースという用語は，何が語られるか，だれが，どのような権威のもとに語ることができるか，を意味する。しかしディスコースという用語には複数の定義がある。社会学者や哲学者はこの言葉を，共通の考えをもつあるグループの人々による会話やその背後にある意味を述べるもの，として使用する場合が多い。哲学者ミシェル・フーコーの定義はこれであり，彼によればディスコースとは，特定のタイプのディスコース・コミュニティによって容認される供述である。

■ディスコースの慣行（Discursive Practice）

ディスコースの慣行とは，ある文化がその社会的，心理的な現実を表現する際の，すべての方法をさす。この用語は，さまざまな知識を構成し生産するにあたって歴史的，文化的に用いられた特定の規範や習慣のことをいう。それは人々の考え方に強要される外側から

の判定ではなく，むしろ，ある言語の文法のように，どのような供述が許されるかという規範や習慣なのである。

■ディスコースのコミュニティ（Community of Discourse）
ディスコースのコミュニティとは，似通った思考や考えを分かち合う人々の集まり，と定義される。たとえば，ローリング・ストーンズのファンの基盤は，ディスコースのコミュニティを形成するといえよう。このファンの母体においては，ある種の姿勢は許容されず，コミュニティの外にあるものとされるかもしれない。もしだれかが「ブラウン・シュガー」という曲を，このディスコース・コミュニティの大多数のように高く評価しないとすれば，即座に「耳がおかしい」と決めつけられるかもしれない。イデオロギーは，何が論じられるべきかを決定する。

■定義的祝祭（Definitional Ceremony）
定義的祝祭のメタファーは，治療の領域を，人々の生活やアイデンティティ，関係性などを豊かに描写する文脈として構築する。ホワイトは，この定義的祝祭のメタファーを文化人類学者であるバーバラ・マイヤーホフ（Myerhoff, 1982, 1986）の業績から採用した。

■テクスト・アナロジー（Text Analogy）
テクスト・アナロジーは，意味というものは，われわれの経験を物語ることによって生じるのだとする。人々の人生の意味は，その人の語る物語によって決定されるのである。

■パフォーマンス（Performance）
儀式的な過程におけるパフォーマンスの要素を論じるとき，ターナー（Turner, 1980）は，パフォーマンスとは文字通り完全に与え尽くすことであると提案した。それゆえに，パフォームすることは，何かを引き起こすこと，何かを実現すること，あるいは劇を上演し，命令を遂行し，企画を達成することである。しかしその実行の過程で，個人の内に何か新しいものが生まれ出るかもしれない。パフォーマンスがそれ自体を変革する。

■バンクーバー・ナラティヴ・セラピー・スクール（Vancouver School for Narrative Therapy）
この学部は1992年に北半球で最初のナラティヴ・セラピー訓練所としてスティーヴン・マディガンが開設した。ここではナラティヴ・セラピー訓練の修了証書を提供している。

■反個人主義（Anti-Individualism）
近代心理学は個人主義を基盤としている。ナラティヴ・セラピーは反個人主義に立脚する。

170

現代の哲学は反個人主義が優性を占めており、それは、一個人の思考、つくり出す意味や表現などは文化的な文脈における関係的な対応に基づくものであり、前もってその個人の「頭の中にある」ことによって決定されるものではない、という考えである。ある個人が口にすることや考えることには一定の内容があり、それは特定のもの、状況、あるいは世の中の出来事などに結びついており、その人の脳の状態だけでなく、その人の周囲の言語的コミュニティ、支配的な基準、あるいは身体的な環境などによって決定される。

■反本質主義 (Nonessentialism)

反本質主義は周知の通り、ミシェル・フーコーがその「性の歴史」(Foucault, 1984a)の中で拡大した概念である。その中で彼は、社会的性や性的指向というものもまた、人為的な形成されたものであり、われわれの社会的性や性的指向をめぐる本質主義的な概念には欠陥がある、と述べる。彼はホモセクシュアルの階級全体が、文化的規範や社会の中の異なるグループ間の相互作用によって比較的最近に形成された概念であるという例をあげ、そこに、美とは何か、という概念と同様に、根本的な質は存在しないのだ、と述べる。

■ひとくくりにする技法 (Totalization Techniques)

ひとくくりにする技法とは、人となりの詳細や明細をめぐって文化的につくり出された概念である。

■批判的民族誌学 (Critical Ethnography)

批判的民族誌学とは、研究者が質問をしていく際に採用する視点のひとつである。この視点は、適確な情報に基づいた記述をゆがめてしまうような思想傾向から、研究者を自由にするためのものである。批判的民族誌学は、文化をめぐる複雑な理論的方向性を採用する。教育機関、学生のコミュニティ、あるいは教室といった、規模の異なる共同体において、文化は統一され、結合され、固定した静的なものではなく、異成分から成り、葛藤を含み、交渉されるべき動的なものとして扱われる。また文化を異なるが等価であるとみなす相対論的な視点に反して、批判的民族誌学は、文化が力関係において不平等な位置に置かれていることを、明確な前提とする。批判的民族誌学は批判理論に関連するものである。

■不確定性 (Indeterminacy)

不確定性とは、まだ片付いていない、完結していない、わかっていない事柄をさし、仮定法の世界である。それは、もしかしたら、ひょっとしたら、たぶん、あるいはそうあるべき、というものである。社会生活の根底にある質は、理論的には完全な不確定性であるべきなのだ。不確定性と仮定法の関係はJ・ブルーナーによっても論じられている(Bruner, 1986)。

■ **普遍的な分類**（Universal Categories）
ナラティヴ・セラピーは，堅固にして，かつ一貫した，普遍的な分類や本質という考えに異を唱える。それらはあらゆる時代や場所を通して普遍の形態で存在するとされる，たとえば国家，狂気，性別，犯罪性などという「事柄」である。これらのことは，ある特定の歴史上の出来事あるいは回想としてのみ，現実的でかつ変化をともなう存在となり得るのである。

■ **文化をめぐるヘゲモニー**（Cultural Hegemony）
文化をめぐるヘゲモニー（覇権）とは，マルクス主義の哲学者アントニオ・グラムシが主唱した哲学的および社会学的概念であり，文化的に異なった社会はその社会階層のひとつに支配，または主導されうる，というものである。文化をめぐる主導権とは，ある社会的グループが他のグループを，たとえば支配階級が他のすべての階級を支配することを意味する。この理論によれば，支配階級の考え方は規範となり，あらゆる人々に利益を与える普遍的な理想とみなされるが，実際は支配階級に利益をもたらすだけなのである。

■ **ヘテロノーマティヴィティ**（Heteronormativity）
この用語は，人々は明確で相補的な男女の性と，その自然な役割に分かれるものだという生活様式を表わすものである。さらにまた，両性愛が規範的な性向であるとし，それが男性と女性の間での性的な，あるいは婚姻関係で正常なものであるとする。その結果，「両性を規範とする」見方が，いわゆる「性の二分性」とよばれる生物的な性，社会的なジェンダーのアイデンティティや役割に沿うことを奨励される。

■ **ポスト構造主義**（Poststructuralism）
ポスト構造主義は，構造主義の分析システムそのものがなんらかの形ですでに本質主義であるという，構造主義的な前提に対する返答として発展したものである。実際にポスト構造主義者は，基盤となる構造の観察においてさえ，その観察者の条件づけを基盤として，大量の偏見が忍び込む，とする。ポスト構造主義の根底には，文化的な生成物になんらかの真正な形式が存在するという考えの拒絶が存在する。なぜなら，あらゆる文化的な生成物は根本的につくり出されたものであり，それゆえに人工的なものだからである。

■ **ポストモダニズム**（Postmodernism）
批判理論や哲学では，ポストモダニズムは哲学の古典的基盤に対して著しい対位的視点を提供する。昔の哲学者や理論家は普遍的なシステムを探求してきたが，ポストモダニストたちは真実と考えられるものの創造における探求の役割に焦点を当てる。ポストモダニストの理論家にとっては，普遍的とみなされるあらゆるものを生み出すのは，ディスコース

なのである。

■ 物語（Story）
物語が経験の意味するものを決定する。物語は時系列（過去／現在／未来）に沿って人々の経験をつなぎ合わせることができる。それ以外に，実際に生き抜いた時間の意味をとらえ，あるいは生き抜いた時間の意味を的確に描き出して経験を構成していく方法は見つからない。物語を通してのみ，私たちは自分の人生が変化するのを実感できる。物語を通して，先般の歴史の中で自分の人生に起きた事柄を明らかにすることができ，「現在」とは明らかに違う「未来」を自覚することができるようになる。物語は始まりと終わりを構築する。物語は経験の流れの中に始まりと終わりを植え付ける。そして私たちは，それが生きた経験や意味となるように，みずから物語を上演するのである。

■ ユニークな結果（Unique Outcomes）
ユニークな結果は，会話を再著述する糸口を提供する。それは人々の人生におけるオルタナティヴ・ストーリーへの入り口を示してくれる。会話の始まりの時点では，それらは隙間だらけで明確な呼び名もないような，ほんのわずかな手がかりとしてしか見えない。しかし会話が進展するにつれて，セラピストはクライエントがその隙間を埋めていくように励ます質問をすることで，足場を築き上げる。再著述の物語を語ることによって，人々は以前には無視されていた，しかしきわめて重要な体験を識別し確認することができる。それらの事柄は，支配的な問題の物語を読むことからはけっして予測できなかったものである。

■ リ・メンバリングする会話（Re-Membering Conversations）
リ・メンバリングする会話とは，過去のことをそのまま思い起こすことではない。それは，個人史の中の重要な存在との目的にかなった関与であり，その個人の現在のアイデンティティに沿って重要な，あるいは重要となりそうな存在との関与についての会話である。これらの人々やアイデンティティは，その個人の人生に重要とみなされるべく，はっきりだれと認められるものである必要はない。

推薦書

Bakhtin, M. M.（1986）. *Speech genres and other late essays*（V. McGee, Trans.）. Austin, TX: University of Texas Press.

Bateson, G.（1972）. *Steps to an ecology of mind: Collected essays in anthropology, psychiatry, evolution, and epistemology.* Chicago, IL: University of Chicago Press.　佐藤良明（訳）　2000　精神の生態学　新思索社（改訂第2版）

Bateson, G.（1979）. *Mind and nature: A necessary unity.* New York, NY: Dutton.　佐藤良明（訳）2006　精神と自然―生きた世界の認識論　新思索社（普及版・改訂版）

Bird, J.（2004）. *Talk the sings.* Auckland, New Zealand: Edge Press.

Breggin, P.（1994）. *Toxic psychiatry: Why therapy, empathy, and love must replace the drugs, electroshock, and biochemical theories of the new psychiatry.* New York, NY: St. Martin's Press.

Bruner, J.（1990）. *Acts of meaning.* Cambridge, MA: Harvard University Press.　岡本夏木・吉村啓子・仲渡一美（訳）　1999　意味の復権―フォークサイコロジーに向けて　ミネルヴァ書房

Caplan, P. J.（1995）. *They say you're crazy: How the world's most powerful psychiatrists decide who's normal.* Reading, MA: Addison Wesley.

Epston, D.（1988）. *Collected papers.* Adelaide, South Australia: Dulwich Centre Publications.

Epston, D.（1998）. *Catching up with David Epston: A collection of narrative practice based papers, 1991-1996.* Adelaide, South Australia: Dulwich Centre Publications.　小森康永（監訳）2005　ナラティヴ・セラピーの冒険　創元社

Foucault, M.（1965）. *Madness and civilization: A history of insanity in the age of reason.* New York, NY: Random House.　田村　俶（訳）　1975　狂気の歴史　新潮社

Foucault, M.（1979）. *Discipline and punish: The birth of the prison.* Middlesex, England: Peregrine Books.　田村　俶（訳）　1977　監獄の誕生―監視と処罰　新潮社

Foucault, M.（1980）. *Power/Knowledge: Selected interviews and writings.* New York, NY: Pantheon Books.

Foucault, M.（1989）. *Foucault live: Collected interviews, 1961-1984*（S. Lotringer, Ed.）. New York, NY: Semiotext（e）.

Geertz, C.（1973）. *The interpretation of cultures.* New York, NY: Basic Books.　吉田禎吾・中牧弘允・柳川啓一・板橋作美（訳）　1987　文化の解釈学〈1〉〈2〉　岩波現代選書

Madigan, S.（1991）. Discursive restraints in therapist practice: Situating therapist questions in the presence of the family―a new model for supervision（Cheryl White, Ed.）. *International Journal of Narrative Therapy and Community Work,* 3, 13-21.

Madigan, S.（1992）. The application of Michel Foucault's philosophy in the problem externalizing discourse of Michael White. *Journal of Family Therapy,* 14, 265-279.

Madigan, S.（1996）. The politics of identity: Considering the socio-political and cultural context in the externalizing of internalized problem conversations [Special edition on narrative ideas]. *Journal of Systemic Therapies*, 15, 47-63.

Madigan, S. (1997). Re-considering Memory: Re-remembering lost identities back towards remembered selves. In D. Nylund & C. Smith (Eds.), *Narrative therapies with children and adolescents* (pp. 338-355). New York, NY: Guilford Press.

Madigan, S. (1999). Inscription, Description and Destabilizing chronic identities. In I. Parker (Ed.), *Deconstructing psychotherapy* (pp. 150-163). London, England: Sage.

Madigan, S. (2003). Injurious speech: Counter-viewing eight conversational habits of highly effective problems. *International Journal of Narrative Therapy and Community Work*, 2, 12-19.

Madigan, S. (2007). Watchers of the watched: Self-surveillance in everyday life. In C. Brown & T. Augusta-Scott (Eds.), *Postmodernism and narrative therapy* (pp. 67-78). New York, NY: Sage.

Madigan, S. (2008). Anticipating hope within conversational domains of despair. In I. McCarthy & J. Sheehan (Eds.), *Hope and despair in narrative and family therapy* (pp. 104-112). London, England: Bruner Mazel.

Madigan, S., & Epston, D. (1995). From "spy-chiatric gaze" to communities of concern: From professional monologue to dialogue. In S. Friedman (Ed.), *The reflecting team in action: Collaborative practice in family therapy* (pp. 257-276). New York, NY: Guilford Press.

Madigan, S., & Goldner, E. (1998). A narrative approach to anorexia: Reflexivity, discourse, and questions. In M. Hoyt (Ed.), *The handbook of constructive therapies* (pp. 96-107). San Francisco, CA: Jossey Bass.

Madigan, S., & Law, I. (Eds.) (1998). *PRAXIS: Situating discourse, feminism, and politics in narrative therapies*. Vancouver, British Columbia, Canada: Yaletown Family Therapy Press.

Sampson, E. (1993). *Celebrating the other: A dialogic account of human nature*. San Francisco, CA: Westview Press.

Shotter, J., & Gergen, K. (1989). *Texts of identity*. Newbury Park, CA: Sage.

White, M. (1995). *Re-authoring lives: Interviews and essays*. Adelaide, South Australia: Dulwich Centre Publications. 小森康永・土岐篤史（訳） 2000 人生の再著述―マイケル，ナラティヴ・セラピーを語る IFF出版部ヘルスワーク協会

White, M., & Epston, D. (1990). *Narrative means to therapeutic ends*. New York, NY: Norton. 小森康永（訳） 1992 物語としての家族 金剛出版

文　献

Akinyela, M. (2005, May). *Oral cultures and the use of metaphors in the therapeutic conversations.* Keynote speech at the Therapeutic Conversations Conference, Vancouver, British Columbia, Canada.

Andersen, T. (1987). The reflecting team: Dialogue and meta-dialogue in clinical work. *Family Process,* 26, 415-428. doi:10.1111/j.1545-5300.1987.00415.x

Anderson, W. (1990). *Reality isn't what it used to be.* San Francisco, CA: Harper & Row.

Armstrong, T. (1989). *Michel Foucault, philosopher.* New York, NY: Routledge.

Augusta-Scott, T. (2007). Conversations with men about women's violence: Ending men's violence by challenging gender essentialism. In T. Augusta-Scott & C. Brown (Eds.), *Narrative therapy: Making meaning, making lives* (pp. 197-210). New York, NY: Sage.

Bakhtin, M. M. (1981). *The dialogic imagination.* Austin, TX: University of Texas Press.

Bakhtin, M. M. (1986). *Speech genres and other late essays* (V. McGee, Trans.). Austin, TX: University of Texas Press.

Bateson, G. (1972). *Steps to an ecology of mind: Collected essays in anthropology, psychiatry, evolution, and epistemology.* Chicago, IL: University of Chicago Press. 佐藤良明（訳）　2000　精神の生態学　新思索社（改訂第2版）

Bateson, G. (1979). *Mind and nature: A necessary unity.* New York, NY: Dutton. 佐藤良明（訳）　2006　精神と自然—生きた世界の認識論　新思索社（普及版・改訂版）

Berthold, S. (2006). *'Back from the Edge' project evaluation.* Relationships Australia Northern Territory.

Besa, D. (1994). Evaluating narrative family therapy using single-system research designs. *Research on Social Work Practice,* 4, 309-325.

Billig, M. (1990). Collective memory, ideology and the British Royal Family. In D. Middleton & D. Edwards (Eds.), *Collective remembering* (pp. 13-31). London, England: Sage.

Bird, J. (2000). *Talk hearts narrative.* Auckland, New Zealand: Edge Press.

Bird, J. (2004). *Talk the sings.* Auckland, New Zealand: Edge Press.

Borden, A. (2007). Every conversation is an opportunity: Negotiating identity in group settings. *The International Journal of Narrative Therapy and Community Work,* 4, 38-53.

Bordo, S. (1989).The body and the reproduction of femininity: A feminist appropriation of Foucault. In A. M. Jaggar & S. R. Bordo (Eds.), *Feminist reconstructions of being and knowing* (pp. 13-33). New Brunswick, NJ: Rutgers University Press.

Bordo, S. (1993). *Unbearable weight.* Berkeley: University of California Press.

Breggin, P. (1994). *Toxic psychiatry: Why therapy, empathy, and love must replace the drugs, electroshock, and biochemical theories of the new psychiatry.* New York, NY: St. Martin's Press.

Breggin, P., & Breggin, G. R. (1994). *Talking back to Prozac: What doctors won't tell you about today's*

most controversial drug. New York, NY: St. Martin's Press.
Breggin, P., & Breggin, G. R. (1997). *War against children of color: Psychiatry targets inner-city youth*. Monroe, ME: Common Courage Press.
Bruner, E. M. (1986). Ethnography as narrative. In V. W. Turner & E. M. Bruner (Eds.), *The anthropology of experience* (pp. 139-157). Chicago: University of Illinois Press.
Bruner, J. (1986). *Actual minds, possible worlds*. Cambridge, MA: Harvard University Press. 田中一彦（訳）1998 可能世界の心理 みすず書房
Bruner, J. (1990). *Acts of meaning*. Cambridge, MA: Harvard University Press. 岡本夏木・吉村啓子・仲渡一美（訳）1999 意味の復権―フォークサイコロジーに向けて ミネルヴァ書房
Bruner, J. (1991). The narrative construction of reality. *Critical Inquiry*, 18, 1-21.
Bruyn, S. (1990). *The human perspective: The methodology of participant observation*. Englewood Cliff, NJ: Prentice Hall.
Butler, J. (1997). *Excitable speech: A politics of the performance*. New York, NY: Routledge.
Caplan, P. J. (1984). The myth of women's masochism. *American Psychologist*, 39, 130-139. doi: 10.1037/0003-066X.39.2.130
Caplan, P. J. (1991). Delusional dominating personality disorder (PDPD). *Feminism & Psychology*, 1, 171-174. doi:10.1177/0959353591011020
Caplan, P. J. (1994). *You're smarter than they make you feel: How the experts intimidate us and what we can do about it*. New York, NY: Free Press.
Caplan, P. J. (1995). *They say you're crazy: How the world's most powerful psychiatrists decide who's normal*. Reading, MA: Addison Wesley.
Caplan, P. J., & Cosgrove, L. (Eds.) (2004). *Bias in psychiatric diagnosis*. New York, NY: Jason Aronson.
Carlson, J., & Kjos, D. (1999). *Narrative therapy with Stephen Madigan* [Family Therapy with the Expert Series Videotape]. Boston, MA: Allyn and Bacon.
Clark, K., & Holquist, M. (1984). *Mikhail Bakhtin*. Cambridge, MA: Harvard University Press.
Crapanzano, V. (1990). On self characterization. In S. Stigler, R. A. Shweder, & G. S. Herdt (Eds.), *Cultural psychology: Essays on comparative human development* (pp. 401-425). Cambridge, England: Cambridge University Press.
Crowe, M. (2000). Constructing normality: A discourse analysis of the DSM-IV. *Journal of Psychiatric and Mental Health Nursing*, 7, 69-77. doi:10.1046/j.13652850.2000.00261.x
Daniels, H., Cole, M., & Wertsch, J. (Eds.) (2007). *The Cambridge companion to Vygotsky*. New York, NY: Cambridge University Press.
Davies, B., & Harre, R. (1990). Positioning: The discursive production of selves. *Journal for the Theory of Social Behaviour*, 20, 43-63. doi:10.1111/j.14685914.1990.tb00174.x
Denborough, D. (2008). *Collective narrative practice: Responding to individuals, groups, and communities who have experienced trauma*. Adelaide, South Australia: Dulwich Centre Publications.
Denborough, D., Koolmatrie, C., Mununggirritj, D., Marika, D., Dhurrkay, W., & Yunupingu, M. (2006). Linking stories and initiatives: A narrative approach to working with the skills and

knowledge of communities. *The International Journal of Narrative Therapy and Community Work*, 2, 19-51.
Derrida, J. (1991). *A Derrida reader: Between the blinds* (P. Kamuf, Ed.). New York, NY: Columbia University Press.
Diamond, I., & Quinby, L. (1988). *Feminism and Foucault: Reflections on resistance*. Boston, MA: Northeastern University Press.
Dickerson, V. C. (2004). Young women struggling for an identity. *Family Process*, 43, 337-348. doi:10.11111j.1545-5300.2004.00026.x
Dickerson, V. C. (2009). Remembering the future: Situating oneself in a constantly evolving field. *Journal of Systemic Therapies*, 26, 23-37.
Dickerson, V. C., & Zimmerman, J. (1992). Families and adolescents: Escaping problem lifestyles. *Family Process*, 31, 341-353. doi:10.1111/j.1545-5300.1992. 00341.x
Dickerson, V. C., & Zimmerman, J. (1996). *If problems talked: Narrative therapy in action*. New York, NY: Guilford Press.
Dreyfus, H., & Rabinow, P. (1983). *Michel Foucault: Beyond structuralism and hermeneutics* (2 nd ed.). Chicago, IL: University of Chicago Press.
Eagleton, T. (1991). *Ideology: An introduction*. New York, NY: Verso.
Epston, D. (1986). Nightwatching: An approach to night fears. *Dulwich Centre Review*, 28-39.
Epston, D. (1988). *Collected papers*. Adelaide, South Australia: Dulwich Centre Publications.
Epston, D. (1994). The problem with originality. *Dulwich Centre Newsletter*, 4.
Epston, D. (1998). *Catching up with David Epston: A collection of narrative practice-based papers, 1991-1996*. Adelaide, South Australia: Dulwich Centre Publications. 小森康永（監訳） 2005 ナラティヴ・セラピーの冒険　創元社
Epston, D. (2009). *Catching up with David Epston: Down under and up over*. Warrington, England: AFT.
Epston, D., & Roth, S. (1995). In S. Friedman (Ed.), *The reflecting team in action: Collaborative practice in family therapy* (pp. 39-46). New York, NY: Guilford Press.
Epston, D., & White, M. (1990). Consulting your consultants: The documentation of alternative knowledges. *Dulwich Centre Newsletter*, 4, 25-35.
Epston, D., & White, M. (1992). *Experience, contradiction, narrative and imagination: Selected papers of David Epston and Michael White, 1989-1991*. Adelaide, South Australia: Dulwich Centre Publications.
Espin, O. M. (1995). On knowing you are the unknown: Women of color constructing psychology. In J. Adleman & G. Enguidanos (Eds.), *Racism in the lives of women: Testimony, theory, and guides to antiracist practice* (pp. 127-136). New York, NY: Haworth Press.
Fish, S. (1980). *Is there a text in this class? The authority of interpretive communities*. Cambridge, MA: Harvard University Press.
Foucault, M. (1965). *Madness and civilization: A history of insanity in the age of reason*. New York, NY: Random House. 田村　俶（訳） 1975 狂気の歴史　新潮社
Foucault, M. (1972). *The archaeology of knowledge and the discourse on language* (A. M. Sheridan Smith, Trans.). New York, NY: Pantheon. 中村雄二郎（訳） 2006 新装新版　知の考古

学　河出書房新社

Foucault, M. (1973). *The birth of the clinic: An archeology of medical perception.* London, England: Tavistock.　神谷美恵子（訳）　2011　臨床医学の誕生　みすず書房

Foucault, M. (1977). Nietzsche, genealogy, history. In D. F. Bouchard (Ed.), *Language counter-memory, practice: Selected essays and interviews* (pp. 139-164). Ithaca, NY: Cornell University Press.

Foucault, M. (1979). *Discipline and punish: The birth of the prison.* Middlesex, England: Peregrine Books.　田村　俶（訳）　1977　監獄の誕生―監視と処罰　新潮社

Foucault, M. (1980). *Power/knowledge: Selected interviews and writings.* New York, NY: Pantheon Books.

Foucault, M. (1983). The subject and power. In H. Dreyfus & P. Rabinow (Eds.), *Michel Foucault: Beyond structuralism and hermeneutics* (2nd ed., pp. 208-228). Chicago, IL: University of Chicago Press.

Foucault, M. (1984a). *The history of sexuality.* Middlesex, England: Peregrine Books.

Foucault, M. (1984b). Space, knowledge and power. In P. Rabinow (Ed.), *The Foucault reader* (pp. 239-256). New York, NY: Pantheon Books.　渡辺守章（訳）　1986　知への意志（性の歴史）　新潮社

Foucault, M. (1989). *Foucault live: Collected interviews, 1961-1984* (S. Lotringer, Ed.). New York, NY: Semiotext(e).

Foucault, M. (1994a). The ethics of the concern for self as a practice of freedom. In P. Rabinow (Ed.), *Ethics: Subjectivity and truth: Vol. 1. Essential works of Foucault 1954-1984* (pp. 281-302). London, England: Penguin Press.

Foucault, M. (1994b). On the genealogy of ethics: An overview of work in progress. In P. Rabinow (Ed.), *Ethics: Subjectivity and truth: Vol. 1. Essential works of Foucault 1954-1984* (pp. 253-280). London, England: Penguin Press.

Foucault, M. (1997). *The politics of truth* (S. Lotringer, Ed.). New York, NY: Semiotext(e).

Freedman, J., & Combs, G. (1996). *Narrative therapy: The social construction of preferred realities.* New York, NY: Norton.

Freedman, J., & Combs, G. (2002). *Narrative therapy with couples—and a whole lot more.* a collection of papers, essays, and exercises. Adelaide, South Australia: Dulwich Centre Publications.

Freeman, J., Epston, D., & Lobivits, D. (1997). *Playful approaches to serious problems.* New York, NY: Norton.

Geertz, C. (1973). *The interpretation of cultures.* New York, NY: Basic Books.　吉田禎吾・中牧弘允・柳川啓一・板橋作美（訳）　1987　文化の解釈学〈1〉〈2〉　岩波現代選書

Geertz, C. (1976). From nature's point of view: On the nature of anthropological understanding. In K. H. Basso & H. A. Selby (Eds.), *Meaning in anthropology* (pp. 89-95). Albuquerque: University of New Mexico Press.

Geertz, C. (1983). *Local knowledge: Further essays in interpretive anthropology.* New York, NY: Basic Books.　梶原景昭（訳）　1999　ローカル・ノレッジ―解釈人類学論集　岩波書店

Geertz, C. (1988). *Works and lives: The anthropologist as author.* Stanford, CA: Stanford University

Press.
Gergen, K. (1989). Warranting voice and the elaboration of self. In J. Shotter & K. Gergen (Eds.), *Texts of identity* (pp. 56-68). London, England: Sage.
Gergen, K. (1991). *The saturated self: Dilemmas of identity in contemporary life.* New York, NY: Basic Books.
Gergen, K. (2009). *Relational being: Beyond self and community.* Oxford, England: Oxford University Press.
Gergen, M. M., & Gergen, K. J. (1984). The social construction of narrative accounts. In K. J. Gergen & M. M. Gergen (Eds.), *Historical social psychology* (pp. 102-107). Hillsdale, NY: Erlbaum.
Goffman, E. (1961). *Asylums: Essays in the social situation of mental patients and other inmates.* New York, NY: Doubleday. 石黒　毅（訳）　1984　アサイラム―施設被収容者の日常世界　誠信書房
Goldstein, J. (1981). *Michel Foucault: Remarks on Marx.* New York, NY: Semiotext(e).
Gollan, S., & White, M. (1995, March). *The Aboriginal project.* Paper presented at the Family Networker conference, Washington, DC.
Gremillion, H. (2003). *Feeding anorexia: Gender and power at a treatment center.* Durham, NC: Duke University Press.
Grieves, L. (1998). From beginning to start: The Vancouver Anti-Anorexia/ Anti-Bulimia League. In S. Madigan & I. Law (Eds.), *PRAXIS: Situating discourse, feminism and politics in narrative therapies* (pp. 195-206). Vancouver, British Columbia, Canada: Yaletown Family Therapy Press.
Gutting, G. (Ed.) (1994). *The Cambridge companion to Foucault.* Cambridge, England: Cambridge University Press.
Hall, R., Mclean, C., & White, C. (1994). Special edition on accountability. *Dulwich Centre Newsletter, 2 , 79.*
Hardy, K. (2004, May). *Boys in the hood.* Keynote speech at the Therapeutic Conversations Conference, Vancouver, British Columbia, Canada.
Hare-Mustin, R., & Maracek, J. (1995). Feminism and postmodernism: Dilemmas and points of resistance. *Dulwich Centre Newsletter, 4 ,* 13-19.
Harstock, S. (1990). Foucault on power: A theory for women? In L. Nicholson (Ed.), *Feminism/ postmodernism* (pp. 157-175). New York, NY: Routledge.
Hedtke, L., & Winslade, J. (2004/2005). The use of the subjunctive in re-membering conversations with those who are grieving. *OMEGA,* 50, 197-215.
Hoagwood, K. (1993). Poststructuralist histoticism and the psychological construction of anxiety disorders. *The Journal of Psychology,* 127, 105-122.
Horkheimer, M., & Adorno, T. (1972). *Dialectic of enlightenment* (J. Cumming, Trans.). New York, NY: Herder & Herder.
Huyssen, A. (1990). Mapping the postmodern. In L. Nicholson (Ed.), *Feminism/ postmodernism* (pp. 234-279). New York, NY: Routledge.
Jameson, F. (1991). *Postmodernism or the cultural logic of late capitalism.* Durham, NC: Duke

University Press.
Jenkins, A. (1990). *Invitations to responsibility: The therapeutic engagement with men who are violent and abusive*. Adelaide, South Australia: Dulwich Centre Publications.
Jenkins, A. (2009). *Becoming ethical: A parallel political journey with men who have abused*. Dorset, England: Russell House.
Justice, B., & Justice, R. (1979). Incest in a family/group survival pattern. *Archives of General Psychiatry*, 14, 31-40.
Kamsler, A. (1990). *Her-story in the making: Therapy with women who were sexually abused in childhood*. Adelaide, South Australia: Dulwich Centre Publications.
Kearney, R., & Rainwater, M. (1996). *The continental philosophy reader*. New York, NY: Routledge.
Keeney, B. (1983). *Aesthetics of change*. New York, NY: Guilford Press.
Law, I., & Madigan, S. (Eds.) (1994). Power and politics in practice [Special issue]. Dulwich Centre Newsletter, 1.
Liapunov, V., & Holquist, M. (1993). *M. M. Bakhtin: Toward a philosophy of the act*. Austin, TX: University of Texas Press.
Madigan, S. (1991a). Discursive restraints in therapist practice: Situating therapist questions in the presence of the family—a new model for supervision (Cheryl White, Ed.). *International Journal of Narrative Therapy and Community Work*, 3, 13-21.
Madigan, S. (1991b). A public place for schizophrenia: An interview with C. Christian Beels. *International Journal of Narrative Therapy and Community Work*, 2, 9-11.
Madigan, S. (1992). The application of Michel Foucault's philosophy in the problem externalizing discourse of Michael White. *Journal of Family Therapy*, 14, 265-279.
Madigan, S. (1993a). Questions about questions: Situating the therapist's curiosity in front of the family. In S. Gilligan & R. Price (Eds.), *Therapeutic conversations* (pp. 219-230). New York, NY: Norton.
Madigan, S. (1993b). Rituals about rituals: A commentary on "Therapeutic rituals: Passages into new identities" by S. Gilligan. In S. Gilligan & R. Price (Eds.), *Therapeutic conversations* (pp. 253-257). New York, NY: Norton.
Madigan, S. (1994). The discourse unnoticed: Story-telling rights and the deconstruction of longstanding problems. *Journal of Child and Youth Care*, 9, 79-86.
Madigan, S. (1996). The politics of identity: Considering the socio-political and cultural context in the externalizing of internalized problem conversations [Special edition on narrative ideas]. *Journal of Systemic Therapies*, 15, 47-63.
Madigan, S. (1997). Re-considering memory: Re-remembering lost identities back toward re-membered selves. In D. Nylund & C. Smith (Eds.), *Narrative therapies with children and adolescents* (pp. 338-355). New York, NY: Guilford Press.
Madigan, S. (1999). Inscription, Description and Destabilizing chronic identities. In I. Parker (Ed.), *Deconstructing psychotherapy* (pp. 150-163). London, England: Sage.
Madigan, S. (2003). Injurious speech: Counter-viewing eight conversational habits of highly effective problems. *International Journal of Narrative Therapy and Community Work*, 2, 12-

19.

Madigan, S. (2004). Re-writing Tom: Undermining descriptions of chronicity through therapeutic letter writing campaigns. In J. Carlson (Ed.), *My finest hour: Family therapy with the experts* (pp. 65-74). Boston, MA: Allyn and Bacon.

Madigan, S. (2007). Watchers of the watched: Self-surveillance in everyday life. In C. Brown & T. Augusta-Scott (Eds.), *Postmodernism and narrative therapy* (pp. 67-78). New York, NY: Sage.

Madigan, S. (2008). Anticipating hope within conversational domains of despair. In I. McCarthy & J. Sheehan (Eds.), *Hope and despair in narrative and family therapy* (pp. 104-112). London, England: Bruner Mazel.

Madigan, S. (2009). Therapy as community connections. In J. Kottler & J. Carlson (Eds.), *Creative breakthroughs in therapy: Tales of transformation and astonishment* (pp. 65-80). New York, NY: Wiley.

Madigan, S., & Epston, D. (1995). From "spy-chiatric gaze" to communities of concern: From professional monologue to dialogue. In S. Friedman (Ed.), *The reflecting team in action: Collaborative practice in family therapy* (pp. 257-276). New York, NY: Guilford Press.

Madigan, S., & Goldner, E. (1998). A narrative approach to anorexia: Reflexivity, discourse and questions. In M. Hoyt (Ed.), *The handbook of constructive therapies* (pp. 96-107). San Francisco, CA: Jossey-Bass.

Madigan, S., & Law, I. (1992). Discourse not language: The shift from a modernist view of language to the post-modern analysis of discourse in family therapy (Cheryl White, Ed.). *International Journal of Narrative Therapy and Community Work*, 1.

Madigan, S., & Law, I. (Eds.) (1998). *PRAXIS: Situating discourse, feminism and politics in narrative therapies*. Vancouver, British Columbia, Canada: Yaletown Family Therapy Press.

Madison, D. (2005). *Critical ethnography*. New York, NY: Sage.

Madsen, W. (2007). *Collaborative therapy with multi-stressed families*. New York, NY: Norton.

Maisel., R, Epston, D., & Borden, A. (2004). *Biting the hand that starves you: Inspiring resistance in anorexia/bulimia*. New York, NY: Norton.

McHoul, A., & Grace, W. (1993). *A Foucault primer: Discourse, power and the subject*. New York, NY: New York University Press.

McLeod, J. (1997). *Narrative and psychotherapy*. London, England: Sage. 下山晴彦・野村晴夫 (訳) 2007 物語りとしての心理療法—ナラティヴ・セラピィの魅力　誠信書房

McLeod, J. (2004). The significance of narrative and storytelling in postpsychological counseling and psychotherapy. In A. Lieblich, D. P. McAdams, & R. Josselson (Eds.), *Healing plots: The narrative basis for psychotherapy* (pp. 11-27). Washington, DC: American Psychological Association.

Miller, J. (1993). *The passion of Michel Foucault*. New York, NY: Anchor Books.

Moules, N. (2003). Therapy on paper: Therapeutic letters and the tone of relationship. *Journal of Systemic Therapies*, 22, 33-49.

Moules, N. (2007). Hermeneutic inquiry: Paying heed to history and Hermes. An ancestral, substantive, and methodological tale. Unpublished manuscript.

Munro, C. (1987). White and the cybernetic therapies: News of difference. *The Australian and New Zealand Journal of Family Therapy,* 8, 183-192.

Myerhoff, B. (1982). Life history among the elderly: Performance, visibility and re-membering. In J. Ruby (Ed.), *A crack in the mirror: Reflexive perspectives in anthropology* (pp. 99-117). Philadelphia: University of Pennsylvania Press.

Myerhoff, B. (1986). "Life not death in Venice": Its second life. In V. W. Turner & E. M. Bruner (Eds.), *The anthropology of experience* (pp. 73-81). Chicago: University of Illinois Press.

Myerhoff, B. (1992). *Remembered lives: The work of ritual, storytelling, and growing older* (M. Kaminsky, Ed.). Ann Arbor: University of Michigan Press.

Nylund, D. (2000). *Treating Huckleberry Finn: A new narrative approach with kids diagnosed ADD/ADHD.* San Francisco, CA: Jossey-Bass. 宮田敬一・窪田文子（監訳） 2006 ADHDへのナラティヴ・アプローチ―子どもと家族・支援者の新たな出発 金剛出版

Nylund, D. (2002a). Poetic means to anti-anorexic ends. *Journal of Systemic Therapies,* 21(4), 18-34. doi:10.1521/jsyt.21.4.18.23323

Nylund, D. (2002b). Understanding and coping with ADD/ADHD. In J. Biederman & L. Biederman (Eds.), *Parent school: Simple lessons from the leading experts on being a mom and dad* (pp. 291-296). New York, NY: M. Evans.

Nylund, D. (2003). Narrative therapy as a counter-hegemonic practice. *Men and Masculinities,* 5, 386-394. doi:10.1177/1097184X03251086

Nylund, D. (2004a). Deconstructing masculinity through popular culture texts. *Narrative Network News,* 27, 35-39.

Nylund, D. (2004b). The mass media and masculinity: Working with men who have been violent. In S. Madigan (Ed.), *Therapeutic conversations 5: Therapy from the outside in* (pp. 177-191). Vancouver, British Columbia, Canada: Yaletown Family Therapy Press.

Nylund, D. (2004c). When in Rome: Homophobia, heterosexism, and sports talk radio. *Journal of Sport and Social Issues,* 28, 136-168. doi:10.1177/ 0193723504264409

Nylund, D. (2006a). Critical multiculturalism, whiteness, and social work: Towards a more radical view of cultural competence. *Journal of Progressive Human Services,* 17(2), 27-42. doi: 10.1300/J059v17n02_03

Nylund, D. (2006b). Deconstructing patriarchy and masculinity with teen fathers: A narrative approach. In R. Evans, H. S. Holgate, & F. K. O. Yuen (Eds.), *Teenage pregnancy and parenthood* (pp. 157-167). New York, NY: Routledge.

Nylund, D. (2007a). *Beer, babes, and balls: Masculinity and sports talk radio.* Albany, NY: SUNY Press.

Nylund, D. (2007b). Reading Harry Potter: Popular culture, queer theory, and the fashioning of youth identity. *Journal of Systemic Therapies,* 26(2), 13-24. doi: 10.1521/jsyt.2007.26.2.13

Nylund, D., & Ceske, K. (1997). Voices of political resistance: Young women's coresearch in anti-depression. In C. Smith & D. Nylund (Eds.), *Narrative therapies with children and adolescents* (pp. 356-381). New York, NY: Guilford Press.

Nylund, D., & Corsiglia, V. (1993). Internalized other questioning with men who are violent. *Dulwich Centre Newsletter,* 2, 29-34.

Nylund, D., & Corsiglia, V. (1994). Attention to the deficits in attention deficit disorder: Deconstructing the diagnosis and bringing forth children's special abilities. *Journal of Collaborative Therapies*, 2 (2), 7-16.

Nylund, D., & Corsiglia, V. (1996). From deficits to special abilities: Working narratively with children labeled ADHD. In M. Hoyt (Ed.), *Constructive therapies 2* (pp. 163-183). New York, NY: Guilford Press.

Nylund, D., & Hoyt, M. (1997). The joy of narrative: An exercise for learning from our internalized clients. *Journal of Systemic Therapies*, 16, 361-366.

Nylund, D., & Thomas, J. (1997). Situating therapist's questions in the presence of the family: A qualitative inquiry. *Journal of Systemic Therapies*, 16, 211-228.

Nylund, D., Tilsen, J., & Grieves, L. (2007). The gender binary: Theory and lived experience. *International Journal of Narrative Therapy and Community Work*, 3, 46-53.

O'Farrell, C. (2005). *Michel Foucault*. London, England: Sage.

Parker, I. (1989). Discourse and power. In J. Shotter & K. Gergen (Eds.), *Texts of identity* (pp. 16-25). London, England: Sage.

Parker, I. (1998). *Social construction, discourse and realism*. London, England: Sage.

Parker, I. (2008). *Being human: Reflections on mental distress in society* (I. A. Morgan, Ed.). Ross-on-Wye, England: PCCS Books.

Prado, G. (1995). *Starting with Foucault: An introduction to genealogy*. Boulder, CO: Westview Press.

Rabinowitz, L., & Goldberg, R. (2009). *An evaluation of an intervention using hero books to mainstream psychosocial care and support into South African schools via the curricula*. Johannesburg, South Africa: REPSSI.

Reynolds, V. (2008). An ethic of resistance: Frontline worker as activist. *Women Making Waves*, 19, 12-14.

Reynolds, V. (2010). Doing justice: A witnessing stance in therapeutic work alongside survivors of torture and political violence. In J. Raskin, S. Bridges, & R. Neimeyer (Eds.), *Studies in meaning 4: Constuctivist perspectives on theory, practice, and social justice*. New York, NY: Pace University Press.

Ricoeur, P. (1984). *Time and narrative* (Vol. 1). Chicago, IL: The University of Chicago Press. 久米 博 (訳) 2004 時間と物語〈1〉物語と時間性の循環/歴史と物語 新曜社 (新装版)

Rorty, R. (1979). *Philosophy and the mirror of nature*. Princeton, NY: Princeton University Press. 伊藤春樹・野家伸也・野家啓一・須藤訓任・柴田正良 (訳) 1993 哲学と自然の鏡 産業図書

Rose, N. (1989). Individualizing psychology. In J. Shotter & K. Gergen (Eds.), *Texts of identity* (pp. 64-72). London, England: Sage.

Rosen, S. (1987). *Hermeneutics as politics*. New York, NY: Oxford University Press.

Said, E. (2003). *Freud and the non-European*. New York, NY: Verso. 長原 豊 (訳) 2003 フロイトと非–ヨーロッパ人 平凡社

Sampson, E. (1989). The deconstruction of the self. In J. Shotter & K. Gergen (Eds.), *Texts of identity* (pp. 3-11). Newbury Park, CA: Sage.

Sampson, E. (1993). *Celebrating the other: A dialogic account of human nature.* San Francisco, CA: Westview Press.

Sanders, C. (1997). Re-authoring problem identities: Small victories with young persons captured by substance misuse. In C. Smith & D. Nylund (Eds.), *Narrative therapies with children and adolescents* (pp. 400-422). New York, NY: Guilford Press.

Sanders, C. (1998). Substance misuse dilemmas: A postmodern inquiry. In S. Madigan & I. Law (Eds.), *PRAXIS: Situating discourse, feminism, and politics in narrative therapies* (pp. 141-162). Vancouver, British Columbia, Canada: Yaletown Family Therapy Press.

Sanders, C. (2007). A poetics of resistance: Compassionate practice in substance misuse therapy. In C. Brown & T. Augusta-Scott (Eds.), *Narrative therapy: Making meaning, making lives* (pp. 59-76). Thousand Oaks, CA: Sage.

Sanders, C., & Thomson, G. (1994). Opening space: Towards dialogue and discovery. *Journal of Child and Youth Care,* 9 (2), 1-11.

Seymour, F., & Epston, D. (1989). Childhood stealing. *The Australian and New Zealand Journal of Family Therapy,* 10, 137-143.

Shotter, J. (1989). Social accountability and the social construction of "you." In J. Shotter & K. Gergen (Eds.), *Texts of identity* (pp. 4-14). London, England: Sage.

Shotter, J. (1990a). The social construction of remembering and forgetting. In D. Middleton & D. Edwards (Eds.), *Collective remembering* (pp. 120-138). London, England: Sage.

Shotter, J. (1990b). Social individuality versus possessive individualism: The sounds of silence. In I. Parker & J. Shotter (Eds.), *Deconstructing social psychology* (pp. 153-160). London, England: Routledge.

Shotter, J., & Gergen, K. (1989). *Texts of identity.* Newbury Park, CA: Sage.

Simons, J. (1995). *Foucault and the political.* New York, NY: Routledge.

Smith, C., & Nylund, D. (Eds.) (1997). *Narrative therapies with children and adolescents.* New York, NY: Guilford Press.

Speedy, J. (2004). Living a more peopled life: Definitional ceremony as inquiry into psychotherapy "outcomes." *International Journal of Narrative Therapy and Community Work,* 3, 43-53.

Spivak, G. (1996). Diaspora old and new: Women in the transnational world. *Textual Practice,* 10, 245-269.

Swan, V. (1998). Narrative therapy, feminism and race. In I. B. Seu & M. C. Heenan (Eds.), *Feminism and psychotherapy: Reflections on contemporary theories and practices* (pp. 30-42). London: Sage.

Tamasese, K., & Waldegrave, C. (1990). Social justice. *Dulwich Centre Newsletter,* 1.

Taylor, C. (1989). *Sources of the self.* Cambridge, MA: Harvard University Press.

Tilsen, J., & Nylund, D. (2008). Psychotherapy research, the recovery movement, and practice-based evidence. *The Journal of Social Work in Disability & Rehabilitation,* 7, 340-354.

Tilsen, J., & Nylund, D. (2009). Popular culture texts and young people: Making meaning, honoring resistance, and becoming Harry Potter. *International Journal of Narrative Therapy and Community Work,* 1, 16-19.

Tinker, D. E., & Ramer, J. C. (1983). Anorexia nervosa: Staff subversion of therapy. *Journal of Adolescent Health Care, 4*, 35-39. doi:10. 1016/S0197-0070(83)80226- 5

Tomm, K. (1984a). One perspective on the Milan Systemic Approach: Part I. Overview of development, theory and practice. *Journal of Marital and Family Therapy, 10,* 113-125. doi:10.1111/j.1752-0606.1984.tb00001.x

Tomm, K. (1984b). One perspective on the Milan Systemic Approach: Part Ⅱ. Description of session format, interviewing style and interventions. *Journal of Marital and Family Therapy, 10,* 253-271. doi:10.1111/j.1752-0606.1984. tb00016.x

Tomm, K. (1986). On incorporating the therapist in a scientific theory of family therapy. *Journal of Marital and Family Therapy, 12,* 373-378. doi:10.1111/ j.1752-0606.1986.tb00669.x

Tomm, K. (1987a). Interventive interviewing: Part I. Strategizing as a fourth guideline for the therapist. *Family Process, 26,* 3 -13. doi:10.1111/j.1545-5300.1987. 00003.x

Tomm, K. (1987b). Interventive interviewing: Part Ⅱ. Reflexive questioning as a means to enable self-healing. *Family Process, 26,* 167-183. doi:10.1111/ j.1545-5300.1987.00167.x

Tomm, K. (1988). Interventive interviewing: Part Ⅲ. Intending to ask lineal, circular, reflexive or strategic questions? *Family Process, 27,* 1 -15. doi: 10. 1111/ j.1545-5300.1988.00001.x

Tomm, K. (1989). Externalizing problems and internalizing personal agency. *Journal of Strategic & Systemic Therapies, 8,* 16-22.

Turner, V. (1969). *The ritual process.* Ithaca, NY: Cornell University Press. 富倉光雄（訳） 1996 儀礼の過程 新思索社（新装版）

Turner, V. (1974). *Dramas, fields and metaphor.* Ithaca, NY: Cornell University Press. 梶原景昭（訳） 1981 象徴と社会 紀伊國屋書店（文化人類学叢書）

Turner, V. (1980). Social dramas and stories about them. *Critical Inquiry, 7,* 141-168.

Turner, V. (1981). Social dramas and stories about them. In W. J. T. Mitchell (Ed.), *On narrative* (pp. 137-164). Chicago, IL: University of Chicago Press.

Turner, V. (1986). *The anthropology of performance.* New York, NY: PAJ.

Tyler, S. (1986). *The unspeakable: Discourse, dialogue and rhetoric in the postmodern world.* Madison: University of Wisconsin Press.

Tyler, S. A. (1990). Eye of newt, toe of frog: Post-modernism and the context of theory in family therapy. In P. Keeney, B. B. Nolan, & W. Madsen (Eds.), *The systemic therapist.* St. Paul, MN: Systemic Therapy Press.

Vancouver Anti-Anorexia/Bulimia League. (1998). Editorial. *Revive Magazine.* Vancouver, British Columbia, Canada: Yaletown Family Therapy Publications.

Vromans, L. (2008). *Process and outcome of narrative therapy for major depressive disorder in adults: Narrative reflexivity, working alliance, and improved symptom and inter-personal outcomes.* Unpublished doctoral dissertation, Queensland University of Technology, Australia.

Vygotsky, L. S. (1978). *Mind in society.* Cambridge, MA: Harvard University Press.

Wade, A. (1996). Resistance knowledges: Therapy with aboriginal persons who have experienced violence. In P. H. Stephenson, S. J. Elliott, L. T. Foster, & J. Harris (Eds.), *A persistent spirit: Towards understanding aboriginal health in British Columbia* (pp. 167-206). Vancouver, British Columbia, Canada: University of British Columbia.

Wade, A. (1997). Small acts of living: Everyday resistance to violence and other forms of oppression. *Contemporary Family Therapy, 19*, 23-39. doi:10.1023/A:1026154215299

Waldegrave, C. (1996). *Beyond impoverishing treatments of persons*. Keynote speech at the International Narrative Ideas and Therapeutic Practice Conference, Yaletown Family Therapy, Vancouver, British Columbia, Canada.

Waldegrave, C. T. (1990). Just therapy. *Dulwich Centre Newsletter*, 1, 5-46.

Watzlawick, P. (1984). *The invented reality*. New York, NY: Norton.

Weber, M., Davis, K., & McPhie, L. (2006). *Australian Social Work, 59*, 391-405.

Winslade, J., & Monk, G. (2007). *Narrative counseling in schools*. New York, NY: Norton. 小森康永（訳）2001 新しいスクール・カウンセリング—学校におけるナラティヴ・アプローチ 金剛出版

White, M. (1979). Structural and strategic approaches to psychodynamic families. *Family Process, 18*, 303-314. doi:10.1111/j.1545-5300.1979.00303.x

White, M. (1986). Anorexia nervosa: A cybernetic perspective. In J. Elka-Harkaway (Ed.), *Eating disorders and family therapy* (pp. 67-73). New York, NY: Aspen.

White, M. (1987). Family therapy and schizophrenia: Addressing the "in-the-corner" lifestyle. *Dulwich Centre Newsletter* (spring), 14-21.

White, M. (1988). *Selected papers*. Adelaide, South Australia: Dulwich Centre Publications.

White, M. (1988/1989). *The externalizing of the problem and the re-authoring of lives and relationships*. Dulwich Centre Newsletter [Special issue], Summer, 3-20.

White, M. (1991). Deconstruction and therapy. In D. Epston & M. White (Eds.), *Experience, contradiction, narrative, and imagination: Selected papers of David Epston and Michael White, 1989-1991*. Adelaide, South Australia: Dulwich Centre Publications.

White, M. (1995a). Psychotic experience and discourse. In M. White (Ed.), *Re-authoring lives: Interviews and essays* (pp. 45-51). Adelaide, South Australia: Dulwich Centre Publications.

White, M. (1995b). Reflecting teamwork as definitional ceremony. In M. White (Ed.), *Re-authoring lives: Interviews and essays* (pp. 16-26). Adelaide, South Australia: Dulwich Centre Publications.

White, M. (1997). *Narratives of therapists' lives*. Adelaide, South Australia: Dulwich Centre Publications. 小森康永（監訳）2004 セラピストの人生という物語 金子書房

White, M. (2002). Addressing personal failure. *International Journal of Narrative Therapy and Community Work*, 3, 33-76.

White, M. (2004). *Narrative practice and exotic lives: Resurrecting diversity in everyday life*. Adelaide, South Australia: Dulwich Centre Publications. 小森康永（訳）2007 ナラティヴ・プラクティスとエキゾチックな人生—日常生活における多様性の掘り起こし 金剛出版

White, M. (2005). Children, trauma and subordinate storyline development. *The International Journal of Narrative Therapy and Community Work*, 3/4, 10-22.

White, M. (2007). *Maps of narrative practice*. New York, NY: Norton. 小森康永（訳）2009 ナラティヴ実践地図 金剛出版

White, M., & Epston, D. (1990). *Narrative means to therapeutic ends*. New York, NY: Norton. 小森康永（訳）1992 物語としての家族 金剛出版

Winslade, J. (2009). Tracing lines of flight: Implications of the work of Gilles Deleuze for narrative practice. *Family Process*, 48, 332-346. doi:10.1111/j.15455300.2009.01286.x

Winslade, J., Crocket, K., Epston, D., & Monk, G. (1996). *Narrative therapy practice: The archeology of hope*. San Francisco, CA: Jossey-Bass. 国重浩一・バーナード紫(訳) 2008 ナラティヴ・アプローチの理論から実践まで―希望を掘りあてる考古学 北大路書房

Wittgenstein, L. (1953). *Philosophical investigations* (D. E. Linge, Trans.). Berkeley: University of California Press. 丘沢静也(訳) 2013 哲学探究 岩波書店

Wittgenstein, L. (1960). *The blue and brown books*. New York, NY: Harper & Row. 大森荘蔵(訳) 2010 青色本 筑摩書房(ちくま学芸文庫)

Zur, O., & Nordmarken, N. (2007). *DSM: Diagnosing for money and power: Summary of the critique of the DSM*. Sonoma, CA: Zur Institute. Retrieved from http://www.zurinstitute.com/dsmcritique.html

人名索引

● A
Adorno, T.　48
Akinyela, M.　46
Andersen, T.　110
Anderson, W.　53
Armstrong, T.　50
Augusta-Scott, T.　20

● B
Bakhtin, M. M.　6 , 51, 54, 59, 77
Bateson, G.　2, 13-15, 105
Berthold, S.　146
Besa, D.　144
Bird, J.　20, 21, 59
Borden, A.　60
Breggin, G. R.　45, 55
Breggin, P.　4, 38, 45, 49, 55, 63
Bruner, E. M.　36
Bruner, J.　6, 10, 30, 31, 34-36, 78, 80, 81
Bruyn, S.　51
Butler, J.　36, 51, 67

● C
Caplan, P. J.　4, 29, 36, 38, 48, 49, 65, 66, 116, 117
Ceske, K.　97
Clark, K.　68
Cole, M.　67
Combs, G.　52
Corsiglia, V.　29
Cosgrove, L.　48, 116
Crapanzano, V.　60
Crocket, K.　39
Crowe, M.　5

● D
Daniels, H.　67
Davies, B.　55, 56, 131, 144
Denborough, D.　20, 28, 147
Derrida, J.　2, 10, 38, 57, 63
Diamond, I.　60
Dickerson, V. C.　28, 61, 77, 79, 117
Dreyfus, H.　24

● E
Eagleton, T.　56, 57
Epston, D.　(11), (15), 1, 2, 6, 9, 11, 16, 18, 28, 31, 33, 34, 36-39, 56, 58, 64, 72, 79, 92, 107, 117, 118, 131, 139, 140, 145, 158, 166
Espin, O. M.　71

● F
Fish, S.　38
Foucault, M.　(12), (15), 2, 4, 9, 10, 15-17, 24, 27, 38-46, 51, 53, 54, 56, 65, 69-71, 98, 116, 117, 141, 149, 165, 166
Freedman, J.　52
Freeman, J.　79
Frew, J.　(6)

● G
Geertz, C.　1, 2, 10, 11, 13, 33, 36, 79, 142
Gergen, K.　36, 48, 51, 53, 55, 61, 66, 78
Gergen, M. M.　66
Goffman, E.　31, 62
Goldberg, R.　145
Goldner, E.　60, 61, 118
Goldstein, J.　51, 58
Gollan, S.　52
Grace, W.　44
Gremillion, H.　12, 60, 61, 118

191

Grieves, L.   29, 60, 61, 69, 107, 116
Gutting, G.   51

● H
Hall, R.   80
Haley, J.   (6)
Hardy, K.   40, 46
Hare-Mustin, R.   48
Harre, R.   55, 56, 131
Harstock, S.   39
Hedtke, L.   119
Hoagwood, K.   48, 67
Holquist, M.   68
Horkheimer, M.   48
Hoyt, M.   79
Huyssen, A.   67

● J
Jameson, F.   50, 56
Jenkins, A.   (14), 20, 56, 117, 157
Justice, B.   14
Justice, R.   14

● K
Kamsler, A.   14
Kearney, R.   58
Keeney, B.   (9), 50

● L
Law, I.   39, 48, 51, 53, 54, 56, 65, 69
Liapunov, V.   68
Lobivits, D.   79

● M
Madigan, S.   2-6, 15, 16, 18, 27, 28, 37-39, 41-43, 48, 50-54, 56, 57, 63, 64, 66, 69, 86, 87, 92, 93, 95, 97, 98, 107, 116-118, 123, 139, 140, 158
Madison, D.   159
Madsen, W.   156
Maisel, R.   60
Maracek, J.   48
McHoul, A.   44

Mclean, C.   80
McLeod, J.   10, 58
McPhie, L.   144
Miller, J.   44
Monk, G.   39, 81
Moules, N.   63, 64, 117
Munro, C.   13
Myerhoff, B.   10, 11, 13, 28, 36, 118

● N
Nordmarken, N.   49
Nylund, D.   29, 41, 51, 54, 56, 57, 60, 63, 69-72, 78, 79, 97, 98, 123

● O
O'Farrell, C.   42, 46

● P
Parker, I.   27, 39, 50, 54, 56, 78, 116, 142
Prado, G.   42

● Q
Quinby, L.   60

● R
Rabinow, P.   24
Rabinowitz, L.   145
Rainwater, M.   58
Ramer, J. C.   60
Reynolds, V.   56, 100, 116
Ricoeur, P.   35
Rorty, R.   56
Rose, N.   56
Rosen, S.   54
Roth, S.   34

● S
Said, E.   36, 116
Sampson, E.   6, 18, 36, 56, 66, 68
Sanders, C.   56, 116, 117, 119
Seymour, F.   145
Shotter, J.   48, 51, 55, 57
Simons, J.   41

192

Smith, C.　123
Speedy, J.　18, 146
Spiegler, M.　(6)
Spivak, G.　36, 48, 67-69, 116

● T
Tamasese, K.　19
Taylor, C.　59
Thomson, G.　119
Tilsen, J.　28, 29, 41, 69, 70, 78, 79
Tinker, D. E.　60
Tomm, K.　(9), 15, 16, 36, 90
Turner, V.　11, 27, 36, 42, 54, 92
Tyler, S.　11, 50, 56, 157

● V
Vromans, L.　143

Vygotsky, L. S.　67

● W
Wade, A.　20
Waldegrave, C.　(14), 19, 37, 159
Weber, M.　144
Wertsch, J.　67
White, C.　(14), 36, 38
White, M.　(10), 1, 2, 4, 6, 9, 11, 16, 28, 31, 33, 34, 37, 39, 43, 47, 52, 56, 58, 62, 69, 70, 72, 78-80, 85, 94, 123, 131, 149, 166
Winslade, J.　39, 81, 119, 156
Wittgenstein, L.　36, 55

● Z
Zimmerman, J.　28, 61, 117
Zur, O.　49

事項索引

●あ
アーカイブ　131, 165
アイデンティティ　(11), 2, 9, 15, 18, 29, 37, 41, 61, 65, 77, 102, 117, 150
アイデンティティの風景　81, 165
足場　32, 34, 63, 81, 173
アプリシエーション　161
アンチ拒食症／過食症リーグ　25, 61, 97, 107, 132, 134, 139, 158, 168

●い
異性愛主義　69
イデオロギー　9, 15, 48, 57, 66, 72, 117, 165
命の木　147, 151
命の凧　151
命のチーム　151
遺糞症　(11), 13
インターセクショナリティ　30

●う
薄っぺらな描写　105, 117

●え
影響相対化（の）質問　(12), (16), 11, 85, 144, 194
エイジェンシー　82, 87
ADHD（注意欠如・多動性障害）　17, 56, 63

●お
オルタナティヴ・ストーリー　11, 33, 80, 88, 122, 131, 165

●か
外在化　(11), 16, 24, 42, 74, 97, 133, 145, 166, 191
外在化する質問　85

科学に基づく分類法　40
語られるストーリーを語る権利はだれにあるのでしょうか？　7
語り直し　20, 24, 28, 82, 122, 133, 150
代わりの物語　161
関心を分かち合うコミュニティ　5, 93, 118, 129, 132, 158
完璧さ　111

●き
擬人化　(12)
共同研究　97, 113, 130, 135, 146, 160
恐怖　103
共鳴する実習　157

●け
経験を体験する質問　(16), 85, 90
系譜　(15), 166
健康維持機構　149, 152
言語ゲーム　36
権力／知　15, 46, 96, 167

●こ
行為の風景　34, 81, 165
構造主義　(13), 10, 16, 34, 55, 58, 167
構造的不均衡　7
異なる見方を探る質問　21, 99
言葉遣い　(11), (13)
好みの（に関する）質問　85, 91

●さ
最近接発達領域　67
再生産　17, 30, 36, 43, 49, 58, 66, 71, 79, 94, 97, 116, 150, 168
再著述する会話　21, 24, 30, 33, 80, 167
再発見　25, 119, 129, 132, 161

●し
自己概念　2, 6
自己監視　42, 97, 107
自己形成　41
シニフィアン　55
シニフィエ　55
支配的なストーリー　31, 88
支配的な問題　32, 80, 87, 173
「自分」という相談相手に相談する質問　91
社会構成主義　(9), 49, 53, 54, 71, 168, 193
社会的規範　48
社会的構造　49
弱体化　13, 25, 85, 93, 104, 113, 123
ジャストセラピー　(17), 19
従属的（な）ストーリー　11, 32, 68
主観性　18, 24, 54, 166
主体化　41, 96, 98, 194
将来への可能性の質問　(16)
女性運動　18
真実　(8), 4, 14, 18, 35, 37, 43, 44, 48, 95, 169
真実という地位　46
人種差別　(17), 71, 73, 103
人生の書類化　41
心理学的描写　6

●す
ストーリーを語る権利　(7), 14, 29
ずる賢いウンチ（スニーキー・プー）　(11), 64

●せ
政治学　61, 70
精神障害の診断と統計の手引き（DSM）　(13), 4, 28, 40, 49, 153
性的指向　5, 18, 39, 114, 171
絶望　109
説明責任　51, 93, 134, 140
全体化の技術　41

●た
対抗的視点　92
多重化された物語　2, 10
多層化された立場　7

脱構築　2, 10, 15, 39, 63, 74, 93, 101, 133, 169
脱中心（化）　(16), 2, 169
多文化的エイジェンシー　19
ダリッチセンター　(17), 93, 143, 147, 158

●ち
力と知識の関係　6
知と権力　39, 43, 53
注意欠如・多動性障害（ADHD）　17, 56, 63
治療手段としての文章　33
治療的手紙　5, 11, 25, 75
知を介した権力　45

●つ
通過儀礼　11
罪の意識　114, 126

●て
DSM（精神障害の診断と統計の手引き）　(13), 4, 28, 40, 49, 153
定義的祝祭　11, 125, 146, 170
ディスコース　45, 53, 54, 65
ディスコース・コミュニティ　48, 61, 170
手紙を書くキャンペーン　118, 123
テクスト・アナロジー　31, 37, 170
テクスト上のアイデンティティ　7

●と
同性愛　10, 19, 28, 79, 103
道徳衛生　39
特権的な地位　40, 116
トラウマ　(15), 20, 117, 149

●な
内在化　(17), 15, 41, 42, 50, 73, 93, 96, 106
内在化された言い争い　97, 106
内在化された会話　96
ナラティヴの比喩　6, 36

●に
二重記述　13, 17
認識論　(6), 15, 49, 57, 63

●は
パノプティコン　42, 96
パフォーマティヴ　42
反個人主義　　(13), 2, 149, 153, 161, 162, 170
反本質主義　　171

●ひ
非正統制　100
否定的な想像　25, 97, 105
ひとくくりにした語り　32
ひとくくりにする　5, 16, 171
批判的民族誌学　159, 171

●ふ
不公平な比較　97, 105
分割の実践　39
文化的な規範　41, 96

●ほ
ポスト構造主義　(12), (14), 2, 6, 9, 15, 27, 55, 58, 61, 64, 102, 146, 153, 161, 168, 172, 193
ポスト心理学的心理療法　10
本質主義　(13), 6, 49, 67, 71

●ま
マッピング　87

●も
『物語としての家族』　(10), 33, 131, 191

問題の外在化　(12), 15, 191
問題のしみ込んだストーリー　21, 81

●ゆ
ユニークな可能性の質問　85, 89
ユニークな結果　11, 17, 31, 32, 81, 85, 93, 144, 173
ユニークな結果の質問　85, 87
ユニークな結果を歴史化する質問　90
ユニークな再描写の質問　33, 85, 89
ユニークな説明の質問　85, 88
ユニークな流布の質問　85, 90

●り
リフレクティングチーム　125, 127, 140
リ・メンバー　110, 118, 126
リ・メンバリング　28, 173

●れ
例外　32, 80, 88, 150
歴史をめぐる質問　85

●ろ
労働する主体　41
ローカルな知　44, 82

●わ
私はOKじゃない。あなたもOKじゃない。でもそれでOK　112

監訳者あとがき

　本書は，2010年12月15日，アメリカ心理学会より心理療法理論シリーズの内の一巻として発刊されたスティーヴン・マディガン（Stephen Madigan）の手による *Narrative Therapy* の全訳です。まず，本書刊行となった経緯からお話しさせていただきます。

　2010年8月26〜28日，私が大会長として日本ブリーフサイコセラピー学会第20回大会を長崎で開催するにあたり，特にマイケル・ホワイトとデイヴィッド・エプストンによるナラティヴ・セラピーの海外動向を直接知りたいと考えました。その一番のきっかけになったのは，その2年前の2008年4月にホワイトが急逝したことが大きく，彼の訃報を聞いて，これからのナラティヴ・セラピーはどうなっていくのだろう，という思いに駆られたからでした。周知のように，彼らのナラティヴ・セラピーは，世界的に彼らの名を知らしめた *Narrative Means to Therapeutic Ends* （1990）を，小森康永さんが『物語としての家族』（1992）として日本語訳出版されて以来，特に〈問題の外在化〉は日本においても広く知られるようになりました。私も，たまたま，同じような〈問題の外在化〉を構想してきていたこともあって，日本ブリーフサイコセラピー学会はもとより，日本家族研究・家族療法学会等でも，より効果的な方法の1つとして定着してきておりました。しかし，ホワイトとエプストンのモデルによる〈問題の外在化〉は，単なる一技法というものではなく，あくまでナラティヴという名を冠した，人が自らの経験を語るということ，そのこと自体への広範な現代思想を通した綿密な問い直しなしに論じることはできないのです。このような背景から，当初は，本大会にホワイトの盟友であるデイヴィッド・エプストンの招聘を計画しました。残念ながら，スケジュールが合わないために彼の来日は実現しませんでしたが，その折りに，彼が推薦してくれたのが原著者のスティーヴン・マディガンだったのです。

　マディガンには，長崎大会で基調講演とワークショップを，その後，京都でもワークショップをお願いしました。この間，彼は，実際の面接DVDも披露しつつ，まずは，ナラティヴ・セラピーとの出会いにまつわる彼自身のストーリーから，そして，ナラティヴ・セラピーの理論と実践について実に丁寧に語ってくれました。

私は，長年，ホワイトとエプストンから直接教えを受けてきたマディガン自身の臨床体験を通じて，あらためて，ナラティヴ・セラピーの真髄に触れた思いを強くしました。長崎大会のプログラムが終了した後，本大会で汗をかいてくれた大会スタッフと一緒に，彼を長崎の雲仙温泉に招待しました。"温泉大好き！"の彼は，大いにこの時間を楽しんでくれました。そして，その夜のこと，彼は，今回の講演およびワークショップの元になっているのが，実は，執筆中の本書原稿であり，年内には刊行予定であることを語ってくれたのです。私は，この話を聞くに及んで，是非とも本書の日本語訳を出版したいという思いが強くなり，その旨を彼に伝えると，とても喜んでくれました。こうして，翌2011年1月，アメリカ心理学会から刊行された本書が私の手元に届いたのです。

＊　＊　＊

　さて，本大会の準備段階から開催中そして本訳書刊行において，私は，実にすばらしい2人の仲間に恵まれました。まずは，監訳者の1人である国重浩一さんです。国重さんは，ニュージーランドのワイカト大学大学院でナラティヴ・セラピーの研鑽を積まれた後，2003年から鹿児島で臨床心理士として臨床活動を始められました。ちょうどその頃，私は国重さんと知己を得ることになったのです。その後の国重さんのナラティヴ・セラピーをベースにした臨床実践と研究に加え，その後さらに展開を見せているナラティヴ・セラピーの動向を積極的に紹介されるお仕事ぶりには目を見張るものがありました。本大会では，特に，マディガンが披露した面接DVDに日本語訳を載せる困難な仕事をしていただくと共に，マディガンとの通訳もこなしてくださいました。本大会終了後まもなく，国重さんは再びニュージーランドに戻られ，今日まで彼の地でさらに臨床実践を重ねておられますが，その中でも特に，東日本大震災の折には，ニュージーランドから被災地に出向かれて被災者の方々の支援にあたられました。そのときのご経験をナラティヴ・セラピーの立場からレポートにまとめておられます。もう1人は，神戸松蔭女子学院大学の坂本真佐哉さんです。坂本さんは，家族療法さらにブリーフサイコセラピーに精通している臨床心理士ですが，彼もまた，2007年4月から1年間，同じくニュージーランドに留学されてナラティヴ・セラピーを学ばれ，帰国後，今日まで精力的にナラティヴ・セラピーの普及に努めておられます。京都でのワークショップでは，実に適確なコメンテーターとして，マディガンと参加者の間をつなぐ貴重なお仕事をしてく

ださいました。

　こうして，本訳書刊行に向けて，国重さん，坂本さん，そして私の3人がそれぞれ翻訳チームを結成してスタートしました。しかし，それぞれの事情や東日本大震災による影響，それに何と言っても原著のもつ特に理論的な内容の濃さに各々の翻訳協力者が苦労を重ねる中，当初の計画は大幅に遅れざるを得ませんでした。さらに，翻訳原稿が出揃った時点から全体をまとめ，より質の高い日本語へと練り上げていくのはもっと大変な作業になりました。ここで，大きな力を発揮してくださったのが，バーナード紫さんです。彼女は，ニュージーランドで，翻訳家および日本語／英語講師としてのお仕事の傍ら，国重さんと共にナラティヴ・セラピーについてもたいへん造詣の深い方です。彼女の卓越した語学力とナラティヴ・セラピーの精神に基づいた献身がなければ，おそらく本訳書の刊行は実現しなかったのではないかと思います。丸4年を経てようやく刊行の運びとなったこの日に，国重さんと共にバーナード紫さんには格別の感謝の意を表したいと思います。

＊　＊　＊

　私は，これまで，ホワイトとエプストンのモデルよるナラティヴ・セラピーに強く惹かれながらも，その何たるか，ということについて，もうひとつ確たるものをもてないでいました。あるいは，大いに気になる存在でありながら，同時に，そこにある種の近づき難さを感じていたとも言えるでしょう。そのような中にあって，出会った本書は，確実に私のナラティヴ・セラピーの全体像を把握するのを助けてくれました。その最大の理由は，著者のマディガンが臨床家としてスタートした時点からずっとホワイトとエプストンに師事し，貪欲に彼らのナラティヴ・セラピーを吸収しようと努力してきた軌跡そのものだからです。そして，何よりの発見となったのは，かの〈スニーキー・プー〉のケースをマディガンが間近で見ていたということでした。ですから，私も，遅まきながら，マディガンとともにナラティヴ・セラピーの世界により近づくことができたのです。

　とはいえ，本書は，おそらく多くの読者にとってけっして読みやすい本ではないのではないかと思います。まずは，ポスト構造主義や社会構成主義とよばれる理論や諸概念の理解に困難を覚えずにはいられないでしょう。と同時に，大多数の対人援助に関わる専門家たちにとっては，それらの理論や諸概念を通じて，自分たちの存在自体を批判されているようにも感じられるかもしれません。さらに，その実践

において〈影響相対化質問〉に代表される面接場面でのセラピストの言葉の使い方や，家族はもとよりクライエントにとって重要な関係者への積極的なかかわりを通じて新たな治療的コミュニティを形成するなどのアプローチに当惑される方も少なくないでしょう．それもこれも，著者が繰り返し主張しているように，私たちは近代以降，形成されてきた人間諸科学とそれを支える文化的・社会的制度に基づく〈ドミナント・ストーリー〉の強い影響下にあるからです．たしかに，この〈ドミナント・ストーリー〉によって，私たちはミシェル・フーコーの言う〈主体化〉すなわち〈自立する人間像〉を手に入れました．しかし，この人間像が放つ光が輝けば輝くほど，その陰はより深くかつ重いものとならざるを得ないようです．この光と陰が交錯するところにこそ，現代においてクライエントとよばれる人々のみずからの人生を営んでいくうえでの苦悩が立ち現われてくると言えないでしょうか．だとすれば，私たち対人援助職は，そのようなクライエントを前にしてどのようなスタンスをとればよいのでしょうか．本書は，そのような問いを私たちに投げかけているのであり，この問いこそが〈ナラティヴ〉なるものに込められたものなのです．その答えは，おそらく，一朝一夕に得られるものではないでしょうが，それでもなお，私たちは，歩みを止めるわけにはいかないのです．本書を通じて，多くの対人援助の専門職の方々がこの歩みに参加して下さることを願ってやみません．

　最後になりましたが，あらためて，国重浩一さん，バーナード紫さん，坂本真佐哉さんはもとより翻訳の作業に力を貸してくださったすべての方々，また，長きにわたり，じっと私たちを見守ってくださった北大路書房の薄木敏之様，若森乾也様には心より感謝いたします．

2015年5月

児島達美

■著者紹介

スティーヴン・マディガン（Stephen Madigan）
ソーシャルワークの修士と，カップルおよび家族療法の理学修士と博士号を取得している。1992年に，北半球でいちばん最初となるナラティヴ・セラピーの学校，ナラティヴ・セラピー・バンクーバー校を，イェールタウン・ファミリー・セラピーを通じて開設した。マディガンは，毎年「治療的会話カンファレンス」を主催している。また多くの論文を発表し，ナラティヴのワークショップで世界的に教えている。2007年6月に，米国家族療法アカデミーは，マディガン博士を称え，家族療法の理論と実践に対して革新的な実践をもたらしたとして，特別章が授与された。マディガン博士は，カナダのナショナル・アルティメット・フリスビー引退者チームのメンバーでもある。詳細については，http://www.stephenmadigan.ca を参照のこと。

■シリーズ編集者紹介

ジョン・カールソン（Jon Carlson, PsyD, EdD, ABPP）
イリノイ州，ユニバーシティパークにあるガバナーズ州立大学の心理学とカウンセリング学部の栄誉教授であり，ウィスコンシン州，レイクジェニーバにあるウェルネスクリニックの心理学者である。カールソン博士は，インディビジュアル心理学誌やファミリー誌などのいくつかの刊行物の編集者でもある。家族心理とアドラー心理学の両方における専門家として認められている。『よりよい結婚の時期（*Time for a Better Marriage*）』『アドラー派セラピー（*Adlerian Therapy*）』『ダイニングテーブルのミイラ（*The Mummy at the Dining Room Table*）』『まずい面接（*Bad Therapy*）』『セラピストを変えたクライエント（*The Client Who Changed Me*）』『精神に動機づけられて（*Moved by the Spirit*）』を含む，150の専門誌論文と40の書物を出版している。心理療法家や教育者を導く，専門家のためのビデオやDVDを200以上も制作している。2004年に，米国カウンセリング協会は，彼を「生きている伝説」と名づけた。最近では，漫画家のジョー・マーティンと『オン・ザ・エッジ（*On The Edge*）』という漫画を配給した。

マット・エングラー＝カールソン博士（Matt Englar-Carlson, PhD）
フラートンのカリフォルニア州立大学でカウンセリングの准教授の職に就いており，オーストラリア，アデレードのニューイングランド大学の健康学科の非常勤上級講師である。米国心理学会・ディヴィジョン51のメンバーである。学者，教師，臨床家として，エングラー＝カールソン博士は革新者であり，男性クライエントにより効果的にかかわるために，臨床家を訓練し，教えることについて，専門的に情熱を注いできた。30以上もの論文や，50の国内外のプレゼンテーションをおこなっているが，そのほとんどは男性や男らしさについてのものである。エングラー＝カールソン博士は，『男性クライエントと：治療的変化のケース（*In the Room With Men: A Casebook of Therapeutic Change*）』と『問題児へのカウンセリング：専門家へのガイドブック（*Counseling Troubled Boys: A Guidebook for Professionals*）』を協同で編集した。2007年には，男性と男らしさの心理学的研究に対して，学会より年間最優秀賞を授与された。少年や男性にかかわるための心理学的実践のガイドラインを開発する，APAワーキンググループのメンバーでもある。臨床家として，学校やコミュニティ，そして大学メンタルヘルスにおいて，子ども，大人，家族にかかわっている。

【訳者一覧】

ニュージーランド・鹿児島・米国チーム

国重浩一	監訳者
バーナード紫	監訳者
奥村朱矢	米国カリフォルニア州認定臨床福祉士，米国ソーシャルワーカー協会員
土岐篤史	浜松医科大学健康社会医学　精神科医・臨床心理士
伊地知由貴奈	鹿児島県こども総合療育センター　臨床心理士
永山友康	福岡少年鑑別所　臨床心理士
川原華奈美	伊佐市役所　臨床心理士
森山理恵	宮崎県発達障害者支援センター　臨床心理士
増元優太	社会福祉法人旭生会子育ちサポートくっく　臨床心理士

神戸チーム

坂本真佐哉	監訳者
牧久美子	神戸市スクールカウンセラー，龍谷大学大学院博士後期課程　臨床心理士
松下和香	湖南クリニック　臨床心理士
村井紀子	神戸松蔭女子学院大学大学院　臨床心理士
山崎沙絵美	NPO 地域支援センターくまとりロンド，尼崎市役所　臨床心理士

山口・長崎チーム

児島達美	監訳者
加来洋一	山口県立こころの医療センター副院長　精神科医

【監訳者紹介】

児島　達美（こじま　たつみ）
1950年　長崎県に生まれる
1987年　上智大学大学院文学研究科博士課程単位取得満了
現　在　長崎純心大学人文学部教授（文学修士）　臨床心理士
主著
　心理臨床学の冒険（共著）　星和書店　1991年
　心理療法とドラマツルギー（共著）　星和書店　1993年
　ブリーフサイコセラピーの発展（共著）　金剛出版　1996年
　人間関係と心理臨床（共著）　培風館　1998年
　臨床家のための家族療法リソースブック（共著）　金剛出版　2003年
　可能性としての心理療法　金剛出版　2008年
　家族療法テキストブック（共著）　金剛出版　2013年

国重　浩一（くにしげ　こういち）
ワイカト大学カウンセリング大学院修了
現　在　鹿児島メンタルサポート研究所研究員，ダイバーシティ・カウンセリング・ニュージーランド
　　　　マネージャー兼スーパーバイザー，カウンセラー　臨床心理士，ニュージーランド・カウンセ
　　　　ラー協会会員　日本臨床心理士
主著
　ナラティヴ・セラピーの会話術　金子書房　2013年
　震災被災地で心理援助職に何ができるのか？（編著）　ratik　2014年
　ナラティヴ・アプローチの理論から実践まで（共訳）　北大路書房　2008年
　ナラティヴ・メディエーション（共訳）　北大路書房　2010年
　心理援助職のためのスーパービジョン（共訳）　北大路書房　2012年

バーナード　紫（ばーなーど　ゆかり）
ロンドン大学教育研究所修士課程修了（英語教育）
ワイカト大学教育学部教育研究科ディプロマ修了
現　在　翻訳家，英語／日本語教師
主著
　ナラティヴ・アプローチの理論から実践まで（共訳）　北大路書房　2008年
　ナラティヴ・メディエーション（共訳）　北大路書房　2010年
　心理援助職のためのスーパービジョン（共訳）　北大路書房　2012年

坂本　真佐哉（さかもと　まさや）
1963年　大分県に生まれる
1986年　琉球大学法文学部社会学科心理学専攻卒業
現　在　神戸松蔭女子学院大学人間科学部心理学科ならびに大学院文学研究科心理学専攻教授　臨床心
　　　　理士
主著・論文
　心理療法テクニックのすすめ（共著）金子書房　2001年
　専門医のための精神科リュミエール11　精神療法の実際（共著）　中山書店　2009年
　心理療法を見直す"介在療法"（共著）　明石書店　2012年
　ナラティヴ・セラピー：最近の展開　N：ナラティヴとケア（4），23-30．遠見書房　2013年
　認知行動療法とブリーフセラピーの接点（共著）　日本評論社　2014年

ナラティヴ・セラピストになる
――人生の物語を語る権利をもつのは誰か?――

| 2015年8月10日　初版第1刷印刷 | 定価はカバーに表示 |
| 2015年8月20日　初版第1刷発行 | してあります。 |

著　者　　S.マディガン
監訳者　　児　島　達　美
　　　　　国　重　浩　一
　　　　　バーナード紫
　　　　　坂　本　真　佐　哉
発行所　　㈱北大路書房
〒603-8303 京都市北区紫野十二坊町12-8
　　　　電　話　(075) 4 3 1 - 0 3 6 1(代)
　　　　Ｆ Ａ Ｘ　(075) 4 3 1 - 9 3 9 3
　　　　振　替　0 1 0 5 0 - 4 - 2 0 8 3

Ⓒ2015　　印刷・製本／亜細亜印刷(株)
検印省略　落丁・乱丁はお取り替えいたします。
ISBN978-4-7628-2901-7 Printed in Japan

・ JCOPY 〈㈳出版者著作権管理機構 委託出版物〉
本書の無断複写は著作権法上での例外を除き禁じられています。
複写される場合は,そのつど事前に,㈳出版者著作権管理機構
(電話 03-3513-6969,FAX 03-3513-6979,e-mail: info@jcopy.or.jp)
の許諾を得てください。